斉藤泰嘉
saito yasuyoshi

佐藤慶太郎伝

◉東京府美術館を建てた石炭の神様

石風社

はじめに

昭和三十年代、小学生の頃、毎年九月になると日本画家である父親に連れられて、上野の東京都美術館に院展（日本美術院の展覧会）を見に出かけた。今の都美術館の建物と違い、当時は階段を登って入館する。その登りついた玄関口には、来館者を出迎える一人の男性の銅像があった。この人物こそ都美術館生みの親、佐藤慶太郎翁である。その銅像に迎えられて入った都美術館でのいくつかの思い出。「あの方が、マエダセイソン先生だよ」と教えてくれた父の声。吊りズボンで歩く白髪の老人の後ろ姿が今でも心に甦る。子供時代に初めて覚えた画家の名前である。もう一つは、美術館食堂で食べたハヤシライスのおいしかったこと。

朝倉文夫《佐藤慶太郎像》

その後、縁あって昭和五十五年（一九

院展、二科展、行動展開催中の旧東京都美術館正面（昭和35年９月）

八〇）に都美術館の学芸員となった私は、館の発行する『美術館ニュース』に「都美術館今昔」という記事を書いた。これをきっかけに、都美術館誕生のいきさつや、「石炭の神様」と呼ばれた佐藤慶太郎翁の生涯について調べるようになった。あの白髪の前田青邨《せいそん》画伯が佐藤慶太郎翁と関わりのある画家の一人であることも知った。

　大正十五年（一九二六）五月一日。東京、上野公園。お花見の喧騒もすでにおさまり、風が新緑を渡る季節。動物園近く、日章旗が正面に翻る新築の建物が、往来する人々の目を引いていた。一年八ヶ月の工期を費やして完成した東京府美術館（東京都美術館の前身）が、ついに開館を迎えたのだ。前日四月三十日には内見会が開催された。

「いやどうも立派に出来上がりましたなあ」

　山高帽をかぶり、ニコニコ顔で美術館の建物を仰ぎながらこう話す小柄な紳士がいた。数え年五十九歳の佐藤慶太郎である。この美術館の建設費用は、すべて彼ひとりの寄付金によってまかなわれたのだ。「石炭の神様」が、大正十年、東京府に寄付した金額は、百万円。ちなみに、これを今のお金になおせば、どれくらいの額になるだろうか。佐藤慶太郎が百万円寄付を申し出た大正十年（一九二一）三月当時の「読売新聞」の朝刊が一部四銭。現在（平成二十年・二〇〇八）の値段は、その三千二百五十倍の一部百三十円である。そこで寄付金百万円を三千二百五十倍すると三十二億五千万円となる。また、佐藤慶太郎の百万円寄付でできた建物（開館時の延床面積約八、七〇〇㎡）が、昭和五十年（一九七五）に新しい建物（延床面積約三三、〇〇〇㎡）に建てかえられたとき、その建設費は五十一億六千万円であった。

東京府美術館開館記念の展覧会は、日本画、洋画、彫刻、工芸、合わせて九百二十九点を全館に陳列した第一回聖徳太子奉讃美術展。日本画の横山大観、川合玉堂、洋画の藤島武二、岸田劉生《りゅうせい》、彫刻の朝倉文夫、高村光太郎、工芸の板谷波山、清水六兵衛などをはじめ、著名な美術家が一堂に会した豪華な展覧会であった。

美術館が欲しいという多くの人の長年の夢が、ここについにかなったのだ。美術家達は、佐藤慶太郎へ自分たちの作品を贈呈した。お礼の気持ちの込められた、その記念品は、絵と工芸からなるものであった。現在、手元にある資料によれば、その数は、絵が百二点、工芸が十六点、合わせて百十八点である。日本画家の絵は、横山大観《夕月》、前田青邨《闘魚》、川合玉堂《早春》など七十二点。洋画家の絵は、坂本繁二郎《家》、安井曾太郎《裸婦》など三十点。これらの絵は、六冊の画帖《がじょう》にまとめられ、佐藤慶太郎に贈られた。その後、これらの画帖や工芸品は、三回ほど公開されている。最初は、佐藤慶太郎が他界した昭和十五年（一九四〇）、次が昭和二十四年（一九四九）。

開館時の東京府美術館食堂

いずれも東京でのこと。そして、最後が昭和二十六年（一九五一）、九州別府においてである。これらの美術品は、以来、公の場に再び姿を現すことなく、今では消息不明のまま幻のコレクションとなっている。

大正十五年開館の東京府美術館は、昭和十八年（一九四三）に東京都美術館と名を変え、やがて新しい建物に席を譲り、昭和五十一年（一九七六）に姿を消した。その半世紀の歴史は、新しい東京都美術館へと引き継がれた。昔、美術館を訪れる者を出迎えてくれた佐藤慶太郎翁の銅像は、彼の功績を称える石の碑文とともに取り外され、美術館の収蔵庫に収められた。画家や彫刻家はもとより、工芸、書道、生け花、盆栽なども含め、造形芸術にかかわりのある作家で、東京都美術館を新作発表の場とした人は数え切れない。正面階段を登りつめ、列柱が並ぶ入口に着くと、これから美術館に入るのだという高揚感を誘った建物の姿を今はもう見ることができない。

小説家、火野葦平《ひのあしへい》が、若松港の石炭仲仕《なかし》の世界を描いた物語『花と龍』にも佐藤慶太郎は実名で登場する。筑豊炭田を北へ貫き、響灘《ひびきなだ》に注ぐ遠賀川《おんがわ》。その河口近くに生まれた佐藤慶太郎は、九州人の情熱を内に秘め、それを静かに燃やし続けた明治男である。火の山が煙を吐くように、明治の日本は石炭を燃やし、蒸気機関車となって富国強兵の道を驀進した。地底に眠る火の石は、その商いに成功した者に莫大な富をもたらし、いつしか石炭は、黒ダイヤと呼ばれるようになった。北九州、洞海湾《どうかい》の港町、若松に店を構えていた佐藤慶太郎は、明治から大正にかけて、石炭の販売と炭鉱の経営で財をなした実業家である。「筑豊の御三家」、麻生太吉、貝島太助、安川敬一郎。さらに「筑紫の女王」こと歌人の柳原白蓮《びゃくれん》の夫、伊藤伝右衛門。いずれも石炭王と呼ばれた人達である。

一方、佐藤慶太郎は、豪放な振舞いを連想させる石炭王ではなく、「石炭の神様」と呼ばれている。

話の舞台は、門司海岸の貯炭場。役者は、石炭仲士の親分、いろは組の村田為吉、そして、石炭商、佐藤慶太郎。二人が歩く道の真中に小さな石炭が一つ落ちていた。それを目ざとく見つけた為吉親分、腰をかがめて拾い上げ、慶太郎との話を続けながら、かたわらの貯炭の山にヒョイと投げ入れた。なにしろ、ここは貯炭場、石炭の山がいくつもあるのだ。たった一つぐらい、とも言えるが、慶太郎は、石炭を大事にする為吉親分の振舞に感心せずにはおられなかった。さらに二人が歩いて行くと、また石炭が一つ、道に落ちている。今度、拾ったのは慶太郎。手の中で、何かを確かめるかのように黒いかたまりを見てから、片方の山にそれを返した。ちょうどその場所は、道をは

門司港での荷役人夫の出動（昭和初期以前）

さんで左右に二つの貯炭の山が向き合っていた。一方の山は藤棚という坑区の石炭、片方の山は本洞という坑区の石炭である。

「よくお分かりですね。藤棚と本洞とは、となり合わせの坑区ですぜ」と感服したのは為吉親分。

「僕は、若松に運ばれて来る石炭は、みな見ているから分かるさ」と慶太郎がにこやかに答えた。同じ石炭に見えても、色合いとか、割れ具合とか、縮みの模様などが違う。毎日見ていれば、同じ炭層の石炭でも見分けがつくようになるというのである。

あるとき、安田財閥の総帥、安田善次郎が九州の炭鉱に投資しようとしたが、その炭鉱がどのようなものかが分からない。若松一の石炭通を東京に派遣せよというのが、安田系銀行の若松支店長に届いた善次郎からの依頼だった。その頃、若松には二百五、六十軒の石炭商があったというが、その中で白羽の矢が立ち説明に上京したのが佐藤慶太郎であった。東京神田、駿河台の明治法律学校を明治二十三年（一八九〇）に卒業し、二年後に若松で石炭商となった慶太郎は、研究熱心な性格から、若くして石炭の科学と経済に精通し、いつしか「石炭の神様」と呼ばれるようになっていた。

佐藤慶太郎伝——東京府美術館を建てた石炭の神様＊目次

第四章　花と龍と慶太郎

第五章　木挽町水明館の客

第八章　佐藤新興生活館

佐藤慶太郎伝——東京府美術館を建てた石炭の神様

第一章　遠賀川の明治維新

鮎は瀬につく
　鳥や木にとまる
人は情けの下に住む
　　――泰山老生書

一　母の川

「ああ、堀川に流してしもうたとよ」

なをは、さっぱりとした顔で息子慶太郎のところへ戻り、こう話す。別れて暮らす幼い二人の娘のことを思い、淋しさで心が沈みそうになるとき、なをは堀川べりを歩き、腰を下ろした。貧乏暮らしで苦労の絶えない母親なを。だが笑顔も絶やさない秘密は、家の前を行く堀川の流れに向かうひとときにあった。船頭の竿でゆっくりと進む川舟を見つめていると、心が不思議に落ち着いた。

能美家という富豪の旧家に育ったなを。庄屋末松家に嫁ぎ、二人の娘を授かったが、数え年二十八のときに夫と死別、庄屋の株を守るため、直ちに行われた婿とり。選ばれたのは、向こう岸の大庄屋の三男、なをより八歳年下の佐藤孔作。だが、まもなく、事情があって、孔作となをは、身ひとつで家を出た。娘二人を連れて出るわけにはいかなかった。

やがて、夫婦は男の子を二人授かる。長男が慶太郎、次男が伊勢吉である。本編の主人公佐藤慶太郎が、堀川沿いの陣原《じんのはる》という村で生まれたのが、明治元年（一八六八）十月九日。福岡県遠賀郡折《おり》尾《お》町《まち》本城《ほんじょう》（現北九州市八幡西区本城）が彼の父祖伝来の故郷である。大庄屋の家系に生まれた慶太郎だが、父の孔作は、佐藤家から他家へと養子に出た身である。さらに、孔作は、養子に入った家を妻なをと出たあと、しばらくは庄屋をしていたものの、明治になって庄屋というもの自体がなくなり、生計が立たなくなってしまった。こうしたいきさつがあり、慶太郎の子供時代は貧しい暮らしの中にあった。

父孔作と母なを（明治22年撮影）

孔作となをの夫婦は、堀川沿いの渡場で酢の醸造を始めたのだが、これがうまく行かず、次に、川を上下する船頭衆を相手に酒、醤油、草鞋などの小売りの店を開いた。だが、代金の払いは、盆と暮れ。慶太郎も勘定書きを懐

佐藤慶太郎が少年時代に住んだ家

川ひらた（堀川）寿命唐戸（『炭鉱の文化』より）

に雪の中を素足にぞうりで走り回ったが、貸倒れも多く、孔作一家の生活はますます苦しくなるばかりであった。

母なをが心配事を流した堀川は、遠賀川と洞海湾を結ぶ水路である。洞海湾には外洋響灘への玄関口、若松の港がある。その湾に向けて、筑豊の物資が、堀川を通って運ばれた。江戸初期にこの水路の工事に着手したのは、筑前福岡藩黒田家の家老、栗山大膳《くりやまだいぜん》。彼は、戦国の苦労を知らぬ若殿の公私混同の振舞いを諫め、福岡藩五十二万石の危機を救った。その話は、黒田騒動として歌舞伎になり、明治の文豪森鷗外も歴史小説にしている。今でも大膳という地名が、JR折尾駅近くの堀川沿いに残されている。この水路が完成したのは、栗山大膳の死後約百年、宝暦八年（一七

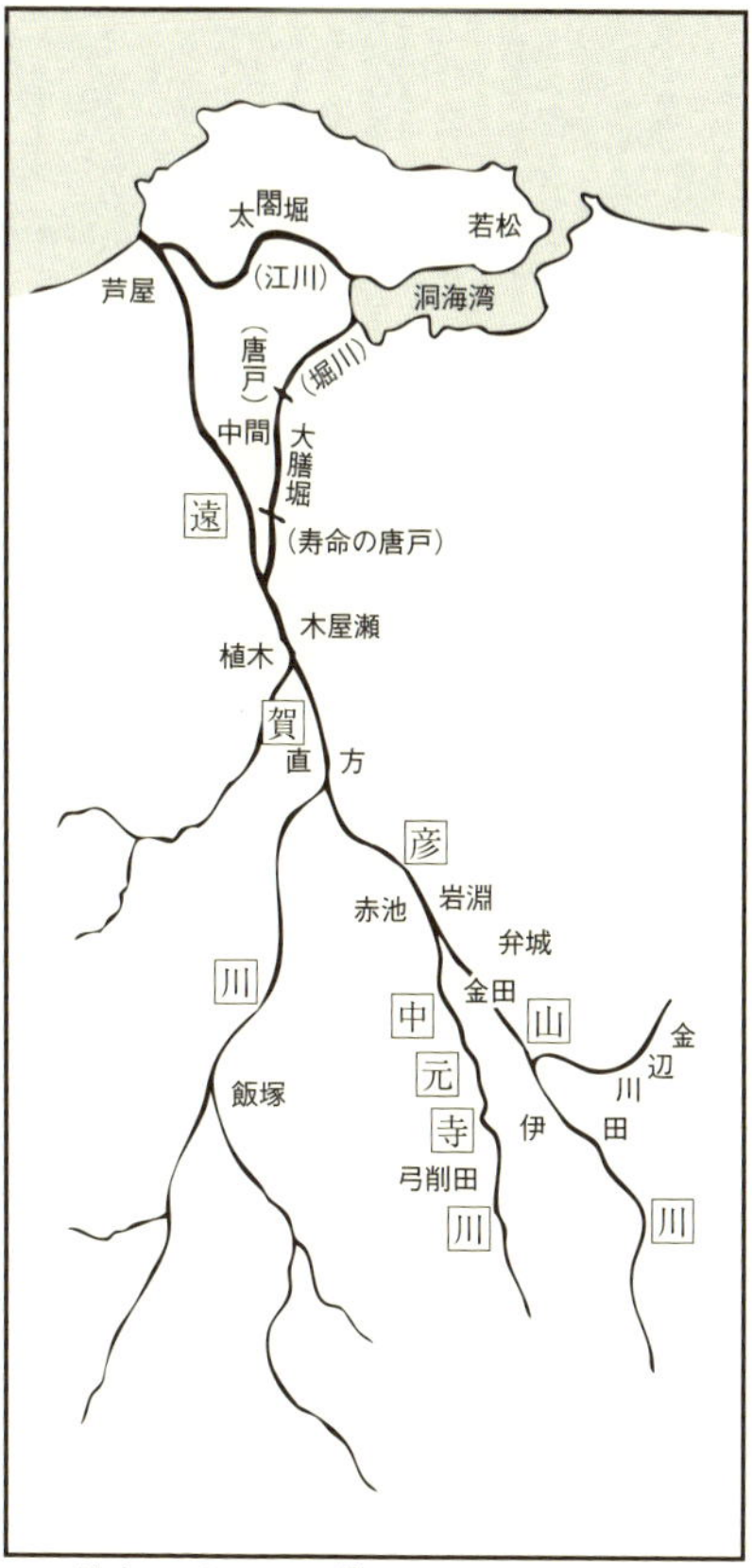

遠賀川水路図（『炭鉱の文化』より）

五八）のこと。江戸後期、筑豊の動脈である遠賀川の分流となった堀川を往来する舟の数は、増加の一途をたどった。江戸時代も終わり近く天保の頃には、年に延べ一万艘もの川舟が堀川を通っていたという。川ひらた（川艜）、あるいは五平太舟とも呼ばれた川舟は、貨客輸送用に舟べりを低く、舟底が平たく作られている。その主な積み荷は、天保の頃には、年貢米から石炭へと移っていた。

山の坑口から遠賀川まで、馬で運ばれた石炭は、舟に積みかえられて川を下り、さらに舟は、堀川を抜けて洞海湾に入り、若松の港へと着く。たき石、もえ石などと呼ばれていた石炭が、筑豊で薪の代わりに使われるようになったのは、室町時代も半ばを過ぎ、戦国の世に入ろうとしていた頃のことである。燃やすとひどく煤煙の出る石炭は、薪すら手に入れにくい貧しい農民の家庭用燃料であったが、江戸時代中頃になると、城下でも石炭で風呂をわかすようになった。やがて石炭は、遠く瀬戸内へも製塩用に売られていくようになり、藩自ら石炭の販売に乗り出すようになる。製塩といえば天日製塩が思い浮かぶが、それ以前には、海水を煮詰める方法が取られており、そのための燃料が大量に必要であった。

慶太郎の母も、そして幼い慶太郎自身も普段見ていた川ひらたの往来は、石炭で繁栄する明治の筑豊を予告する姿であった。堀川は、やがて「石炭の神様」と呼ばれることになる少年にとって、そして、明治という時代にとっても、母の川であった。明治元年生まれの慶太郎は、日本の近代化の歴史と歩を一にして成長していく。明治五年（一八七二）、新政府は学制を公布し、全国に小学校が生まれる。「小学ハ教育ノ初級ニシテ人民一般必ズ学バズンバアルベカラザルモノトス」という定めのもと、小学校に学ぶことが国民の義務となった。慶太郎も小学校に入り、四年間学んで卒業する。版籍奉還、それに伴う封建的身分制度の廃止（明治二年）、廃藩置県に新貨幣制度（明治四年）、地租改正に徴兵制（明治六年）。富国強兵と殖産興業をスローガンとする明治政府は矢継ぎ早に新政策を打ち出し、人々の暮らしを大きく変えようとしていた。こうした急激な変革には、当然のように反発があった。小学校に入ったばかりの慶太郎が体験した一揆騒動、世に言う「筑前竹槍一揆」も農民三十万人による反発の一つである。

明治六年（一八七三）六月のこと。筑前地方は日照りが続いていた。普通なら田んぼは、とっくに一面の緑となっているはずだが、この月になってもまだ田植えができない。日照り、そして、農民の焦り、怒り。神社で雨乞いをしていた農民たちは、突発的な乱闘騒ぎから、竹槍や鎌で武装した集団となり、富豪の家を打ち壊し、学校、電信局、ついには福岡県庁にまで踏み込んだ。農民たちの要求は、年貢の軽減のみならず、学校や徴兵などの新制度を取り止め、旧藩札や旧暦などを今までどおりに通用させよというものであった。文明開化の象徴である電柱が倒され、ガラス障子のある家が狙われた。七月に入り、一揆は鎮圧されたが、焼かれたり、壊された家は四千軒を越え、処罰者は六万人を数えたという。この事件は遠くロンドンにまで伝えられ、「タイムズ」紙の記事にもなった。

一揆の農民たちは、庄屋や金持ちの家を焼いた。昔は庄屋だった慶太郎の家には、刀や鉄砲が残っていたが、これを一揆に使われては大変というわけで、家族で堀川に投げ捨てた。一揆が次第に村に近づき、慶太郎は近所の女性におぶわれて堀川の堤防に避難した。

江戸時代には大庄屋をつとめていた佐藤家の一族は、多くの者が家を焼かれた。今は貧しい慶太郎の家も焼かれるに違いない。空き地の向こうにある親戚の家が焼かれ、その火の粉が慶太郎の家にも飛んでくる。

次は我が家かという危機を救ったのは、父の機転だった。慶太郎の家の前と横には、小さな橋があり、それを渡らなければ家に近づけない。そこで、孔作は、水を入れた大きな桶と、酒を入れた大きな桶を橋に置き、通路を遮断した。草履も桶の脇に並べた。一揆の人々は、暑さと興奮でからからに渇いた喉を癒すため、水や酒に殺到する。鎌や竹槍を手から放す。柄杓で水を飲み、放心して腰を下ろす。ささくれだった雰囲気がやわらぐ。草鞋も新しく履き替えて一息つく。束の間の休息。

孔作の四代前の祖先、大庄屋の佐藤信英は、天明と寛政の二度の凶作のとき、たくさんの飢えた農民を救済している。その信英は、老境に入ってから、子孫に残す家訓四十四カ条をしたためた。その中には、「一族はもちろん、他人なりとも親切をつくし、少しもかざりがましく不実な事すべからず」という一文がある。一揆の嵐を和らげた孔作の機転は、家族を守ろうとする必死の思いから生まれたものだが、決してそれのみから出たのではなかったようだ。怒りと恨みのかたまりであった一揆の人々は、孔作に笑顔で感謝し、家に火をつけることも忘れ、堀川沿いに消えて行った。

二　森有礼との出会い

常磐の松の百道原　集える健児一千人
青春の血は玄界の　荒き怒涛と湧き立ちて
久遠の理想を望みつつ　いそしみ努めん
文に武に
――修猷館館歌

「竹槍衆ほど、おそろしきものは御座無き候」

のちの初代首相で、長州藩出身の伊藤博文にこう思わせた筑前竹槍一揆。その暴動が鎮まった明治六年（一八七三）七月、アメリカ駐在の任を終えて英国経由で日本に帰着した数え年二十七歳の青年外交官がいた。のちに、初代文部大臣（第一次伊藤博文内閣）となる森有礼《もりありのり》である。薩摩藩出身で英国留学の経験を持つ森有礼は、アメリカに赴任して半年後には、日本からやって来た初のワシントン駐在公使として現地の人気者になっていた。「ミスター　モリ　イズ　ヴェリィ　ポピュラー　イン　ワシントン……（ミスター森は、ワシントンで大変人気がある。イギリスで教育を受けており、英国流の学問を身につけた優秀な学者である）」とアメリカの新聞「ニューヨーク・タイムズ」は書いている（一八七一年九月二七日付）。

文明開化の世になったとはいえ、明治九年（一八七六）に廃刀令が公布されるまで、サムライは、腰に刀を帯びていた。そのような時代、森有礼がアメリカ赴任以前に廃刀論を唱え、そのため日本国内で窮地に立たされたことは、アメリカでも知られていた。ミスター森は、サムライ出身でありながら、進歩的な考えの持ち主であるとアメリカ人は見ていた。佐藤慶太郎は、この森有礼と福岡の学校、修猷館《しゅうゆうかん》で出会っている。数えで、慶太郎二十歳、森有礼四十一歳の時のことである。

小学生の頃、身体が弱く、病気の問屋と言われるほどであった慶太郎は、胃腸がとくに弱く、意思も薄弱で、よその家に使いに行っても、隅のほうでじっとしているだけで、その家の人にこう尋ねられる始末だった。「何か用でありますか」。だが、貧しい家計を助けるため、枯れ枝を集めて薪の足しにしたりして、他の子供が、凧上げで遊んでいても我慢するという辛抱強さは身についた。もっとも、遊びたくとも、凧を買うお金がなかった。江戸の頃から筑前の名産であり、ロウソクの原料となるハゼの実を拾って集め、病気の母の薬代を稼いだこともあった。

小学校をようやく卒業した慶太郎は、村の小さな塾で国学、漢学、数学を学んだ。また、学資が続かずに半年足らずで止めてしまったが、関門海峡を挟んで向う側、山口県豊浦郡清末村（現下関市）にあった研湾学舎という塾でも慶太郎は学んでいる。ここでは陸軍士官学校志望者たちが多く学んでいた。当時の陸軍士官学校の入試問題であった数学と漢学をこの塾では教えていた。堀川の流れる故郷の村に戻り、時々、小学校で教員の手伝いに行ったりしたが、それも給料をもらってのことではなかった。学業優秀とはいえ、病気がちの慶太郎は、無為の日々を過ごすことが多かった。

だが、慶太郎は、勉学をさらに続けたいという気持ちが強かった。父孔作は、県費で通学できる福岡師範学校に入学することを息子に勧めた。そこで、受験のために福岡までは行ったものの、自分が教員に向いているとはどうしても思えない。どうしようかと案じていると、ちょうど修猷館という学校が生徒を募集中ということを知り、師範学校の代わりにここを受験した。合格者四十九人中、慶太郎が一番の成績であった。入学試験にはめでたく合格したが、そのあとがつらい。福岡から家に帰ったが、父に言う言葉が見あたらない。

「師範学校を受けたが問題が難しくてできなかった。ちょうど修猷館の試験があって運良く合格したので、こちらに行かせてほしい」と慶太郎は父に頼んだ。進学したいがゆえの言葉とはいえ、慶太郎は父に嘘をついてしまった。

「お前は、自分の家に学資が十分でないことを知りながら、そんな無鉄砲なことをするとは、実にけしからん。師範学校の試験を実際に受けたのではなかろう」

嘘を見抜かれ、父親に厳しく叱られた慶太郎。だが、このとき彼には一つの考えがあり、その成算についていくらかの自信があった。彼は、父に話した後、叔父や叔母たちの家を訪ね、学資を出してもらう約束を自力でとりつけたのである。五十銭が二軒、三十銭が二軒、二十銭が一軒、合わせて五軒の家から計一円八十銭を毎月仕送りしてもらうことになった。これでようやく慶太郎は、父親から修猷館入学の許可を得ることができた。慶太郎の回想によれば、その頃、かなりの宿屋でも三食ついて十五銭という時代であり、毎月一円八十銭という金額は、相当の金額であった。父親譲りの機転と実行力が、息子の中で少しずつ芽を吹き、今やそれが、父親の気持ちを変えさせるほどになっていた。明治十九年（一八八六）、佐藤慶太郎が数え年十九歳のときのことである。

修猷館（現福岡県立修猷館高等学校）は、元は福岡藩の藩校として、天明三年（一七八三）に藩主黒田斉隆《なりたか》が創設した学校である。萩の明倫館、水戸の弘道館などとともにその名を世に知られていた。慶太郎の入学した明治十九年には、福岡県立英語専修修猷館と呼ばれていた。修猷館がこの名になったのは、その前年のことであり、慶太郎は二期生として入学した。当時の修猷館は、英語と数学の教育に力を注ぎ、ハイカラな校風を持っていた。修猷館の学生として、三つ揃えのスーツにステッキを持つ慶太郎の肖像写真が残っている。さて、入学して最初の日、学校に行くと、先生が生徒の出欠を英語でとる。

修猷館在学時代の佐藤慶太郎

「ミスター・サトウ」

困ったことになった。慶太郎は、英語を全く知らないのだ。出席なら「プレゼント」、欠席なら「アブセント」となるのだが、慶太郎にはチンプンカンプンである。同じクラスで慶太郎と同じようにA、B、Cすら知らない生徒は、他に相生由太郎、中村篤太郎という二人だけ。分からない仲間どうしで「プレゼントって何だろう」と相談するといった調子である。授業は、すべて英語で行う。数学の教科書も原書である。地理や歴史などは、英語の練習のためにやっているようなものだった。半年毎に試験があり、成績が悪ければ容赦なく落第させられる。慶太郎が入学したときには、上からの落第組を含めて六十人あまりの級友がいたが、ひとりふたりと落伍して、一年半後には、たった十五人に減っていた。

慶太郎は、必死で勉強した。アルファベットも全く知らずに入学した最初の成績は、当然ながら一番終わりぐらいだったが、やがて上から七、八番目の成績をおさめるぐらいまでになった。そうしたある日、初代文部大臣森有礼が視察のために修猷館にやってきた。アメリカから帰国した後、森有礼は、駐清全権公使、さらに駐英全権公使をつとめるなど、再度の海外勤務を続けていた。イギリスに赴任していたときには、憲法取調べのために渡欧してきた伊藤博文をパリの宿に訪ね、日本の将来にとって教育がいかに大切かという点で、伊藤と大いに意気投合した。このことが縁となり、森有礼は伊藤博文内閣に入り、明治十八年（一八八五）、初代の文部大臣となる。明治二十年（一八八七）一月から、森は、九州、東北、北陸へと学事視察のため全国へ足をのばしている。その視察旅行最初の九州訪問で、森有礼と安場《やすば》保和《やすかず》県令らの一行が修猷館にやってきた。数学の授業を視察する森有礼らの前で、問題を解くように指名された慶太郎は、前に出て、胸をドキドキさせながら日本語を一言も使わずに全て英語で解法を説明したが、途中で森大臣が「ウウン」と首を傾げた。最初からやり直してみると間違いが分かり、訂正すると今度は大臣が「ウン」と言った。慶太郎は、ほっとした。もっと安心したのは大臣の方だったかもしれない。

三　青雲の志

白雲なびく駿河台
眉秀でたる若人が
撞くや時代の暁の鐘
——明治大学校歌

「男子のみを教育しても真の開化とは言えません。教育を完備するには女子の教育こそ最も必要なことなのです」

森有礼は、明治二十年（一八八七）二月には、鹿児島から三日の船旅で沖縄に到着。那覇で教育関係者に対して、男女平等の教育について熱弁をふるった。女子教育重視の理由を女性の人生の現実に即してこう述べている。

「女子は人の妻となり、人の母となるのです。女子に対する教育が、男子と同じでなくて良いわけがありません」

文明開化に果たす教育の役割を説き、森文部大臣は北へ南へと視察の日々を送った。福岡、修猷館での英語中心教育に対して、森有礼は、それがあまりに一般の中学校と異なっている点を注意したと伝えられている。初等教育で、子供の習字に「大軸の筆」を持たせても運筆の自由を妨げるだけだと指摘する森有礼。修猷館側の理想と熱意は理解できるとしても、中等教育の授業を英語で行うことは、本末転倒だと彼には思えたのであろう。

慶太郎、修猷館二年目の夏。彼が、森有礼文部大臣の前で数学の問題を解いてから半年後のことである。夏期休暇で帰省していたある日のこと。慶太郎は、青い空の入道雲のごとく、むくむくと湧き上がってくる気持ちを押さえ切れないでいた。

〈東京でなくては駄目だ〉

慶太郎がこう思い始めたのは、東京から帰省中の従兄弟から、そこでの勉学の様子を聞いたときからだった。この頃すでに銀座には洋風建築が軒を並べ、文明開化の風が、柳の並木を吹き抜けていた。広い銀座通りには二頭立ての馬車が往来していた。

〈福岡あたりでうろうろしていると学問に遅れる〉

東京に行きさえすれば、学問も地面に落ちているのを拾うようなものだと慶太郎には思えた。彼が遠い地に熱い憧れを抱いた頃、東京では欧化主義の華、鹿鳴館《ろくめいかん》（明治十六・一八八三年開館）の舞踏会が爛熟期を迎えていた。鹿鳴館は、幕末に結ばれた欧米との不平等条約の改正を悲願とする明治新政府が、日本が極東の後進国ではないことを誇示するために設けた西洋式の社交舞台であった。そこでは、欧米列強の外交官達と洋装束髪の日本婦人達が舞踏の輪を織り成した。外務卿井上馨の進める欧化主義は、ガス燈に代わる電燈のように一層の輝きを増すかにみえたが、欧米との不平等条約改正がうまくゆかず、明治二十年（一八八七）九月には、井上馨の外相辞任という事態を迎えた。日本にはまだ憲法もなく、外国人の治外法権をなくそうにも法律の整備が遅れていた。九州への帰省を終えて東京に戻る従兄弟に連れられて、青年佐藤慶太郎が、初めて東京の地を踏んだのは、こうした年の秋のことである。

明治法律学校在学時代の佐藤慶太郎（後列左端）

その頃の佐藤家は、一時のような貧しさからは抜け出ていたものの、息子を東京に遊学させるほどの経済的余裕はなかった。十分な学資がないという理由で東京行きは認められないと父親は言った。だが慶太郎は説得を重ね、無理をきいてもらった。修猷館入学のときと同じく、親戚からの学資援助も得た。金額は倍にしてもらった。のちに慶太郎は、援助をしてくれた親戚五軒に感謝の意をこめて、それぞれ一万円（現在の約三千万円）を贈った。

いよいよ、憧れの東京である。あれも良い、これも良い。見るもの聞くものすべてが良く見える。だが、その東京で自分は何をすれば良いのか。二十歳だというのに、慶太郎は、ただ迷うばかりであった。街角で軍人を見れば、自分の弱い体を忘れて軍人になりたいと思い、裁判所を見に行けば上段から訊問する判事の姿にあこがれる。結局、まわりからもすすめられ、当時はやりの法律家の道に目標を定めた。

　明治法律学校、現在の明治大学に慶太郎は入学し、ここで明治二十年から二十三年までの三年にわたって学ぶ。法律を身につければ、裁判官にも、判事にも、検事にも、弁護士にもなれる。とにかく法律さえやっておけば都合が良いということで選んだ道だった。明治法律学校は、その名の示すように明治十四年（一八八一）に誕生。教師三名、学生四十四名での出発であった。明治十九年には有楽町から駿河台に新築移転している。慶太郎が入学したのは、その翌年のことになる。その頃の明治法律学校は、フランス民法の講義が教科の柱となっていた。明治法律学校が明治大学となるのは、慶太郎の入学の年から数えて十六年後、明治三十六年（一九〇三）のことである。自由民権思想を象徴する「権利・自由」という建学の精神と若人の青雲の志を歌う明治大学校歌は、大正九年（一九二〇）に誕生している。作詞は児玉花外《かがい》、作曲は山田耕筰である。

　福岡の修猷館時代と同様に、慶太郎は、東京でも勉学に励んだ。だが、朝早くから、夜遅くまで勉強を続ける生活は、もともと病弱な慶太郎の身体を蝕んだ。講師陣の大半は、現役の司法省の役人や裁判官であったので、教室では、実社会の現場で活躍する者の生の声を聞くことができた。そういった利点の反面、授業時間の多くは、役所の始まる前と終わった後、すなわち朝と夜であり、病弱の学生には負担となった。脚気を患った慶太郎は、東京郊外高尾山に転地療養を試み、山の中腹で寒い冬を過ごした。脚気の原因は、ビタミンB1の不足とされる。精白米ではなく胚芽米を食べることにより症状が改善されるが、明治時代には、国民の一割が、この病気にかかっていたという。真面目に勉学に精進していた慶太郎であったが、健康面には常に不安がつきまとっていた。本ばかり読んでいて、運動を一切しない生活が身体に良いわけはなかった。

慶太郎が高尾山で過ごしていたのは、明治二十二年（一八八九）のことである。この年、二月十一日の紀元節には、大日本帝国憲法が発布された。その日の朝、発布の式典に出かけようとしていた文部大臣森有礼が、永田町の大臣官邸玄関において、伊勢神宮への不敬を理由に刺客に襲われ、翌十二日に死亡した。新聞も郵便も山の麓までしか届かないため、慶太郎が森有礼の死を知ったのは、三日ぐらい遅れてからのことだった。修猷館に学校視察に訪れた森有礼が、英語で数学の解法を答える慶太郎に初めは「ウウン」と首を傾げ、最後は「ウン」とうなずいてくれた日から、まだ二年しか経っていなかった。晩年になって慶太郎は、「文部大臣の森さんが」というように、森有礼との出会いを親しみと悲しみを込めて回想している。

明治二十三年（一八九〇）七月、慶太郎は明治法律学校の三ヶ年の課程を終えて卒業する。卒業試験のとき、慶太郎はインフルエンザにかかって四十度の高熱を出していた。頭がぼうっとしてまともな解答はできなかった。それでも卒業できたのは、そのときの彼の体調と日頃の様子を知っていた先生のおかげであった。「おなさけをもって卒業することが出来ました」とは本人の弁である。東京でなくては駄目だと意気込んで上京した結果は、芳しいものではなかった。卒業後、仲間は法曹界に進む。だが、慶太郎は、半病人で過ごしてしまった学生生活であり、弁護士試験も、判事や検事の試験も受ける自信がない。青雲の志も空回りするばかりだった。駿河台から霊峰富士を望んでも、心は晴れなかった。今の意欲も先のあてもないまま、いつまでも東京でぶらぶらしているわけにはいかなかった。故郷、筑豊に帰ったものの、半病人の暮らしがしばらく続いた。

第二章　石炭の海へ

一　汽笛鳴る筑豊

なんちかんち言いなんな
理屈じゃなかたい！
――五木寛之『青春の門』筑豊編

明治二十年代、北九州は、変化と発展の時を迎える。筑前《ちくぜん》（福岡県）の「筑」と豊前《ぶぜん》（福岡・大分県）の「豊」を合わせて「筑豊《ちくほう》」という呼び名が生まれるのもこの頃のことである。遠賀川沿いの石炭の産出量が飛躍的に増大し、その輸送のために遠賀川の川舟に代わって鉄道が生まれる。日本各地に蒸気機関を使う工場が増え、石炭はエネルギー源として不動の地位を獲得する。九州や北海道の炭鉱から掘り出される石炭こそ、資源小国日本の近代化の原動力であった。佐藤慶太郎の人生に飛躍をもたらしたのも、この石炭との出会いであった。

大日本帝国憲法が発布され、日本が天皇を中心とする近代国家の道を歩み始めるのが、明治二十二年（一八八九）のことである。この頃、欧化主義の華、鹿鳴館が歴史の舞台から消える。上流階級のダンス熱もさめ、明治初期の西洋文化崇拝への反動が起こってくる。

日清戦争での勝利（明治二十八・一八九五年）、欧米列強との幕末不平等条約の改正成功、紡績業中心の軽工業発展による第一次産業革命など、明治二十年代の日本は、外交、経済において新たな出発の時を迎えていた。文化の面、例えば美術の世界においても、行き過ぎた欧化主義に対して反省をうながしたアメリカ人フェノロサは、日本美術の復興に尽力した。フェノロサの教えを受けた岡倉覚三《おかくらかくぞう》（天心《てんしん》）が校長をつとめた東京美術学校が誕生したのが、やはりこの頃、明治二十一年（一八八八）のことである。

「なんちかんち言いなんな」という威勢の良いせりふは、筑豊炭田を貫く遠賀川で舟を操る船頭衆の川筋気質を示す言葉である。人に遅れをとるまいときびきびして、事に当たってたじろがないいさぎよさを身上とする船頭たちは、「キリクさん」と呼ばれ、男の中の男として若い娘たちの憧れの的であった。慶太郎の父孔作は、船頭ではないが、遠賀川や堀川沿いの川筋気質を持つ一徹な男であった。商売は決してうまいとは言えないが、肚がすわっていた。身の丈は息子より低く、小柄であったが、村の争いごとの解決などには、大きな力を発揮した。その解決方法は、一見、手荒のようにも見えたが、誰にも公平で、その底には、自分の行動への信念と人への暖かな思いやりが隠されていた。

佐藤家代々の土地である本城は、当時百五十軒ぐらいの家がある農村で、秋になれば稲を刈り取り、それを田に積み上げる。ところが、ある年、その稲がいつの間にか消えてしまうという事件が続いた。火事だといえば真っ先に消火の手伝いに駈けつけ、自分の家のことよりも、よその家のことを親身になって面倒を見る孔作のところへ、稲泥棒に手を焼く村人たちが相談にやってきた。村人たちが困っていたのは、稲が盗まれること以上に、稲泥棒と思える男が同じ村の者であることだった。

「誰が稲泥棒なのか。自分が思う者の名を紙に書いて、この篭に入れてくれないか。多数入った者を盗人と認めて村はずしにする」

孔作は、村の衆を集め、こう言い放った。紙を集めてみると、どれも同じ男の名ばかりが書かれていた。

「自分は、絶対に後ろ暗いことなどしておりません。しかし、皆さんが、盗人は私だと言われるのなら、それは、自分の不徳のいたすところでございます。そうは申しましても、この村以外に自分の住む場所はありません。どうか、村はずしにだけはしないでいただきたい。将来、疑いを受けるようなことなど一切やりませんから」

「どうだろう、皆の衆、満座の中で大の男がこうやって頭を下げているんだ。今度のことは私に免じて水に流してはくれまいか」

煙管を片手に男の話をじっと聞いていた孔作は、皆にこう呼びかけた。村の衆は、孔作の言葉にうなずいた。このことがあってから本城の村では、稲に限らず、何ひとつ盗まれることがなかったという。

明治二十三年（一八九〇）秋、故郷の福岡県折尾町に戻った慶太郎は、東京での暮らしの疲れを引きずっていた。反対する父を説得し、親戚からの仕送りをもらい、勉学に励んだ東京での日々。

修猷館を中退までして上京し、病気勝ちながら、どうにか明治法律学校を卒業することだけはできた。だが、弁護士などの資格試験に挑むことなく帰郷し、法律で身を立てることは、遠い夢になってしまった。職もなく、半病人の身体で空しく暮らす悔しさが、慶太郎を苛立たせた。道は見えず、迷いだけが霧のように深かった。

〈自分は、不肖の子だ。父ほどのことはとてもできない〉

つい、父親と自分とをくらべずにはおれない慶太郎であった。この頃、慶太郎がした唯一の仕事は、筑豊興業鉄道敷設の問題で走り回っている親戚の佐藤信隆に法律関係の助言をすることであった。本家の信隆は、引っ込み思案だった慶太郎にとって気のおけない竹馬の友であり、東京では牛込の六畳一間の下宿で若い叔父義廉と三人で暮らした仲であった。冬になると三人は、五厘ずつ出し合って、焼き芋を買って食べるのが楽しみだった。故郷に戻ったものの半人前の自分に相談を持ちかけてくれる年下の信隆の気持ちが、慶太郎には嬉しかった。

九州初の汽車が、九州鉄道（現JR鹿児島本線）の博多、千歳川仮停車場（久留米）の間で走ったのが明治二十二年（一八八九）のこと。

「雑踏極まる停車場は、雨の降るをも構わばこそ、上へ下への大群集なりき」

十二月十一日の当日、文明開化の象徴である汽車を見ようと押しかけた人々の熱気を「福岡日日新聞」（現西日本新聞）は、こう伝えている。明治二十四年には、慶太郎も間接的に関わりを持った筑豊興業鉄道（現筑豊本線）の若松、直方《のおがた》間の路線が開通している。炭田から掘り起こされた石炭は、九州鉄道によって門司に運ばれ、筑豊興業鉄道によって若松に到着する。こうして、遠賀川沿いの石炭輸送の主力は、川舟から鉄道へと変わり、船頭衆は職を失い、炭鉱へと生活の場を移して行く。

慶太郎は、明治二十三年に東京から福岡に戻ってきたが、「理屈じゃなか」と威勢良く進路を決断しようにも、できないままだった。それでも、筑豊での鉄道の整備は、まるで慶太郎の帰郷に合わせたかのように急ピッチで進み、石炭のヤマと港を結びつけた。慶太郎の故郷の村である本城最寄りの折尾駅は明治二十四年の開業。鹿児島本線と筑豊本線が上下に走る立体交差駅である。ぼんやり列車に乗っていると駅員の声が、早く「オリロー、オリロー」と聞こえる。ここから乗れば、石炭の二大積み出し港、若松と門司の双方へ行ける。東京帰りの青白い青年は自分の殻に閉じこもっていたが、石炭の海は、彼の来るのを待っていた。

二　妻に弟子入り

千鳥鳴く音にふと目をさましゃ
港若松世帯船
――磯部鷗村

「一つ、僕は」と言いかけたところで、新妻の俊子がくすっと笑った。すっかり緊張して新婚生活の決意を述べる慶太郎の純情さが、俊子には、嬉しく、恥ずかしく、ちょっぴりおかしかった。就職、そして結婚と青年慶太郎の人生に二つの転機が同時に訪れたのが明治二十五年（一八九二）、数え年二十五歳のときのことである。佐藤慶太郎が石炭の神様となる第一歩が、ここから始まった。

健康がすぐれないまま東京から九州に戻り、仕事もなくぶらぶらしていた慶太郎。明治法律学校に学んだ自負もあり、法律関係の仕事への夢も捨て切れないでいた。法律には詳しいが、どこか足が地に着かない彼の暮らしぶりを見かねた親類の医者が、青年慶太郎の迷いに引導を渡した。

「お前は、そんな具合に暮らしておってはいかん。法律を勉強して、判事や弁護士になったところで、そういうようなものになれば、勉強、勉強の連続だし、主に座ったままの仕事になってくる。それではお前の身体はもたんぞ。この際、方向転換してはどうだ」

佐藤慶太郎

　それは、「理屈じゃなかたい」とばかりに気迫に満ちたものであった。自分の現実を知れという忠告が、迷う慶太郎の胸を突いた。福岡の修猷館を中退してまで東京に遊学した自分。真剣ではあったが、人に遅れを取りたくないという焦りや、自分は何にでもなれるという幻想が、その裏にないとは言えなかった。むやみに先を急ぐ気持ちが、健康に良いわけはなかった。方向転換をせよという医師の忠告。それと相前後して石炭の仕事を彼に熱心に勧めてくれる人が現れた。

「慶太郎君。若松の山本周太郎《やまもとしゅうたろう》という石炭商の店から、番頭のつとまる人を世話してほしいと頼まれている。どうだ、ひとつ方向を換えて実業に従事してみては」

山本周太郎は、もとは福岡藩黒田家の御殿医永沼家の出である。山本家の姉娘かた子の婿養子となり、山本の姓を名乗るようになった。彼は、若松で黒田家の石炭取扱所に勤めた後、独立し、若松で一番有力な石炭商となった。さらに、山本は、若松石炭商同業組合の初代副組長の任に八年八ヶ月の長きにわたって就く。山本が仕えた初代の組長は、貝島太助や麻生太吉と並ぶ筑豊御三家のひとり、安川敬一郎である。佐藤慶太郎は、山本周太郎から数えて三代目の副組長をつとめている。家から三里の若松港が、遠賀川河口の芦屋港に代わって石炭で活気づいていることは、慶太郎もよく知っていた。自分の住む地方での仕事としては、石炭の取引は有望な商いであるし、しかも若松第一の石炭商の店に勤めさせてもらえる。慶太郎は、肚を決めた。法律家への未練は捨て、石炭の海、若松での石炭商の道へと方向転換することにした。こうして、明治二十五年（一八九二）五月一日、佐藤慶太郎は、山本商店の門をくぐった。

洞海湾の港、若松の朝は、千鳥の声で明ける。朝の入潮時には、洞海湾の奥の堀川へと船がのぼる。その堀川をのぼってゆけば、慶太郎のふるさと、折尾に着く。堀川をさらにのぼれば、遠賀川に出る。そのまた奥に筑豊の炭田が控えている。明治二、三十年代の洞海湾は海水のきれいな入江だった。慶太郎は、早起きしてその潮で冷水浴をした。山本商店は、「出船千艘《せんそう》、入船千艘」と言われた賑やかな海岸通りにあった。人々が、雑多に往来する東京とは違い、この港町の通りのにぎわいには、心地好いリズムがあった。石炭に人の目が集まり、この黒い石の流れを中心に町が動いていた。若年寄りのように机に向かって本を読む今までの静かな生活。それとは全く異なる昇り龍、石炭業の息吹が、二十五歳の青年を出迎えた。筑豊の石炭産出量は、明治二十年代はじめには、約五十万トンであったものが、慶太郎が山本商店に入った二十年代半ばには約百万トンへと倍増した。その後、明治三十年以降は、筑豊の石炭が全国の出炭量の半分を占めるようになった。若松の町が発展するのに合わせて、慶太郎も石炭商として成長して行く。

山本俊子。慶太郎が、就職と同時に結婚した相手である。俊子は、山本周太郎の妻かた子の妹であり、当時二十四歳で未婚であった。むかし、周太郎がかた子と結婚して山本家に婿入りしたのと同じく、慶太郎は、かた子の妹俊子の婿になり、山本姓を名乗るようになった。すでに若松で町の世話役となっていた山本周太郎は、自分の店よりも業界全体の仕事に忙しく、自分の息子が一人前になるまで店をまかせられる人間を探していたのだった。

「俊子と結婚してくれないか」

入店と同時にこう山本に言われた慶太郎は、自分も将来は石炭をもって立たなければならない身だと考え、若松一の石炭商山本周太郎の義妹、俊子との結婚を承諾した。慶太郎にとって幸運なことに、花嫁の俊子は、石炭業という昇り龍に詳しかった。十代の頃から山本商店の帳場に座っていた俊子は、いつしか店の一切を仕切るようになっていた。一方の慶太郎は、子供の頃に勘定書きを持って年末に走り回った経験はあったが、学問一筋に打ち込んで来た身であり、商売についてはま

妻俊子

るで知らないと言ってよかった。

「一つ、僕は」と慶太郎が言いかけて、俊子がくすっと笑った新婚の夜。場所は、山本家の二階の八畳一間。ここが二人の新世帯であった。体格がよく、物事にこだわらない俊子は、「希に見る女丈夫」と言われるほどの強さを持った女性であったが、同時に、無邪気な大きな目をした優しい女性でもあった。俊子の笑った顔を見て、慶太郎の肩の力が抜けた。

「一つ、楽をしようとは思わないこと。二つ、住居に望みは言わないこと。三つ、給料を目当てに働かないこと。この信念に従って僕は商売に励む。お前さえ僕を信じてくれるなら、必ず大成して見せる」

「わかりました。わたしもその信念に従います」

微笑みながら俊子が答えた。慶太郎が価値あるものと考えていたのは、かたちの世界のことではなかった。山本石炭商店の店員となったのだから、給料をもらうのが当り前だが、慶太郎はこれを辞退した。給料よりも価値を持つ無形の財産。これを身につけることこそ、彼の望むところであった。

〈若松一の山本商店を背負って、真面目に仕事をして行けば、経験もできるし、知己もできる。信用という無形の財産を得れば独立した後の準備も自然にできて行く。これこそ給料に勝る最高の報酬ではないのか〉

慶太郎は、まず俊子に相談し、店主山本の了解も得て、散髪代程度の小遣いを除いて、給料は一厘ももらわないこととした。そろばん、簿記、伝票処理。商売のいろはを知らぬ慶太郎にとっては、年下の妻俊子が先生であった。無形の財産を築くべく、筒袖に紺の前掛をして、懸命になって働く日々が始まった。

三　百聞は一見に

雄島雌島は　玄界灘で
末を契った　仲よい夫婦
——五平太ばやし

慶太郎の妻俊子は、明治二年（一八六九）、遠賀川の下流、水巻村（現福岡県遠賀郡水巻《みずまき》町）立屋敷の旧家、山本家の次女として生まれている。水巻村は、慶太郎の故郷本城村（後に折尾町）とは一里あまりのところにある。現ＪＲ鹿児島本線の水巻駅は、折尾駅のとなりである。俊子の父親山本利三郎は、「仁徳の士」と呼ばれた人物で、晩年は、良寛和尚のように村の子供たちに慕われていた。

仕事に追われて子供の世話にまで手が回らない水巻村の農民たち。農繁期ともなれば、忙しさに苛立つ親たちは子供を叱り飛ばし、家の外に放り出す。子供たちがいくら泣き叫んで足をばたつかせても、聞く耳を持たない。利三郎は、そうした子供たちを片っぱしから拾い集めてくる。やがて、仕事の一段落した親たちがあわてて子供を引き取りにくる。恐縮した親たちは、しきりに利三郎に礼を言う。

「わしに礼を言うよりも、子供に詫びるのが先だよ」

村の子供たちは、そうした利三郎爺さんを親以上に慕ったという。山本利三郎には、娘がふたりいた。姉の婿が周太郎であり、妹が迎えることになる婿が慶太郎である。石炭商を志していた周太郎が、妻とその妹俊子を伴って若松に出てきて以来、俊子にとって、この港町は第二の故郷になった。山本周太郎が、「やましゅう」と呼ばれる若松一の石炭商となるきっかけは、元福岡藩士で修猷館に学んだ平岡浩太郎との出会いであった。

西郷隆盛らによる西南戦争の生き残りと言われる平岡は、反政府士族集団で武断的な政治結社玄洋社の社長をつとめた人物である。その平岡がまだ若い頃、九州から東京へ出たいと思ったがお金が無い。ところが、山本周太郎という毛色の変わった男が若松にいるというので、平岡が山本に後援を申し込んできた。男が男に惚れるというのか、山本は平岡に会うとすっかり意気投合し、初対面の男に着物から帯まで何もかもそろえてやった。その後も山本は、平岡への援助を続け、そのお陰で平岡は世に出た。やがて平岡はいくつもの炭坑を持つようになった。そこから掘り出される石炭を山本が一手に扱うようになってから、山本周太郎商店は、若松では押しも押されもせぬ大きな店になったのである。そうした「やましゅう」の帳場に座る俊子は、お下げ髪の頃から店を手伝い始め、やがて若松港の気の荒い男たちを相手に堂々たる仕事ぶりを見せるようになった。彼女は、その女丈夫ぶりを周太郎に買われ、町の世話に忙しい義兄や、家事に追われる姉に代わっていつしか店をとりしきるようになっていた。

俊子の目には、初対面の慶太郎は、まだどこか学生くささの残る気弱な青年に映った。だが、意外にも新婚の夜、三つの誓いを立てる慶太郎は男らしく、頼もしかった。特に、「給料を目当てに働かない」という三つ目の誓いの言葉が、俊子の胸に強く響いた。店員の中には、酒と博打で給料を使いはたす者もあり、店の会計を預かる自分のところへ給料の前借りをしにくる厚かましい者すらいた。それなのにこの人はと、俊子は目からうろこが落ちる思いがしたのだった。ある夜、慶太郎が話してくれた父孔作の思い出話。稲どろぼうや水争いの解決には、進んで村人の先頭に立ち、火事だといえば真っ先に駆けつけ、文字どおり火の粉をかぶる孔作。俊子は、孔作を果敢で一途な人だと思い、自分の父親利三郎にもどこか似ているると感じた。

〈慶太郎さんも、親ゆずりの真っ直な気持ちを持った人に違いない〉

慶太郎は、若松の石炭商の常識からすれば一風変わった男だった。その変わったところに俊子は魅かれた。胃弱で、けっして丈夫とはいえない慶太郎を支え、俊子は、情の細やかな世話女房ぶりを発揮した。一つ年下の妻が、家庭生活においては、慶太郎の姉とも母ともなり、仕事場では商売の師となった。何事にも手抜きのできない慶太郎は、福岡の修猷館、そして、東京の明治法律学校でのときのように、石炭商に必要な勉強に熱中した。普通は二、三年かかると言われる洋式簿記も、彼は一年で習得した。義兄周太郎は、慶太郎が店に入ったとき、相談相手にと、石炭の商売に通じた三人の青年を紹介してくれた。ところが、彼らの関心は、どちらかと言えば、石炭よりも博打にあった。明治二十年代半ば、若松では、八八《はちはち》という花札博打が大流行していた。八八をやらぬ変わり者は、この港町で三人しかいないとさえ言われていたぐらいである。博打に負けては、やけ酒を飲み、勝てば勝ったで相手に一杯おごる。しかも、店でも、家庭でも、こうした店員たちの生活ぶりを誰も不思議だと思わない。自分たちの扱う大事な商品である石炭についての研究など真面目にする者はいない。店員たちの風紀の乱れ、それに対する社会の無関心。新米店員の慶太郎には、驚くことばかりだった。せっかくの義兄の心遣いであったが、慶太郎は、博打には目もくれず、若松で四人目の変わり者となり、石炭の研究を始めることにした。まず、疑問点を列挙してみた。

一、石炭は、いつ頃、いかにしてできたのであるか。
一、その分布は、どのようであるか。
一、各石炭の性質、品位から見て、その適切な使途はどうか。

いざ研究の対象としてみると一塊の黒い石とはいえ、奥が深い。石炭科学の次は、採掘技術。

一、炭坑における採掘の状態はどうか、坑内からどのようにして坑外に搬出されるのか。
一、精選、すなわち、石炭と夾雑物はどのように選別されるのか。

採掘技術の次は石炭経済学。

一、石炭が市場に搬出され、さらに消費地に運搬され、消費されるまでの経過はどうか。
一、取引はどのように行われるのか。若松における同業者間の取引をはじめ、直接消費者に供給する場合、代金の回収方法はいかなるものか。

一口に石炭といっても、その採掘や取引の実態は容易にはつかめない。ましてや、これまで英語と法律の勉強は真剣にやってきた慶太郎だが、鉱物学や、流通、金融などという分野とはまるで縁がなかった。

店主である山本周太郎は、外の仕事に忙しく、慶太郎が入店早々、店のことは慶太郎と俊子にまかせっきりだった。新妻俊子に商売のいろはを教えてもらいながらの毎日、まがりなりにも店を背負って立つ責任と気概が、商人慶太郎を育てた。店の仕事の流れは、割合はやく飲み込むことができた。だが、商品である石炭についての研究は、容易には進まなかった。若松で八八もせずに石炭の研究に打ち込む変わり者などいない訳が、慶太郎にも分かるような気がしてきた。あれこれと本を読んでみても、人の話をきいてみても、どうもピンとこない。いつものように夜遅くまで机に向かう慶太郎に俊子がお茶を出しながら声をかけた。

「百聞は」と俊子が言うと、「一見に」と慶太郎が答え、「如かず」とふたりが声を合わせた。考えてみれば、これまで、慶太郎は、炭坑の中を一度も見たことがなかった。

〈本の勉強よりも実地の体験だ〉

そう思った慶太郎は、初めて炭坑に足を運んだ。炭塵に黒くまみれた坑夫が裸で掘り出す石炭は、カンテラの光を受けて、鈍く輝いていた。そこは地上とは全く違う闇の世界だった。地の底へ来たと、慶太郎は身の引き締まる思いがした。

四　地の底から

船頭小唄に港は暮れて
　月に墨絵の高塔山
　　――若松小唄

「お帰りなさい」

山本周太郎商店の店先に俊子の明るい声が響く。若松駅を朝一番の汽車で発ち、筑豊の炭坑に向かった慶太郎が店に戻ってきたのだ。夫に向かって駆け寄る俊子。妻の笑顔とは反対に慶太郎の顔は暗く、すっかり疲れ切った様子だった。

「ただいま」

沈んだ声でそう言いながら、上がりかまちに腰を下ろした慶太郎は、しばらく放心したように動かなかった。やがて膝頭に手を当てて立ち上がる慶太郎の顔に少し生気が甦ったのを見て、俊子は胸をなで下ろした。自分の扱う商品である石炭の研究にと勇んで出かけた慶太郎。炭坑に入るという初めての体験。若松港の駆け出し石炭商が筑豊のヤマから持ち帰ったものは、重い疲労感と、おのれの脆弱な肉体への悔しい思いだった。俊子の心のこもった夕げの膳にも、ほとんど箸がつけられず、義兄周太郎に詳しい報告もできないまま、慶太郎は床に就き、泥のように眠った。

若松の海岸通りには、洞海湾に面して弁財天の神社がある。その夏祭りを知らせるように、威勢の良い祭りばやしが薄墨の空から聞こえてくる。笛や太鼓の音をぼんやりと聞きながら、俊子は、慶太郎の寝顔を見ていた。

〈炭坑の中に入って、石炭の研究をしたいという慶太郎さんの思いを周太郎兄さんに伝えたとき、お前は一体何を言うんだというような呆れ顔をされてしまったっけ〉

俊子は、幼い頃から周太郎におしゃまな口をきいていた。周太郎もそれを面白がって聞いてくれた。姉のかた子が言いにくそうなことを周太郎に話し、反対に周太郎が言いそびれていることをかた子に伝えるのが、いつしか山本家での俊子の役目になっていた。俊子は周太郎に遠慮なく、ものが言えた。

ある晩、石炭商の寄り合いから帰ってきた周太郎に「兄さん、慶太郎さんがね」といつものように気軽に相談を持ちかけ、夫の炭坑見学の希望を伝えたのだが、周太郎は「ウム」と言ったきり黙ってしまったのだ。

「一人前の石炭商になるためには、扱う商品である石炭の研究をするのが第一だという慶太郎さんの考えに私も同感です」

こう俊子は周太郎に向かってきっぱりと言った。これには、若松港に山周ありと言われた、さすがの周太郎も、しばし口をつぐむしかなかった。気を取り直した周太郎は俊子にこう反論した。

「ヤマの坑夫が命がけで働いていることぐらい、お前もよく分かっているだろう。何が、商品研究だ」

番頭として婿として山本家に迎えた義弟慶太郎の炭坑見学という希望を俊子から聞いて驚いた周太郎。初めは、そこまでやる必要がどこにあると納得がいかず、唾を飛ばして俊子に反論したが、考えているうちに、そこまでやるかという感心にも似た気持ちが湧いてきた。もしかしたら、ひ弱そうに見える慶太郎という男は、常識があるのかないのか知らないが、意外な面を秘めた男なのかもしれないと周太郎は考え始めていた。

〈そう言えば、初めて友人から慶太郎を紹介されたときは東京帰りの青二才と思っていたが、「山本商店に入れていただくにあたり、妹様は、ありがたく嫁にいただきますが、給金は頂戴しない考えです。その代わり、真面目に働いて信用という無形の財産を築きたいと思います」と慶太郎がこう堂々と宣言したときも実に驚いた。ナスやキュウリにどうして善し悪しの差ができるのか、それは畑に聞くしかない。うまいタイやフグはどこにいるのか、それは海に聞くしかない。石炭のことは、ヤマに聞くのが一番か。そこまでやるのが慶太郎という男か〉

ただ周太郎には、身体が丈夫とも見えない慶太郎の体力のことが気がかりだった。

〈聞けば修猷館時代には、英語は必死に勉強して身についたが、銃を持って行う柔軟体操は最後まで苦手だったというではないか。今は暑い夏のことだし、坑内はもっと蒸し暑い。秋風が吹くようになってからでも遅くないではないか〉

周太郎は、慶太郎と俊子を呼び、ヤマの見学は、涼しくなってから行けばよいではないかと話した。だが、慶太郎は、自分が、一日も早く一人前の石炭商になりたいと思っていること、さらに本だけでの石炭研究には限界があることを話した。新婚だというのに、慶太郎が夜遅くまで石炭研究の本ばかり読んでいることは周太郎も知っていた。

「研究と言っても、本を読んだだけでは実際の役には立ちません。自分の研究は、一切実地に見学し、体験に基づいたものでありたいと思います」

どうしても炭坑に入って調べてみたいという慶太郎の熱意に気押された周太郎は、いくつかの炭坑主に紹介状を書き、慶太郎の炭坑見学の手配を俊子にさせた。慶太郎は、筑豊の炭坑を訪れ、その中に入らせてもらった。草鞋に履きかえて入った炭坑は、周太郎に言われたように蒸し暑い。男も女も裸に近い姿でなければ作業できないわけがよく分かった。暗い坑内には馬もいて、石炭を運び出すために使われていた。小柄な慶太郎でも頭がつかえそうな坑道をカンテラを頼りに進むとガツ、ガツという音が聞こえてきた。坑道の最先端であるキリハ（切羽）で、鶴はしを振るい、石炭を掘り出す男の背中が見えた。のどがひどく渇いてきた。坑内のにおいと暑さに負けて、慶太郎は気分が悪くなってきた。

筑豊炭田・忠隈炭鉱内採炭作業（昭和初期以前）

「鶴はしで炭層を砕く者はサキヤマ（先山）、その後ろで石炭を竹かごに入れて運び出す相方はアトヤマ（後山）と呼ばれています。夫と妻、あるいは親と子で、サキヤマ、アトヤマになることがよくあります」

慶太郎に説明をしてくれる小頭《こがしら》の声が段々と遠のいてゆく。気がつくと、慶太郎は、木陰に寝かされていた。坑道から男たちや女たちが上がって来るのが見えた。地の底からの出口のまわりには、赤ん坊に乳を含ませる母親、そのそばで腰を下ろして一服する父親、髪をなおす若い娘など、仕事を終えた後の安堵感と倦怠感が漂っていた。坑内を案内してくれた小頭に礼を述べ、駆け出し石炭商は、汽車で若松に戻った。

初めての体験に疲れ切って眠った翌朝、慶太郎は、今日も炭坑に行くといってきかなかった。ひどく疲れて帰ってきた昨晩の夫の様子を思うと、いくら気丈な俊子でも心配が先に立つ。詳しいことを慶太郎にきくまでもなく、昨日は、とても石炭研究どころではなかったことが俊子にも分かった。

〈慶太郎さんは、心が身体よりずっと早く走ってしまう人、でも今日だけは炭坑に行かないでほしい〉

俊子は、周太郎に訳を話し、急用ができたことにして外出してもらった。その日、石炭商仲間の寄り合いには、周太郎の代わりに慶太郎が顔を出した。残暑が続くなか、慶太郎は、何度か筑豊の炭坑に足を運んだ。新米石炭商も、そこで働く人たちと顔見知りになり、狸が坑内に住み着いている話や、石炭にも木のように板目と柾目《まさめ》があることなどを教えてもらい、やがて一人でも炭層の状態を冷静に観察できるようになった。いつしか、筑豊の山では、銀色のすすきの野原を風が渡り、若松の海では、洞海湾を見下ろす高塔山に月が冴えざえとかかる季節になっていた。

五　光る石　燃える石

つくしなる大わたり川大方は
われ一人のみ渡る浮世か
――紀貫之《きのつらゆき》

花に誘われ、月に酔い、人が繰り出す高塔山。眼下には洞海湾が左右に広がる。手前に若松、向こうに戸畑や八幡の町が見える。東は、波も荒い響灘。その入江である洞海湾は、北風をさえぎる山に守られ、西へ奥深く入り込んだ天然の良港である。明治の初めまでは、青い水面に白帆の舟が、一つ二つと浮かぶのどかな磯が続いていた。細長い入江が、植物の茎のように伸びているところから古くは「くきのうみ（洞の海）」、あるいは川のようにも見えるところから「おおわたりがわ（大渡川）」と呼ばれた洞海湾には、「皇后崎《こうがさき》」など古代の神功皇后《じんぐうこうごう》にちなむ地名や伝説が残されている。

若松と戸畑を結ぶ若戸大橋近くには「おえべっさん」と呼ばれる恵比須《えびす》神社があるが、ここには神功皇后ゆかりの御神体がまつられている。むかし、神功皇后の一行が、くきのうみに入ろうとすると船が動かなくなった。漁夫に調べさせてみると海の底に光る石があった。皇后は、その石を御神体としてまつるように命じたという。さらに皇后が、神社近くの浜に若い松を植えさせ、この地に「若松」の名がついた。「光る石」は、その後、くきのうみの漁業、海運、商売繁盛の守り神となった。現在も、JR若松駅そばには、石炭を満載した貨車（日本国有鉄道石炭車セム一〇〇〇・荷重一五トン）が、ひっそりと展示されている。それは、近代若松を守る御神体のように台座の上に鎮座している。海底の「光る石」といい、地底の「燃える石」といい、神功皇后ゆかりのこの港町は、古代から昭和にいたるまで石との縁が深い。

明治時代の半ばまで、この白砂青松の入江は潮がきれいで、慶太郎も若松海岸通りで石炭商の店員時代、海水を汲み上げて冷水浴をしていたほどである。もともと若松や戸畑のあたりは、海の幸に恵まれた漁村であった。アワビやサザエもとれ、「魚の宝庫」と呼ばれていた。だが、明治も半ばを過ぎると「炭都若松」、「鉄都八幡」がその姿を現し、細長い瓢簞形の穏やかな輪郭を保ってい

高塔山公園案内図看板（昭和63年撮影）

写真中央に「佐藤公園」（佐藤慶太郎旧宅　昭和63年撮影）

た洞海湾の海面は、埋立によって四角い形に変わり、重工業で武装する近代日本の牽引車となって行く。神功皇后ゆかりの村が、産業都市へと激変する明治二十年代の若松で、慶太郎は石炭商の店員として成長して行く。

「信用という財産を築く」、若松一の石炭商と言われた「やましゅう」の番頭として働き始めた慶太郎は、この言葉を胸に初めから給料を辞退し、報酬をもらわずとも誠実に働いた。ふるさとの村に暮らす両親に仕送りができないことは心苦しかったが、さいわいにも、父と母の暮らしは、一時のような貧しさからなんとか抜け出していた。慶太郎には、自分達の扱う商品である黒い石、その研究に励むことも石炭商として当然のことに思えた。暗く狭く、蒸し暑い切羽で、ガス爆発や落盤の危険と背中合わせで働く坑夫達。

〈過酷な労働の代償として掘り出された貴重な石炭。そうであれば、ひとかけらも残さずに消費者の手に渡るようにすることこそ石炭商の役目ではないか〉

だが、実際には、需要を超えて掘り過ぎ、空しく貯炭の山を築くこともあったし、舟で運ぶ石炭の輸送量すら正確に把握されていなかった。

遠賀土堤行きゃ雁が鳴く
家じゃ妻子が泣きすがる
けんかばくちにすねた身は
川筋男の意気のよさ

佐藤公園記念碑（昭和63年撮影）

若松港岸壁から見る洞海湾と若戸大橋（昭和63年撮影）

これは、明治の頃、川舟の船頭衆を歌ったはやり歌である。その舞台である遠賀川は、江戸の昔から北九州の物流に重要な役割を果たしてきた。この川は、筑豊の「母なる川」だが、時に「暴れ川」となって、水害を出した。筑豊の山野に汽笛を鳴らし、若松港への石炭輸送の動脈となる筑豊興業鉄道が、直方、若松間に開通したのは明治二十四年（一八九一）八月三十日のことだが、その夏、遠賀川は、鉄道という文明の利器を拒むかのようにひどく暴れた。この年の六月から静かに降り続いた雨は、七月二十一日と二十二日には、ついに天の堰を切ったかのように大雨となって筑豊に降り注ぎ、遠賀川流域は大洪水となった。福岡県東部は、未曾有の被害を受け、四十人を超える死者を出す惨事となった。水は炭坑へも襲いかかり、坑内浸水や貯炭流失などの被害甚大となり、操業不能に陥る炭坑が続出した。若松港にも大波が襲来し、多数の船が沈没、破損した。船の被害を食い止めるため、やむを得ず、積荷の石炭を海中に投げ捨てることもあった。

炭坑の経営者たちは、ヤマから掘り出した石炭を遠賀川の舟（川ひらた）に頼らずに、安全に効率よく港まで輸送することを悲願としていた。鉄道は、その切り札であった。明治中期の交通革命、八月末の筑豊興業鉄道の開通は、水害に被災した線路の復旧工事をようやく終えてからのことだった。

「俊子」

海岸通りの八畳一間の二人の住まい。夕食を終えた後、いつものように石炭研究に打ち込む慶太郎は、店の帳簿の整理をしている妻に呼びかけた。

「はい」

若松港貯炭場と貨物船（昭和63年撮影）

JR若松駅そばの石炭車（昭和63年撮影）

俊子は、慶太郎さんがまた何か思いついたようだわと笑みを浮かべ、顔を上げた。炭坑の見学後、石炭の採掘技術から流通の問題へと関心を深めていた慶太郎は、是非とも俊子に聞いてもらいたいことがあった。

「目分量で売り買いする商品などないと思うけど、どうだい」

「えっ」

「酒や醤油は、一合いくらで値段が決まるだろう。物を売り買いするときには、その分量や重さをきちんと計る必要がある。石炭も同じはずだ」

慶太郎は、石炭の場合には、そうした商売のいろはが守られていないというのだ。遠賀川から堀川を経て川ひらたで運ばれる石炭だが、この川ひらたにも大小の違いがあり、積載量にも違いがある。普通、川ひらたは、石炭を一艘《そう》あたり最大一万斤《きん》（約六トン）積載できる。筑豊のヤマ、遠賀川上流の直方、飯塚などの川沿い港で石炭を舟に積み込むときは、石炭問屋から指図された世話人が監督し、積んだ石炭の斤量《きんりょう》（目方）を確認するが、これが大ざっぱなものでしかない。船頭衆は四、五艘で一団となり川を下る。彼らは石炭の斤量に責任を持ち、めいめい、何太郎の舟は何斤、何吉の舟は何斤と記入した送り状を所持している。だが、川が浅くて通船が困難であるとか、風や波が強くて危険なので舟あしを軽くするために他の舟に石炭の荷を移すことがあるなど送り状もあてにならない。遠賀川、そして堀川を抜けてようやく舟が若松に着くと問屋の店員と船頭との間で斤量の受渡しがされる。ところが店員は、十艘だろうが十五艘だろうが、ざっと一わたり見るだけで全体の斤量の計算を済ましてしまう。慶太郎にはここが不思議でならないのだ。

若松港と石炭列車（昭和初期以前）

〈目で見るだけで斤量を決める商品がほかにあるだろうか〉

店員と船頭の間で斤量の意見が一致すればそれで良し。一致しない場合は、一艘か二艘を選んで検量する。だが正確な計測はなかなか難しい。慶太郎は、この計測方法の改善について研究してみた。だが、積み荷の水分の多少について言い出すと話が面倒なことになり、衡器《こうき》（重さを測る器具）の使い方次第で斤量に違いが出てしまう。七千艘もある川ひらた。それが川面が見えなくなるほど連なって若松めがけて殺到する。船頭衆からすれば、三日も四日もかけてようやく渋滞を抜け出して港に到着したというのに、手間のかかる斤量の計測などごめんこうむりたいという気持ちがある。

俊子は、そこまで研究しなくてもという思いもよぎったが、一斤の石炭も大切にするのがこの人なのだと思い返した。誰に向かっても、「正直をもって一貫する」と口にする夫、慶太郎。一休さまならぬ一貫さま。そんな夫と同じ仕事のできるのが、俊子には誇らしく思えた。

第三章　若松の佐藤なら

一　上海への初電報

義兄が「お前は重宝だ」と大へん喜んでくれました。

――佐藤慶太郎「慶太郎自叙伝」


「ドンドン、ドンドン、電報、電報」

店のガラス戸を叩く音がする。配達夫の威勢の良い声が二階の居間まで届く。

「上海からの返事だ」

階下で俊子が受け取ってきた電報を手にしながら慶太郎の胸は高鳴った。

「向こうからの電報は、早いんですね」

驚きながらも俊子がいたずらっぽく言う。

「上海の方が、ここよりずっと進んでいるっていうことだ」

慶太郎が苦笑いをしながら俊子に答えた。一通の英文電報を上海に送るのに若松から小倉まで出かけた慶太郎。電信局で一日待たされたその顛末を俊子が聞き終えたばかりのところに返信の電報が早速に届いたのだ。日も暮れてからようやく帰宅した夫慶太郎から話を聞いたとき、俊子は、上海が遠い海の果てにあるように感じた。だが、そこからこうも早く返事が届こうとは。慶太郎は、夕飯もそこそこに、受け取ったばかりの英文電報に書かれた取引条件の翻訳にとりかかった。

この年明治二十五年（一八九二）、若松町の人口は、まだ三千五百人あまり。一方、この頃の上海では、租界に住むイギリス、アメリカ、フランス人だけで二十万人を超え、総人口は百万人に近づいていた。大型汽船やジャンクの往来する黄浦江沿いのバンド（岸壁）には、ジャーディン・マセソン商会など主にイギリス系の外国商社がひしめき、上海は中国最大の貿易港として発展を続けていた。北九州では、のちにバナナの露店が風物詩となる門司港が、石炭輸出のために特別輸出港に指定されて賑わい、若松もそれに歩調を合わせて活気を呈していた。

当時、北海道炭や筑豊炭など全国の石炭産出高は、明治二十四年（一八九一）には三百万トンを突破し、その三分の一は東南アジアやインド方面に輸出されていた。大型汽船の時代に入り、極東海域での船舶用石炭の不足は深刻な問題となり、イギリス炭に代わる日本炭は、この地域での需要にこたえる貴重な存在であった。慶太郎が新米番頭として働く山本周太郎商店でも、ある日石炭取引のことで直接上海に電報を打つ必要が起こった。だが、慶太郎と俊子に向かって、「後はおまえたちにまかす」と言うのが口癖の義兄、おとこ山周。

「綴りは分からないが、宛先はハイヴァーだ。よろしく頼む」と言いおいて外出してしまった。

モース（モールスとも呼ばれる）の発明したトン・ツー式音響電信機がアメリカで実用化された

のが一八四〇年代のこと。その電信機を徳川幕府に献上したのが、黒船で浦賀沖に乗り着けた米国東インド艦隊司令長官ペリーである。黒船と電信機、世界は国際通商と高速通信の時代に突入していた。幕府を倒し、新しい日本を作らねばと、西郷隆盛が京都で坂本龍馬と会って、長州藩の武器購入に力を貸す約束をしたのが慶応元年（一八六五）。

その年、すでに海の向こうでは、十年ごしの難工事、大西洋横断海底電線が完成し、パリで欧州各国の参加による第一回電信会議が開かれた。その後、日本では、ようやく明治二年（一八六九）になって、東京―横浜間に電信が開通。明治四年（一八七一）には長崎―上海間および長崎―ウラジオストク間に海底電線が敷設された。これにより、日本も初めて海外との電気通信が可能になった。だが、この二本の海底電線の敷設工事を行い、その通信事業を経営していたのは、デンマーク資本の大北電信会社である。その後、明治三十九年（一九〇六）に日米海底線が開通するまで日本の海外通信は、このデンマークの会社の線に依存し、高料金を甘受せざるをえないという不自由な状況にあった。明治八年（一八七五）には、第四回電信会議が、日本からはるか遠いロシアの首府、サンクトペテルブルグで開かれた。初めて日本は、この会議にオブザーバーを派遣し、その四年後、電信の万国条約に加入する。明治十年代には、日本全土に電信網がほぼ完成、内国電報発信数は、明治四年（一八七一）に約二万通であったが、二十年後の明治二十四年（一八九一）には、その二百二十倍の四百四十万通を超えた。だが、この明治二十四年の時点で、日本から海外へ送られる電報数は、日本の国内を駆けめぐる電報数の九十分の一に過ぎない。その頃、外国電報は、東京などを除けば電信業務の関係者にすら馴染みが薄かった。

「まだでありましょうか」

慶太郎が先ほどから局員に何度こうきいても返ってくる答えは同じだった。

「まだだ。もうしばらく待つように。赤間関《あかまがせき》（後の下関市）の局からの返事が未着だ」

今朝、慶太郎が、生まれて初めて外国電報を出すのだと張り切って若松を後にしてからすでに半日が過ぎようとしていた。上海どころか、目と鼻の先、関門海峡対岸からの返事を待つ間、慶太郎は近くの食堂に入り、遅い昼食をとった。山本周太郎商店からの初めての海外電報。福岡の中学修猷館に在学中、慶太郎は、英語でさんざん苦労した。学校視察に訪れた文部大臣森有礼の前で、英語で数学の解法を説明するという大役までさせられたこともあったが、必死で勉強したおかげで英語は身についた。義兄周太郎からのわずかな指示をもとに書き上げた英文を携え、慶太郎は若松側から洞海湾の渡し船に乗って対岸へ渡り、小倉の電信局へと急いだ。ところが、慶太郎も外国電報を出すのが初めてならば、小倉電信局も海外への打電など全くこれが初めてだという。その手続きさえ局では定かではない。そもそも外国電報を取り扱ってよいかどうかを近辺では最大局の山口県赤間関郵便電信局まで問い合わせるところから始まるのだ。

この話が起きた明治二十五年（一八九二）、東京郵便電信局には約五十台の電信機があり、約百人の技術者がいた。福岡県では、県内二番目の規模の小倉電信局に三台の電信機があり、四人の技術者がいた。慶太郎が持ってきた英文を前に小倉局の職員は、上海への打電の手続き方法を赤間関局に電信で問い合わせ、赤間関局からの返信を待つ。また何か疑問が起こると再度電信で問い合わせる。横文字がらみの話となると、ペリーの黒船が日本に来航した四十年前とあまり事情は変わっていない。小倉局の職員にとっても慶太郎にとっても初めての外国電報は、一日がかりの大仕事となってしまった。

なんとか上海に電報を打ち終えた慶太郎は、戸畑から再び渡し船に乗って若松に帰り着いた。まるでそれを見計らったかのように上海から返信が届いた。慶太郎がいち早くその内容を翻訳して報告すると、義兄の周太郎は、お前は実に重宝だと目を細めた。慶太郎さんは重宝どころか家宝ですと妻の俊子は心のなかでつぶやいた。

二　別れ

オッペケペ
オッペケペッポ
ペッポーポー
——川上音二郎

明治二十七年（一八九四）五月の洞海湾。朝日にきらきらと光る緑の入江を渡る風が、静かに二人の食卓に吹き込んでくる。まだ子宝には恵まれていなかったものの、二人の生活は充実していた。慶太郎が、九州若松の石炭商、山本周太郎の店に番頭として入ってから二年の月日が過ぎた。石炭については、ずぶの素人であった東京帰りの慶太郎。その師となり、石炭取引のいろはを夫に教えた新妻の俊子。自分の扱う商品である石炭研究のために、筑豊の炭鉱に何度も足を運んだ慶太郎は、地の底で実地に採掘作業の見学もした。彼は、今では港町若松の誰よりも石炭のことに詳しくなっていた。

この年の七月、日本海軍と清国海軍が、朝鮮ソウルの南西、豊島沖《ほうとうおき》にて交戦。八月一日には、日本が清国に宣戦布告。ここに日清戦争が始まった。朝鮮独立の擁護と内政改革を掲げた日本は、清国がそれを妨げているとして、アジアの「眠れる獅子」に戦いを挑んだのだ。九月には、黄海《こうかい》（朝鮮半島西側の海）海戦において日本連合艦隊は、清国北洋艦隊を撃破。十一月には、日本軍は清国の軍事拠点、旅順を陥落させ、翌明治二十八年（一八九五）四月には、下関において日清講和条約が結ばれた。日本にとって初めての本格的な対外戦争である日清戦争。この戦争の勝利によって、日本は、朝鮮に対する清国の宗主権を無力化し、さらに台湾を植民地化した。日清戦争は、近代日本の中国大陸進出の突破口となり、その後五十年の日本の道を決める戦いとなった。

戦闘の様子を伝えるため、各新聞社は、競って号外を連発した。今日のようにテレビなど無い時代、戦争錦絵や石版画《せきはんが》が、遠い異国での日本軍の戦いぶりを伝えた。「最後の浮世絵師」と呼ばれる小林清親《きよちか》の手になる黄海海戦の図は、波濤の果ての砲声を内地の人々の耳許で炸裂させた。芝居の世界では、川上音二郎一座による日清戦争劇が、大評判となった。博多生まれで、新派生みの親と言われる川上音二郎は、「オッペケペ節」で大衆の心をつかみ、自由民権思想の高揚と演劇改良を志した人物で、妻の貞奴《さだやっこ》と欧米各国を巡演したことで知られている。

「近々開場する川上座（浅草座に於いて）の『日清戦争』六幕目に於ける天津沖海戦清艦沈没の場

は、無論舞台一面を海原となすも、これまで各劇場で演ぜし普通難船とは事変わりて、砲撃轟々毒《ほうげきごうごうどく》煙濛々《えんもうもう》、檣《ほばしら》折れ艦沈むの状を顕わし出すものとて、電気をも使用し、充分見物の喝采を博せんと、道具方に謀りて種々考案を運らし居るも、何分舞台の小さきに困るとの事なり」（明治二十七年八月十六日付「時事新報」記事）

日清戦争開戦から二週間を過ぎたばかりだというのに、川上音二郎の対応は素早い。その一ヶ月後には、この劇が大当りとなって、連日満員の様子が報じられている。それによれば、「座員いよいよ乗り気になり」、日本兵と中国兵の「合戦の場」では、役者自身まさに戦地にいるのだという気持ちで本気で殴り合い、毎日四、五名の負傷者が出るため、舞台裏には医師二名が治療のために待機していたという。（明治二十七年九月十六日付「時事新報」記事）

日清戦争の勝利をきっかけに、政府は軍備拡張と重工業の発展を押し進め、慶太郎たちの暮らす洞海湾にも工業化の波が押し寄せる。戦争が終わって二年目の明治三十年（一八九七）には、官営の製鉄所が八幡村に建設されることが決まり、明治三十四年（一九〇一）には、溶鉱炉の火入れ式が行われた。国全体が、大きな変動の時期にあったこの頃、石炭の需要は増え続けていたし、慶太郎は、石炭商としての信用を着実に積み上げていた。だが、一方では、肉親を失うという悲しい出来事が続いた。

ただ一人の弟、伊勢吉の急死という悲報が届いたのは、八幡に製鉄所が建設されることが決まった明治三十年の事であった。伊勢吉は、熊本の第五高等学校を経て長崎の医学校を卒業し、一年志願兵で入営していたのだが、間もなく退営というときになって、突然、病死してしまったのである。

元は大庄屋の血筋とはいえ、明治維新という時代の大波に翻弄され、慶太郎が子供の頃は貧しさと戦っていた父親孔作と母親なをを。その後、一家は、徐々に貧しさからぬけ出し、慶太郎と伊勢吉という二人の子供の成長を楽しみに生きてきた父と母。伊勢吉は立派な医師になると念じ、田舎でその帰郷を待ち侘びる年老いた夫婦。

「伊勢吉が帰ってくるのは、いつだったかな」

孔作が、まき割りの手を止めて、額の汗を手ぬぐいで押さえながら、なをに聞く。

「あと十日ですよ」

「ああ、そうだったなあ」

「もう、まきは、充分にありますよ」

伊勢吉の入る風呂の焚き付けにするといって、まき割りを続ける孔作に、お茶を入れてきたなをが笑いながら言う。

おまえこそ毎朝、伊勢吉の布団を干しているくせにと心の中で呟きながら孔作は、縁側に腰を下ろし、なおの隣でお茶をすすった。青い空へ吸い込まれそうになる静かな小春日和の午後。赤い実が残る柿の古木を見上げながら、老夫婦の想いは、一つだった。

〈伊勢吉が帰ってきたら〉

その伊勢吉は、両親のもとに戻ってきた。だが、風呂に入ることもなく、布団にやすむこともなかった。この若き志願兵は、戦場に行くこともなく、小さな白木の箱に入って帰ってきた。佐藤伊勢吉死去の知らせを軍から受けたとき、母親なをは、脳貧血を起こして倒れ、そのまま病の床についた。慶太郎は、母のもとへすぐに駆けつけ、数ヶ月もの間、仕事を離れ、つきっきりの看病に当たった。伊勢吉のための布団には、兄の慶太郎がやすんだ。東京の明治法律学校を卒業し、故郷の福岡県遠賀郡に帰ってきたものの、病弱でしばらく定職もなくぶらぶらしていた長男慶太郎。その慶太郎が、若松で全く未知の石炭商の仕事についてから、すでに五年の歳月が流れていた。

〈もともと胃弱で気の弱かった息子が、荒くれ男の多い港町で五年も仕事を続けることができたとは。商店主である山本周太郎様にも可愛がってもらっているようだし、俊子さんとの仲も良いようだし、ありがたいことだ〉

慶太郎の献身的な介護の甲斐あって容態を持ち直したなをは、慶太郎と久しぶりにしみじみと語りあった。病で身体の動かない自分の下の世話までしてくれる息子慶太郎。口では、「早く若松に帰りなさい」と言ってはいたが、頼もしくなった息子の背中に手を合わせ、涙ぐむ母親なをであった。一時は全快したかに見えたなをだが、伊勢吉の死から二年後の明治三十二年（一八九九）六月六日、六十三歳でその生涯を終えた。慶太郎は、弟に次いで最愛の母を失い、しばらくは、仕事も手につかず、虚脱状態が続いた。

三　鷗外と慶太郎

九州の雪は
冬の夕立なりとも
いふべきにや
——森鷗外『小倉日記』

〈小倉か〉
見送りの誰もが心の中でこう呟く。明治三十二年（一八九九）六月十六日。夕暮れの新橋駅。午後六時発の下りの汽車が、プラットホームに黒くうずくまり、白い蒸気を溜め息のように吐き出す。汽笛が駅舎に響く。一人の帝国陸軍軍医が、左遷人事の辞令を携え、車中の人となって東京を離れようとしていた。やがて、夏目漱石とともに明治の文豪と称せられる森鷗外である。このとき鷗外、数えで三十八歳。かつて、ドイツ留学時代の恋愛と別離の体験をもとに、「石炭をば早や積み果てつ」という文で始まる物語『舞姫』を発表したのが二十九歳のときのこと。それから早や十年近い歳月が流れていた。その間、鷗外は、日清戦争に従軍した後、軍医学校長になり、さらに近衛師団軍医部長も兼務する身となっていた。

武人と文人の二足の鞋をはき、戦争と芸術の両世界を往還しつつ、エリート軍人として栄達の道をきわめようとしていた鷗外。だが、陸軍軍医監（少将格）に昇任したものの、東京からは遠い九州小倉第十二師団軍医部長として赴任するよう命じられたのだ。周囲はこれを左遷と受け止め、鷗外自身も一時は辞職も考えたが、思いとどまり、小倉に赴任。滞在していた三年の間にフランス語の習得に挑戦。軍務では、陸軍元帥山縣有朋に「森は陸軍の宝だ」とまで言わせるほどの業績をあげ、私生活では再婚も果たした。九州は、鷗外森林太郎の生涯にとって、新たな折り返し、再出発の場所になった。本編の主人公佐藤慶太郎と森鷗外との関わりについて言えば、二人が出会ったという史実は見つかっていない。だが、「九州」、「石炭」、「富豪」、「芸術」という四つの言葉を点として結んで行くと、慶太郎と鷗外を結ぶ一本の線が浮かび上がってくる。

鷗外の東京出発の日は、慶太郎の母親なをが九州で他界した六月六日から数えて十日後のこと。文久二年（一八六二）生まれの鷗外より六歳ほど若い慶太郎は、このとき数えで三十二歳。翌年には佐藤慶太郎商店の旗揚げを控えていた。

陸軍第十二師団軍医部長として小倉にやってきた鷗外は、着任後ほどなくして、筑豊の炭鉱町直《のお》方《がた》で苦い体験をする。そのことをきっかけに鷗外は、東京を離れてからちょうど三ヶ月後、「我をして九州の富人《ふうじん》たらしめば」と題した長文を明治三十二年九月十六日付の「福岡日日新聞」に発表する。その話をかいつまんで記すとこうなる。

ある雨の日、直方の駅に降り立った鷗外。鞍手《くらて》郡福丸というところへ向かうため、空いている人力車をさがした。ところが、客待ちの車夫は十人以上もいるというのに誰も鷗外を乗せようとはしない。先約があるとか、病気だと言って、断るのである。そのわけを鷗外は後から知ったのだが、車に乗せるなら、料金の数倍もの金を気前良く払ってくれる「坑業家」（炭鉱主）に限ると車夫たちは決め込んでいたのだった。日清戦争に勝った日本、産業の発展とともに需要の増え続ける石炭は、好況不況の波は荒いが、九州に富を呼び込み、炭鉱主達の金銭感覚を狂わせた。乗車拒否にあった鷗外は、仕方なく、雨の中を短靴で二里も歩く羽目になった。その後も似たような体験を繰り返すたびに鷗外は、もし自分が九州の富豪であれば、何をするだろうかということを考え始めるようになる。それは、鷗外にとって、「富に処する法」について考えることであった。

「我をして九州の富人たらしめば、ハワナの烟《たばこ》を喫《の》まんか、ボルドオの酒を酌《く》まんか」と自問する鷗外。その問いかけは、さらにこう続く。会席料理、西洋料理、中華料理にそれぞれひとりずつ「庖丁」（料理人）を雇って腕を競わせてみようかと。それもよし、これもよし。だが、おいしい御馳走も慣れてしまえば、それまでだし、たばこも酒も度を過ぎれば身体に悪いと鷗外は思いをめぐらす。自分なら、富をどう使うか。芸術と学問に役立てると鷗外は断ずる。もし、自分が芸術に関わったならば、国内に競争者がいないほどの「蔵画家《ぞうがか》」（絵画収集家）となり、土佐派や狩野派の逸品を集めると言う鷗外。さらに海外に人を派遣し、ロンドン、パリ、ミュンヘンの美術館で名画の「謄本《とうほん》」（模写）を作らせると言う鷗外。あるいは、「新画派」（絵画の新流派）の作品を高く買って、これを奨励、発展させると言う鷗外。また、自分が学問に関わったならば、広く奇書を集め、多くの学者や文人を招くと言う鷗外。「芸術の守護と学問の助長」にお金を使うことこそ富人のなすべきことだというのが「我をして九州の富人たらしめば」の結論である。

鷗外は、芸術と学問こそが、自分のためになり、同時に人のためになる共有財産であると説き、九州の「坑業家」たちのいたずらな散財ぶりを戒めたのである。確かに、石炭で儲けた金を博多中洲などの花街で、芸者遊びの露と散らした剛の者も少なくなかったであろう。だが、筑豊の炭鉱経営者のすべてが、その富を浪費したわけではない。御三家、貝島太助、安川敬一郎、麻生太吉は、石炭業で築いた財産を学校や病院、劇場の建設などの社会事業に注ぎ込み、富人の範を示した。

鷗外は、小倉着任の翌年、明治三十三年の秋、直方の貝島太助宅に三泊し、当時五十七歳の炭鉱王を「偉丈夫なり」と『小倉日記』に記している。その八年後に貝島王国の炭鉱の一つを買い取り、以後、幸運に恵まれて財を築き、その富を東京府美術館建設資金の全額寄付に振り向けて「芸術の守護」を行った九州の「坑業家」こそ、佐藤慶太郎である。森鷗外の呼びかけは実を結んだのだ。

小倉に赴任する以前の鷗外は、東京美術学校において美術解剖学を教え、慶應義塾において審美学（美学）を講じるなど美術との関わりが深い人物である。ドイツ留学時代は、ミュンヘンの美術学校に学んでいた画家原田直次郎と知り合い、帰国後、彼をモデルにした小説『うたかたの記』を書いている。陸軍をしりぞいた後、大正六年（一九一七）には、上野公園にある帝室博物館（現東京国立博物館）総長に任じられ、大正八年（一九一九）には帝国美術院長に就任している。鷗外が、「我をして九州の富人たらしめば」を書いてから二十三年後の大正十一年（一九二二）に鷗外森林太郎は六十一歳の生涯の幕を閉じる。その死の四年後、大正一五年（一九二六）、佐藤慶太郎寄付の東京府美術館が、帝室博物館近くの敷地に誕生する。もし鷗外が、あと四年長く生きていたら、この新設美術館の開館式で、かつての小倉第十二師団軍医部長は、「石炭の神様」あるいは「天下の奇人」と呼ばれた九州若松の富人と言葉を交わしたに違いない。むかし自分が、筑豊の「坑業家」たちに訴えた「芸術の守護」が、美術館建設というかたちで実現したことに驚き、そして喜びながら。

四　義経四天王

門司、赤間、壇の浦は
たぎりて落つる潮なれば
源氏の舟は潮に向かうて
　心ならず押し落とさる
平家の舟は潮に負うてぞ
　　出できたる
——『平家物語』壇浦合戦

九州女は、根は優しいのだが、勝ち気なところがある。太っ肚なので、つい男まさりにもなる。いや、そう見える。慶太郎の妻俊子は、娘時代から石炭商、山本周太郎商店の帳場に座り、男相手に堂々と店を切り盛りしてきた。結婚後も、店では、いかにも九州の女らしく、てきぱきとした仕事ぶりを見せたが、家では、一歩も二歩も退いて、かいがいしく夫に尽くす妻であった。慶太郎が、関門海峡の九州側の港、門司で海に落ちて大怪我をしたときも、若松から門司の入院先まで、毎日、店を終えてから汽車で看護に通った。外国船への石炭積込み作業中、陣頭指揮をとっていた夫が、海に落ちたらしいとの第一報を聞いたときには、肚の座った俊子も青くなったが、続報で、命は取りとめたと聞かされて、安堵の涙がこぼれ出た。

〈石炭商の役目は、石炭を売ることまで。その後の積込みは、石炭仲仕の組の人達がする仕事だと

いうのに〉

　このときばかりは、さすがの倰子も夫の無茶に腹が立ち、新しい涙がまた流れた。

　誰もやらないが、自分はやってみる。これが、事に当たっての慶太郎の気構えであった。商い自体は、石橋を叩いて渡る男であったが、理に合わないことは、その改善策を徹底的に追求し、目標に向かって突き進んだ。普段は、亀のように小さく歩み、突然、兎のように大きく跳ねる慶太郎。その慶太郎が、石炭の積込みで見せた離れ技とは。

　江戸の昔から若松港は、船を守る天然の良港ではあったが、瓢箪型の入江という地形ゆえ、港の入口が狭くて浅かった。そのため、千石船も満潮時にしか出入りのできないのが、唯一の泣き所であった。明治に入っても、大型汽船が若松港には入れない時代がしばらく続いた。石炭は、筑豊のヤマから掘り出され、遠賀川・堀川の川ひらたで若松に運ばれてくる。ところが、せっかく到着しても、残念ながら、石炭の大食漢である大型汽船が若松には来ないのである。大型汽船は、潮の流れは急だが水深のある門司で石炭の積込みをするのだ。そのため、大量の石炭を若松から門司まで運搬しなければならない。だが、従来のやり方では、あまりに経費に無駄が出る。

　従来のやり方とは。まず若松港で石炭を艀《はしけ》の船団に積んで門司港まで海上輸送し、一旦、港の岸壁に降ろして貯炭しておく。大型汽船が門司に着いたら、貯炭の山を崩して艀に乗せ、汽船まで石炭を運び、積込み作業完了となる。この方式の良いところは、あらかじめ石炭が岸壁に積み上げてあるので、いつ汽船がやってきても、安全確実に積み込みをすることができる点にあった。だが、若松から門司までの艀賃のほかに、門司での石炭積み下ろしの人足賃、さらに貯炭の地代などの余分な経費がかかる。しかも、積んだり下ろしたりの作業を繰り返すうちに黒ダイヤに傷がつく。

このような若松港発→門司港岸壁経由→汽船着という三角形の二辺を行く方法ではなく、若松港発→汽船着という最短の一辺を行く「直積み方式」、これが改善策であった。その利点は、何と言っても無駄な経費が省ける上、大事な商品である石炭の傷みをおさえることができる所だ。若松の石炭商の誰もが、直積みの方が良いとは思っていた。だが、良い所づくめに見えるこの「直積み方式」は、大きな危険を伴っていた。この方式では若松港を出発した艀の船団は、石炭を門司港の岸壁に下ろさずに、汽船の到着を海上で待つのだが、待ち時間が長すぎては門司で滞船料が必要となり、経費削減にはならない。逆に、それを恐れるあまり、艀の到着が、汽船との約束の時刻に少しでも遅れれば、みすみす仕事を逃してしまい、信用も台無しになってしまう。出会いのタイミングが問題なのだ。沖の小舟で揺れる扇。それを浜から弓で射るぐらいの難しさが、この関門海峡での石炭直積みにはある。

いかに時間のズレなく、目的の汽船に艀を着けて石炭荷役を行うか、穏やかな海なら、それほど難しいことではあるまい。あるいは、もっと視野を広げて言えば、産炭地筑豊から販売地門司までの石炭の輸送スケジュールが事前に読めれば、気を揉まずに済むであろう。流れに任せる桃太郎の桃ならいざ知らず、川上の炭鉱から川下の汽船まで全行程での物流の時間管理ができない限り、「直積み方式」も絵にかいた餅で終わってしまう。現代で言えば、都心に向かう高速道路の渋滞のように、炭鉱から若松に向かう遠賀川・堀川の川ひらたの船団は、水上の交通混雑で延着しがちである。その上、ようやく川ひらたで若松に着いた石炭を今度はそこで艀に積み替えても、海が荒れれば門司まで着けない。しかも、山口県下関と福岡県門司との間に位置する狭い関門海峡では、潮流が速く、時速十キロを軽く超える。おまけに、門司海岸近くには、「ワイ」と呼ばれる流れがあり、これが満潮干潮時に一般の潮とは逆方向に流れる。

　こうした悪条件が重なる中で慶太郎は、勝負の舞台である関門海峡の風と潮を研究し、自分の打つべき最良の手を考え、実行した。天気予報という援軍の無いこの時代、慶太郎は自分で明日の天気、風の方向、潮の干満を予測した。今では全長一キロメートルの関門橋がかかる壇ノ浦《だんのうら》の海を挟んで、東に門司、西に下関がある。そこで、汽船への積込み予定の明日、きっと東南からの風が吹くはずだと見れば、前日から艀を東の門司方面に寄せておき、逆に西北からの風が吹くと見れば、艀を西の下関方面に置いておく。そうして準備しておけば、石炭を満載して帆を張った艀の船団は、風に乗って一気に停泊中の汽船めがけて突き進むことができる。こうすれば、いちいち小型蒸気船を借り上げて汽船まで艀を引っ張って行かずにすむ。積込みの荷役も遅れずにすみ、経費も時間も節約できるというわけである。ちなみに源平両軍の最後の決戦場となった壇ノ浦では、初めは平家に有利だった潮の向きが海戦の途中で変わり、これが源氏の勝利につながったという。

　慶太郎が実現させた「直積み方式」は、炭鉱、川ひらた、艀、石炭仲仕の連係が必要であり、さらに、その関係の全体を調整する人間がいなければ成功はありえない。川上から川下へ、いかにスムーズに桃を、いや石炭を流してゆくか。その役を果たしたのが、慶太郎であった。普通の方法とは全く違うので、汽船への積込み作業という最終段階に至るまで、石炭商の慶太郎が陣頭指揮に当たったのだ。刻々と変化する風や潮の流れを読みながらの「現場対応」こそ、前線に立つ指揮者の大切な役割だった。

俊子も慶太郎から事情を聞いて、慶太郎の無茶を許す気になった。慶太郎の退院後の療養先、門司の川卯旅館で夫の手を握りながら、俊子は、慶太郎の遠い祖先が、義経四天王の一人とうたわれた勇敢な武士、佐藤継信（屋島の合戦で義経の身代わりになり戦死）だという話を思い出していた。サムライの血が騒ぐのかしら、この人は普通の商人では終わらないような気がすると考えながら。

五　鯨と石炭

沖より寄せて来る大背美様は
　川尻組に行末までも
　　祝を込めて
サア　ヨイヤサー
——長州川尻浦の鯨歌

鯨肉は、今日では珍味のたぐいであり、鮮魚店にも滅多に並ばなくなった。昭和三十年代頃までは、しょうがの香りのする甘からい大和煮や、酢味噌をつけて食べる白い「さらしくじら」などが、ごく普通の家庭料理だった。当時はまだ、国鉄と呼ばれていたJRの線路に蒸気機関車が走っていたし、学校などの暖房用に石炭をくべる達磨ストーブも健在であった。昭和四十年代に入り、石炭が急に身のまわりから姿を消すのと時を同じくして、鯨肉が食卓に乗ることもなくなった。海の幸である鯨、そして山の幸である石炭は、まるで兄弟のように、ともに現れ、ともに去って行った。その名残のごとく上野公園の科学博物館正面には、勇壮な蒸気機関車（D51）の実物と巨大なシロナガスクジラの模型が、仁王像のように建物の左右に野外展示されている。

信長や秀吉の時代に、紀州和歌山や長州山口などで始まった日本の捕鯨は、江戸時代も沿岸漁業の一つとして続いていった。突きとり方式から網とり方式へと変わったものの、依然小規模だった日本の捕鯨術が、明治になって一挙に近代化された。捕鯨船（キャッチャーボート）の船首からロープのついた大型モリを鯨に打ち込むノルウェー式捕鯨が入ってきて、日本の捕鯨が急速に近代化されるのが、一九〇〇年前後、すなわち、日清戦争以降、石炭が増産の一途をたどる明治三十年代のことである。

長州山口の日本海側は、昔から捕鯨の盛んなところで、その恩恵に浴するとともに、捕らえた鯨の一つひとつに戒名を付け、鯨の墓を建てて手厚く弔ってきた。だが、こうした鎖国時代の日本の沿岸捕鯨は、世界の海をかけ巡る欧米の捕鯨ビジネスとは較べようもなく、小規模のものだった。幕末の黒船ペリー提督の日本来航も、西太平洋でのアメリカ捕鯨船の補給基地を日本に求めてのことだとされる。

明治二十四年（一八九一）、シベリア鉄道起工式列席の旅の途中に来日したロシア皇太子ニコライが、巡査津田三蔵に滋賀県大津で切りつけられるという事件が起こった。一命をとりとめた皇太子は、帰国途中に朝鮮海峡で鯨の群れを目にし、ただちに露国太平洋捕鯨株式会社をウラジオストクに設立する。日本海を制圧したロシアの捕鯨船は、長崎港から鯨の肉を日本に売り込み、長州など日本海沿岸捕鯨は大打撃を受けることになる。

このとき日本捕鯨の危機を救い、「日本近代捕鯨の恩人」と呼ばれた岡十郎という人物がいる。岡は、山口県の日本海沿岸の萩中学を卒業後、東京三田の慶應義塾で福沢諭吉に学び、明治の元老山縣有朋の懐刀となる。明治三十二年（一八九九）、彼が中心となって誕生した日本遠洋漁業株式会社は、速力十一ノット（時速約二十キロ）の鋼鉄製の捕鯨船（約百トン）を建造し、日本で初めてノルウェー式捕鯨を導入する。その後、この会社は、拡大発展し、日本捕鯨さらに日本水産へと継承される。昭和九年（一九三四）に初めて南氷洋へ母船と捕鯨船の船団を送った日本が、世界一の捕鯨国となるのは昭和三十年代のこと。だが、その絶頂は、石炭産業と同様に衰退の始まりを意味していた。

佐藤慶太郎が、名実ともに一本立ちするのは、ノルウェー式捕鯨が日本に導入される明治三十年代のことである。西暦一九〇〇年、明治三十三年五月一日、慶太郎は、それまで勤めていた石炭商山本周太郎商店から独立し、自分の店を構える。それと同時に自分の姓も、婿入り先の山本から元に復して佐藤を名乗ることになった。店の旗上げは、母の一周忌を翌月に控えてのことだった。若松の海岸通りに開いた三坪たらずの佐藤商店は、主人慶太郎と妻の俊子、それに小学校を出たばかりの店員一人の、わずか三人だけの小さなものであった。新規開店というのに店の調度品は、中古のものばかり。古道具屋で仕入れた一脚六十銭の籐椅子が三つ。これに、松の板で出来た粗末な古い机が二つだけ。だが、店は小さくとも、彼には、八年に及ぶ山本商店の番頭時代に築き上げた

「信用」という大きな財産があった。彼が、独立する頃には、「若松の佐藤なら」と石炭業界の誰もが言ってくれるまでになっていた。その言葉の意味は、「インチキのない男」というものであった。店のある場所は、若松の石炭取引の中心地で「出船千艘入船千艘」と言われた海岸通り。山本商店のすぐ裏手の借家だった。

狭い店であっても、それが、仕事に好都合な場所にあるかどうか。独立を前にこう考えていた慶太郎は、寄り場（市場）のすぐそばというきわめて便利な場所に自分の店をもつことができたのだ。それで十分だった。洞海湾の緑の潮に白い千鳥の舞う朝早くから、寄り場には、運送業者や石炭商の威勢の良い声が飛び交い、船の貸借や石炭の売買が次々に決められていった。慶太郎も三坪一間の店から寄り場へ毎朝出かけて行った。佐藤商店は、手元に現金が一銭も無くとも石炭の仕入れができた。信用で仕入れ、信用で売る石炭。店を構えたばかりの慶太郎は、それを売る手数料で、店を維持する経費と生活費だけは、手にすることができた。

その頃、若松には、優に二百を超える石炭商がいた。筑豊炭は、上海、香港、フィリピン、さらにインドへと輸出され、イギリス炭やオーストラリア炭と競争していた。山本周太郎商店に入店したての頃、上海の取引先に英文電報を打ち、海外貿易の実務も経験してきた慶太郎であり、たとえ三坪の店ではあっても、財閥系の商社に負けない気概と実力は備えていた。新しく自分の店を構えたことだし、「おとこ山周」の番頭としてではなく、堂々と佐藤の名前で海外との大口取引に乗り出しても良かったはずである。だが、慶太郎と俊子の店、進水したばかりの「佐藤丸」は、意外な方向に舵を取り、独自の販路を開拓してゆく。

慶太郎は、筑豊では下等とされる大隈炭の特長に目をつけた。火持ちは良くないが瞬時に火力が上がる大隈炭を瀬戸や多治見の陶磁器の石炭窯に向けてみると大好評だった。次に名古屋地方の飴屋に大隈炭を向けてみた。飴屋では出来るだけ焔の長い石炭を必要とするのだが、大隈炭は、この要求に見事にこたえるものだった。さらに山間部が多く、土地の狭い和歌山などでは、燃えた後の灰の少ない大隈炭は大いに重宝がられた。この大隈炭の販路をさらに拡張しようと考え、思いついたのが急速に近代化されつつある捕鯨業界である。海の短距離ランナー、キャッチャーボートは、波間を泳ぐ鯨を発見すると全速力で追尾する。大隈炭は、一時的に強く燃え上がり、船に瞬発力を与える。こうした性格ゆえに捕鯨業者は、争うようにこの石炭に殺到した。火持ちは良くないという欠点はあったが、いざという時の火力の強さゆえ、大隈炭は、他の石炭の売れ行きが不振の時でも、採掘が注文に追い着かないという状態であった。石炭の品質を研究してきた慶太郎の持論は「適材適所」。一方、瀬戸物、飴、灰、鯨と並べてみると、そこには台所からの発想が感じられる。慶太郎のかげに俊子あり、である。

第四章　花と龍と慶太郎

一　糸捲小僧さえ

幸田露伴著　日蓮上人
桃川燕林著　佐倉宗五郎
井上重吉著　英文忠臣蔵
――博文館発行伝記書広告

朝日の射す台所で、俊子が味噌汁の葱を刻んでいる。慶太郎が、その背中におはようと声をかける。振り返る俊子の笑顔が、柔らかな光の中で白く輝く。洞海湾の潮水を汲み上げて冷水浴を済ました慶太郎が、さっぱりとした顔で食卓に着く頃には、朝御飯の支度が出来ている。いただきますと手を合わせる慶太郎。二人の朝食が始まる。俊子もどちらかというと御飯を食べるのが早いほうだが、慶太郎はもっと早い。あっと言う間に食事を終えると慶太郎は、お茶を飲むのもそこそこに石炭の寄り場（市場）に飛んで行く。

〈もっとゆっくり御飯を食べて、自分の身体を大事にしてほしいのに〉

これだけが、もともと胃弱なたちの夫への妻俊子の注文だった。慶太郎が出かけた後、きれい好きの俊子は、白手ぬぐいの姉さんかぶり姿で家の掃除にとりかかる。障子にはたきをかけ、座敷ぼうきで塵を掃き出し、雑巾がけをする。小さな借家なので、奥の居間や台所の掃除は、それほど時間がかからない。次に表の三坪足らずの店の机や椅子をふいて、開店の準備をする。それが終わると次は洗濯。井戸水を盥《たらい》に張り、洗濯板に向かう。冬場の洗濯は、あかぎれしてつらいが、夏の朝は水がひんやりして気持ちが良い。洗濯物を竹竿に干し、店の前の打ち水を終えた俊子が手ぬぐいを髪から外す頃、慶太郎が寄り場から戻ってくる。

いつもはそうなのだが、今日に限って帰りが少し遅い。得意先にでも寄っているのかと俊子が思っているところへ、にこにこ顔で上機嫌の慶太郎が小走りにこちらへ向かってくる。見ると小脇に風呂敷包みを大事そうに抱えている。俊子がきくと、寄り場で会った魯一郎《ろいちろう》（義兄山本周太郎の一人息子）が、東京みやげに本を一冊買ってきたというので、それをもらいに山本家へ立ち寄ったのだが、つい立ち読みをしてしまい、遅くなったのだという。

「これが、その本だよ」

店に入ると慶太郎は、早速に風呂敷包みを解いて中から本を取り出し、俊子に見せた。

「かーこぎーですか？」

俊子がそう尋ねたのも無理はない。山吹色をした柔らかななめし革のようなその表紙には、こう書かれていた。

「立志の師表　成功の模範　カー子ギー」

慶太郎は、ゆっくりとした声で「カーネギー」と俊子に答えた。言われてみれば、確かに「子の刻」は、「ねのこく」と読むことを俊子も知っていた。カーネギーとは誰なのか、どこかで聞いたような気もするが、俊子にとっては馴染みの無い名前だった。慶太郎と俊子にとっては義理の甥に当たる山本魯一郎は慶太郎より九歳年下で、慶應義塾で新時代の学問を学んできた若者である。卒業後は故郷若松に戻り、父親の経営する山本商店で番頭慶太郎とともに働いていた。ところが、その魯一郎が急に外国へ留学したいと言い出したので両親はあわてた。可愛い一人息子を手放したくないし、早く店を継がせたいと考えていた両親は、息子を家に引きとめるため、嫁取り作戦という奥の手を実行した。初めは両親に抵抗していた魯一郎だが、結局、親の勧める「三国一の花嫁さん」と結婚し、二代目山本商店主となった。この思いがけない成り行きで、慶太郎も山本商店から独立し、自分の店を持つことができた。明治三十三年（一九〇〇）のことである。

魯一郎が慶應義塾を卒業してから慶太郎とともに山本商店で働いていたのは数年のことだが、その間に仕事のことで若い魯一郎には一生忘れることのできない事件が起きた。叔父慶太郎の留守中に魯一郎が、石炭の取引で、危険だが利益も大きい投機的な商いをしたところ、これが見事に的中、大儲けをしたことがあった。鼻高々で叔父の帰りを待っていた魯一郎、叔父に褒められると思いきや、店に戻ってこの話を聞いた慶太郎は大変な不機嫌で、即刻儲けた金を先方へ返して来いと言ってきかなかったのである。普段から「正直をもって一貫す」を口癖にしていた慶太郎は、店の小僧達が「ほうら、また大将の一貫が始まったぞ」と陰で言うのは百も承知。甥の魯一郎にも誠実な商いをいつも求めていた。身を固めて店主となった魯一郎が、やはり自分の店を持った叔父慶太郎のためにと買い求めてきた東京みやげ、それが『立志の師表　成功の模範　カー子ギー』であった。

明治三十四年（一九〇一）五月に博文館が初版を発行したこの本は、早くも四ヶ月後には再版、翌三十五年（一九〇二）七月には、三版を出して好調な売れ行きを示した。著者、菅緑陰《かんりょくいん》は、魯一郎の学んだ慶應義塾で教えていた人物である。菅は、カーネギーの生き方や富に対する考え方に強い共感を抱き、慶應での仕事のかたわら、丸一年かけて伝記を執筆。その成果が博文館から上梓の運びとなったのである。

アメリカの、いや世界の鉄鋼王と呼ばれたアンドリュー・カーネギー（一八三五―一九一九）は、当時、日本の新聞雑誌に取り上げられ始め、貧しい中から身を立てた人物として次第に知られるようになっていた。英国はスコットランドに織物工場の経営者の子として生まれたカーネギー。幼い頃に家業が没落、一家は故郷を捨てて、新大陸アメリカに移住。今度は貧しい移民の子として、糸捲工を振り出しに、電報配達夫、電信技師などとして働く。そのかたわら、石油会社や運送会社に投資して巨額の利潤を手にし、ついに一八九九年（明治三十二）には、世界最大のカーネギー鋼鉄株式会社を作り上げた。やがてこの会社は、全米の鋼鉄生産の約半分を占めるほどの大企業に成長した。

実業界を引退した後のカーネギーは、社会事業に専念し、ビジネスで築いた資産を芸術文化や教育への寄付に使った。ニューヨークのカーネギーホール（音楽ホール）はその名を今に残す代表例である。菅緑陰は、「人生は実際なり」という言葉で始まる伝記の序論において、「人富みて死す、その死や恥辱」というカーネギーの言葉を紹介している。さらに第三章の一「糸捲小僧」という節では、十二歳の少年カーネギーが、父親の勤める木綿工場で糸捲小僧として働くようになった様子が記されている。慶太郎はカーネギーを終生尊敬し、自ら「日本のカーネギー」たらんと努めるようになるのだが、その尊敬の理由は、カーネギーが富豪と呼ばれる存在だったからではない。「カーネギーの伝記をよみ、彼が糸捲小僧の幼時、その収入の十分の一を慈善事業に捧げたことを知って、生涯消えぬ感動を与えられた」と慶太郎は、後に書き記している（『新興生活』昭和十二年九月号）。さらに慶太郎は、「金銭貯蓄以外、使用する事を考えぬ人にとっては、私のやり方が不思議に思われようが、私からみれば、左様な人は、何のために働いたか、何のために金を儲けたか、寧ろ不思議に思うのである」と書いている。

二　湯煙り奨学金

嗚呼玉杯に花うけて
　緑酒に月の影宿し
治安の夢に耽りたる
　栄華の巷低く見て
向ケ岡にそゝりたつ
五寮の健児意気高し
――旧制一高東寮々歌

カラーン、カラーン。

湯煙りの底で手桶を置く音が、朝湯の銭湯にこだまする。白い湯気の向こうに見える男たちの背中で龍や獅子が目を覚ます。その彫り物が吼えるかのように、低い声でゆっくりとした節まわしの歌が聞こえてくる。

「若松みなとの　ゴンゾは花よ　粋な手さばき　日本一」

早起きの慶太郎は、夏は洞海湾の海水で冷水浴をし、冬は朝湯によく通う。まだ外が暗いうちに熱い湯につかると身も心も爽快になるのだ。いつもは馴染みの客ばかりの海岸通りの銭湯で、今朝は見慣れない新顔が、きょろきょろしながら湯舟に顔を浮かべている。

慶太郎が連れてきた若者である。名前は、矢野真。福岡の中学校修猷館を首席で卒業し、今は東京で一高に通う学生である。矢野は、やがて外交官として動乱の満州やスペインで国際政治の第一線に立つことになるのだが、この時点ではまだ本の虫とも言うべき青白きインテリ青年である。威勢の良い「ごんぞう」（石炭荷役の沖仲仕）たちに気押され気味の一高生は、獅子に囲まれた兎のようにおとなしくしている。その様子に慶太郎は、昔の自分の姿を重ね合わせていた。矢野と同じ修猷館で学んだ後、東京の学校で学んだ慶太郎は、この若松で山本周太郎商店の店員として働き始めた。法律家志望から一転して石炭商の道への方向転換であった。

山本周太郎は、自分の店で八年間、給料返上で働いた番頭慶太郎に対し、その独立を祝って明治鉱業株式会社の株券百株を贈った。明治鉱業は、筑豊の石炭御三家の一人、安川敬一郎が基礎を築いた会社である。この株はやがて買取る人が現れ、慶太郎の手元に六千円のお金が入った。慶太郎は、まず妻俊子にその四割、二千四百円を分け、残りの六割である三千六百円を何に使うか考えた。今でこそ、慶太郎の暮らしは人並になったが、子供時代は貧乏ぐらしであった。本来であれば、福岡の修猷館や東京の明治法律専門学校などで勉強できる身分ではなかった。それが実現できたのは、福岡時代は毎月一円八十銭、東京時代はその倍額を仕送りしてくれた親戚五軒の援助があったからである。

自分は幸運であったが、世間には勉学の志を持ちながら進学を断念せざるを得ない若者も沢山いるはずだと慶太郎は思った。志のある青年に学資の心配なく勉強や研究に励んでもらいたい。こう考えた慶太郎は、三千六百円を人材育成の奨学金に充てることに決めた。この元手で足りない分は自分で稼いだ中から出すことにした。もちろん妻俊子も心から賛成してくれた。俊子は、自分にといって慶太郎が分けてくれた二千四百円でおいしい御馳走をたくさん作り、奨学金を受ける若者たちにしっかり食べてもらおうと心に決めた。

慶太郎は、早速、母校の修猷館に人選を依頼した。最初に推薦を受けた卒業生が矢野真である。矢野は、明治三十七年（一九〇四）に修猷館を卒業して一高に入学し、その学資の援助を慶太郎から受けることになった。学校が休暇に入ると矢野は東京から九州に戻り、若松の佐藤家へ泊まりに来る。子供のいない慶太郎夫婦は、この一高生を我が子のように迎え入れ、束の間の三人ぐらしを楽しんだ。俊子は、矢野の帰省をいつも心待ちにし、彼がいる間は、明るい上にも明るくなり、台所にいそいそと立つのであった。慶太郎も俊子に負けず矢野にあれこれと話しかけ、面倒を見た。

ある日、朝の早い慶太郎が、まだ寝ている矢野を起こして朝湯に連れ出した。湯煙りの中で、お互いの背中を流しあった後、ゆっくりと湯舟につかりながら慶太郎は矢野に自分の学生時代の話をする。

「店に十銭持っていって夕飯にうどんを食べる。時にはお酒を一本、これが学生時代の極楽だったなあ」

その後、急に天下国家の話になり、次にカーネギーの伝記に移る。

「人富みて死す、その死や恥辱。これがカーネギーの信条だそうだ。英語で言うと、ザ・マン・フー・ダイズ・リッチ・ダイズ・ディスグレイスト。つまり」

矢野は、修猷館の恩師で英語教師の平山虎雄の紹介で奨学金を受けるようになったのだが、初めは佐藤慶太郎という人物はかなりの金持ちかと思っていた。だが、若松の佐藤慶太郎商店を訪ねてみるとわずか三坪一間という店の狭さに驚いた。おまけにその暮らしも裕福というわけではない。それなのに、学生に奨学金を出そうというのだ。そして尊敬する人物は世界の富豪カーネギーだという。熱い朝湯にのぼせながらも、矢野真は、慶太郎の話に耳を傾けた。

「自分は『日本のカーネギー』を目指す、しかし、それは富豪になろうという意味ではない」

こう言われるとますます慶太郎の考えが矢野には理解できない。だが、カーネギーが、十二歳の糸捲小僧のとき、少ない給料の中から慈善事業にお金を出していたのだと慶太郎から聞かされ、矢野は、この石炭商が目指す「日本のカーネギー」の意味がおぼろげながら、つかめてきた。

「この奨学金は、返す必要はないよ」

慶太郎は、こう言い切って、若い矢野を驚かせた。

「将来、国家の人材となる青年を養成したいと思って自分が使うお金なので、返してもらおうとか、僕のために何かしてくれとか、そんな気持ちは少しもないのだ。ただ、お願いが一つある。将来、君が少しでも経済的に余裕ができたら、そして糸捲小僧の話を覚えていたら、僕がするのと同じように、勉学の意欲に燃える若者を育ててもらいたい。返す相手は僕ではない。次の世代に返してもらいたい」

慶太郎の言葉を聞く矢野の顔は、湯舟の中でゆでだこのように赤くなっていた。その後、慶太郎の奨学金で勉学に励み、一高を卒業した矢野真は、明治四十四年（一九一一）に東京帝国大学法科大学を卒業し、高等文官試験および外交官並びに領事官試験に合格。外交官補に任ぜられて英国での勤務を振り出しに、その後外務事務官や中国駐在大使館一等書記官となる。さらに特命全権公使となってチリに駐在し、さらに同じく特命全権公使としてスペインに赴任する。慶太郎は、新聞の外国電記事に矢野の名をいつも探し、その消息を気遣っていた。昭和十三年（一九三八）、修猷館の先輩広田弘毅《こうき》外務大臣との打ち合わせに欧州から帰国した矢野は、慶太郎と二十数年ぶりに東京で再会した。昔、若松の銭湯で糸捲小僧のエピソードを話した青白いインテリ一高生が、立派な外交官に成長した姿を目にして慶太郎は、胸が熱くなった。政治情勢が風雲急を告げる欧州へとあわただしく戻った矢野真。彼にとっては、この日本滞在が慶太郎の元気な姿を見る最後の機会となった。

三　渋沢山脈

もつひとの心によりて宝とも
仇ともなるは黄金なりけり
――昭憲皇太后

小手をかざして、明治の峰を望見する。手前に見える安田山と浅野山。その奥にひときわ高くそびえる渋沢山。佐藤慶太郎が関わりを持つことになる三人の経済人。安田善次郎、浅野総一郎、渋沢栄一。いずれも近代日本経済史上の重要な人物である。この三人のうち、安田善次郎と浅野総一郎の二人は同郷であり、安田は浅野に資金を融資し、その事業を応援する。また、浅野の事業手腕と熱意を見込んで、彼のために一肌脱いだのが渋沢栄一である。佐藤慶太郎は、二十代のときに安田善次郎、四十代のときに浅野総一郎、五十代のときに渋沢栄一とそれぞれ出会っている。しかも、彼はこの三巨頭それぞれに対して強い印象を与えた。

安田善次郎は、天保九年（一八三八）、今の富山県に生まれている。幕末の江戸で両替商安田屋を開店したのを手始めに金融界で活躍して安田銀行（後に富士銀行）を設立。日本銀行開業の際には理事に就任。「金融王」とも「銀行救済の神様」とも呼ばれるようになり、安田財閥の総帥として金融界に君臨する。私生活ではケチで通したために悪評を買い、最後は大磯の自宅で暴漢の凶刃に倒れた安田だが、公においては生きた金を使った。今も残る東大安田講堂や日比谷公会堂は彼の寄付で建てられたものである。この金融王が、筑豊の炭鉱に投資を考えたとき、安田系銀行の若松支店長に次のような連絡が入った。

「若松一の石炭通を東京に派遣せよ」

当時、若松には、二百五、六十軒もの石炭商が軒を並べていたが、この中で白羽の矢が立ち、善次郎への説明のために上京したのが、石炭商の世界に入ってまだ日の浅い二十代後半の慶太郎であった。金融王として脂の乗り切った五十代後半の安田善次郎の前で、筑豊の主要炭鉱で採掘される石炭の品質、用途、流通、価格などについて説明し、質問に答えた。慶太郎が見本として若松から持参した各種の石炭は、初めは善次郎の目にはどれも同じ黒いかたまりにしか見えなかった。だが、地球の歴史から説き起こす慶太郎の話が、石炭の微妙な色艶の違いをもとにその鉱物学的性質や優劣の見分け方の説明に至る頃には、確かに石炭が「黒ダイヤ」に見えてきた。

浅野総一郎は、安田善次郎と同じ今の富山県に嘉永元年（一八四八）に生まれている。東京お茶の水の名水に砂糖を入れた飲み物売りから出発。廃物のコールタールや竹の皮の販路を見つけて財をなす。深川セメント工場の払い下げを受けた後、浅野セメントの名の会社を設立し、やがて、広範囲の会社から成る浅野財閥が生まれる。太平洋セメント、東京電力、帝国ホテル、サッポロビールなどすべて浅野と関わりのある会社である。「京浜工業地帯の生みの親」であり、「セメント王」として知られた総一郎は、東洋汽船という船会社のオーナーでもあった。四十代前半の慶太郎が、六十代前半の天下の浅野総一郎を相手に堂々と正論で挑んだのは、この東洋汽船所有の船舶が燃料に使用する石炭の問題においてであった。慶太郎がこの会社への石炭売り込みのために調べて分かったことなのだが、東洋汽船は、ある財閥からしか石炭を買い入れていなかった。さらに調べてゆくとその仕入価格が常識はずれの高値である事が分かった。一財閥が独占して石炭を納入しており、その財閥が暴利をむさぼっている状態であった。このようなことで東洋汽船の首脳陣は、株主に対しても社会に対しても経営責任を果たしていると言えるだろうか。何事にも正直を貫く慶太郎は、単に自分の石炭を売り込みたいという以上に「義を見てせざるは」という気持ちになった。

〈今、ここで立たなければ「勇なきなり」になってしまう〉

こう思った慶太郎は、早速、若松から東京行きの汽車に飛び乗った。東京駅に着くとただちに社長の浅野総一郎を自宅に訪ねたが面会は断られてしまった。東京から九州まで遠く空しく帰る下りの汽車の中で慶太郎の心は揺れた。

〈相手は、天下の浅野総一郎、やはり無理か、いやここで退いては〉

どう考えても義も理もこちらにあると思うと慶太郎の肚はすわった。若松に戻った後、慶太郎は再度上京して浅野総一郎を訪ねた。

「どうしても会っていただきたい」

取次ぎの青年を相手に慶太郎は訴えた。

「石炭は、汽船会社の最も支出するところです。その問題で面会を求めているのに会わないということは、株主に対してあまりに無責任であり、経営者としてのつとめをないがしろにするものではありませんか」

ねばった甲斐あって、出勤の自動車に乗る前に玄関でなら会ってもよいということになった。待つことしばし。やがて、白髪の紳士が供の者を従えて、屋敷の中から出てきた。

「浅野さんほどの方が、なぜ高い石炭を使うのです。是非、私どもの扱う筑豊炭を買ってみてください」

「うーむ、明日、詳しく話を聞こう」とだけ浅野は慶太郎に答えると車に乗り込んで去って行った。

翌日、慶太郎が再び浅野邸を訪れると今度は応接室に通され、丁寧にもてなされた。東洋汽船の石炭仕入価格の問題を舌峰鋭く追求する慶太郎の話ぶりに耳を傾けていた浅野は、「話はよく分かったので、さしあたり二万トン契約しよう」とだけ手短に答えた。

「それではここに御署名いただきたい」

すかさず慶太郎は、用意してきた契約書と万年筆と吸取り紙を鞄から取り出し、卓上に広げた。これには浅野財閥の総帥も意表を突かれ、驚いた。

「必ず買いますよ。契約事務は、あとで会社の担当者と相談して進めてほしい」と浅野は呆れ顔でしゃべりながら、ここまでしなくとも、いや、ここまでするのが、この佐藤という男なのかと気を取り直した。高利貸しのお熊ばあさんからの借金に首が回らなくなって富山から夜逃げ同然に東京に出てきた自分の若い頃のことが浅野の脳裏をよぎった。

昔は、水や竹の皮などただで手に入るものを見つけ出しては工夫して売っていた自分。今では高値の石炭を仕入れて船を動かしている自分。

〈あの頃は、貧乏ぐらしだったが、精一杯働いて、楽しい毎日だった〉

浅野は、急に万年筆を取り上げると笑顔でサインした。今度は慶太郎が驚いた。

最後の将軍となる一橋慶喜《よしのぶ》に仕えていた渋沢栄一は、天保十一年（一八四〇）、今の埼玉県に生まれている。慶喜の弟昭武に随行してパリ万博の仕事のために渡欧し、近代ヨーロッパの経済制度を学んだ。明治八年には第一国立銀行頭取となり、以後、王子製紙の会長をつとめるほか五百にものぼる会社の設立や経営指導に関与し、近代日本の事業王として活躍した。渋沢は、福祉、教育、文化にも大きな足跡を残した。大正十五年（一九二六）、佐藤慶太郎の百万円寄付で新築なった東京府美術館で開催された最初の展覧会は、第一回聖徳太子奉讃美術展覧会（主催＝聖徳太子奉讃会、後援＝東京府）という名の総合現代美術展であるが、渋沢は、この展覧会を主催した会の副会長をつとめ、展覧会実現のために尽力した。美術館開館の前日、同展総裁久邇宮邦彦《くにのみやくによし》殿下同妃殿下が美術館を巡覧。そのお供の列の中には、数えで、五十九歳の佐藤慶太郎、八十七歳の渋沢老子爵の姿があった。このとき二人は、現代文化の支援者として同じ理想をわかちあっていた。ふたりとも笑顔でうれしそうに歩いていたことは言うまでもない。

四　海のかたち

井上馨《かおる》侯の仁侠と
世話好きは
天性であった。

――水谷次郎『明治大正裏面史』

火事と喧嘩は江戸の華。もらい火で焼けてしまうぐらいなら、家財道具などを揃えるよりは、パーッと酒でも飲んで「宵越しの銭はもたねェ」というのが鯔背《いなせ》な江戸っ子気質。昔から、こう相場は決まっているが、明治大正の若松も火事と喧嘩が跡を絶たない。「理屈じゃなか」とばかりの勇み肌と気っ風の良さは、若松っ子も江戸っ子にひけをとらない。とは言うものの、やはり、火事だけは何とか食い止めねば町の暮らしが成り立たない。筑豊炭積み出しの港町若松では、路地裏に並ぶ夕飯時の七厘の燃料も石炭であり、火の不始末が、たちまち火事につながった。

火に勝つ水。だが、当時の若松は、生活用水の乏しい点が泣き所であった。水は、井戸だけが頼みの綱であり、威勢の良さなら日本一のこの港町も伝染病や火事には裸で身をさらしているようなものだった。白砂青松の小さな漁村の頃ならいざ知らず、石炭の積み出し港として発展した明治半ば以降、急増する町の人口に給水が追い着かない状態が続いた。

その若松を救ったのが、明治の元勲井上馨である。洞海湾をはさんで若松の対岸、官営八幡製鉄所溶鉱炉の火入れ式に列席した井上馨は、製鉄所用の水が豊富だと聞かされ、それならば若松にもその水を分けてはどうかと提案した。紆余曲折はあったものの、明治四十五年（一九一二）には工事が完成。九州では長崎に次いで二番目に早い水道が若松に生まれた。これによって港の岸壁にも水道が引かれ、機帆船で水上生活を送る人も飲料水に困らなくなった。また、赤い柱の火災報知機が若松市内三十五ヶ所に設置されたのが、昭和三年（一九二八）のことであり、こちらの方は全国で三番目の早さであった。若松市内に大正二年からある芳野病院の二代目院長、芳野敏章氏の著書『若松今昔ものがたり』（西日本新聞社）の中にこの井上馨の鶴の一声と火災報知機の話が紹介されている。

長州山口県人井上馨は、佐藤慶太郎の暮らした港町若松と縁が深い。闇夜に白刃飛び交う動乱の幕末を生き抜き、明治新政府の外務大臣や大蔵大臣として、新しい国づくりに参画した井上馨は、天保六年（一八三五）、周防国《すおうのくに》吉敷郡《よしきぐん》湯田村（現山口市）に生まれている。

吉田松陰門下の高杉晋作、山縣有朋らとともに尊皇攘夷《そんのうじょうい》の理想を掲げ、倒幕運動に奔走した若き日の井上馨。松陰の死後、高杉らによる品川御殿山の英国公使館焼き討ちにも井上は加わっている。だが、彼は、一方で醒めた目の持ち主でもあった。『世外井上公伝』という伝記書にこのあたりの事情が書かれている。海軍力なくして西洋の艦隊と戦っても、せいぜい波打ち際で防ぐのがやっとであり、敵の艦隊を「海外に駆逐するが如き真の攘夷は決して為し得られない」とこの現実主義者は考えていた。そこで「海軍の興隆は目下の最大急務である」と唱えていた井上馨は、英国留学を決意する。

念願の海軍研究のため、若き日の伊藤博文とともにインド洋、喜望峰まわりで波濤にもまれ、ようやくたどりついた英国で見たものは、産業革命の成果を謳歌する近代都市ロンドンの姿であった。鎖国体制の中で西洋の実力を知らずに叫ぶ「攘夷」とは何なのかと誰もが思うところであろう。井上馨や伊藤博文の航海が、松陰の果たせなかった海外渡航を代わりに行ったものであるとすれば、二人の明治新政府での事業は、この幕末の思想家に代わって新しい国づくりに挑んだものだと考えられる。

明治新政府の要人であった井上は、若松の上水道の設置だけでなく、洞海湾の港湾整備にも尽力している。海によって世界から閉ざされた島国を海によって世界に開かれた海洋国家にすること。この変化を「開国」と言うならば、「海のかたち」を変えることが、新しい国づくりの第一歩というものであろう。明治二十七年（一八九四）から二十八年にかけての日清戦争の後、明治三十四年（一九〇一）、重工業の発展に不可欠の鉄を増産すべく第一溶鉱炉に火の灯った八幡製鉄所。ここを中心に洞海湾に工業が勃興し、港湾整備が急務となった。その役割を担ったのが、若松築港《ちっこう》会社（後に若築建設株式会社）という港湾会社である。会社創立の音頭を取ったのは、筑豊の坑業家（炭鉱経営者）たちであった。鉄道で若松に運ばれて来る筑豊の石炭を洞海湾から船で積み出すためには、大型船が入れるように港を整備することが是非とも必要であった。

筑豊五郡坑業組合総長石野寛平や山本周太郎（慶太郎の義兄）らの努力で明治二十年代始めに発足したこの会社は、若松港の浚渫《しゅんせつ》や埋立を行い、洞海湾の新しい海のかたちを作り上げた。同じ頃、若松の隣の海外貿易港である門司港にも門司築港会社が設立されたが、こちらは渋沢栄一、安田善次郎、浅野総一郎らの中央資本によって作られた会社であった。

昭和10年頃の若松港

若松築港会社は、明治二十三年（一八九〇）から築港の工事にとりかかったのだが、この頃は日本経済の不況期で石炭業界も勢いがなく、会社の株式募集も難航した。苦闘する石野寛平らの眼前にようやく光が見えてきたのは明治二十五年（一八九二）になってのことである。この年、石野寛平は、平岡浩太郎（福岡の政治結社玄洋社の社長をつとめた人物で筑豊の坑業家）の紹介で東京に岩崎弥之助（三菱の創業者弥太郎の弟で二代目社長）を訪ね、会社の経営について相談した。さらに渋沢栄一にも会って相談役就任を依頼し、筑豊への中央資本参加を呼びかけた。東京で法律を学んだ後、九州に戻ってきた慶太郎が、一大方向転換を決意して若松で石炭商山本周太郎の店に番頭として入り、それと同時に俊子との新婚生活を始めたのが、この明治二十五年のことである。黒田長成《ながしげ》侯爵を筆頭株主とした若松築港株式会社。筑豊の石炭御三家の一人である安川敬一郎など九州の地元資本に加え、渋沢栄一、荘田平五郎（三菱の大番頭）、大倉喜八郎（大倉財閥の創始者）、浅野総一郎らの中央資本も株主となり、明治二十年代末には会社の経営も安定してきた。

　福岡県庁の役人時代に筑豊での石炭乱掘や鉱毒被害を目の当たりにしてこれを憂い、筑豊五郡坑業組合総長の任を引き受けた石野寛平。その後、若松築港株式会社初代社長となった石野は、中央の民《みん》の資金を若松港に呼び込んだ経営者であったが、民に加えて官の資金を受ける役目を果たしたのが三代目の社長、安川敬一郎である。石野が、明治二十年代に若松港の風景を一変させる礎となった男だとすれば、安川は、明治三十年代に八幡製鉄所を中心とする洞海湾の工業発展に尽くした男である。安川敬一郎の日記『撫松余韻』には、井上馨の名前が随所に見える。明治三十一年（一八九八）十月十八日には筑豊御三家の一人、貝島太助邸（直方）において、井上馨を中心に製鉄所長官や主なる炭鉱業者が集まり、若松築港拡張案の大要が決まったことが記されている。この翌年七月、井上馨は若松を訪れ、地元の炭鉱業者に対して港湾拡張のために製鉄所および国庫からの補助金の交付について演説している。新しい海のかたちを説く井上馨の言葉を佐藤慶太郎も熱心に聞いたことであろう。

五　高江炭鉱

玉井君、あれが
佐藤慶太郎氏だよ。
——火野葦平『花と龍』

ＪＲ若松駅の改札口を出ると広い道路の向こうに市民会館の建物が見える。その一階には、この町が生んだ文士、火野葦平（一九〇七―一九六〇）の資料館が入っている。中に入ると書斎が復元されている。座布団に火鉢、すわり机に電気スタンド。昭和文学史の一頁が、大切に保存されている。受付を兼ねた事務室では、「火野葦平資料の会」の人達が、作家の遺品の整理に打ち込んでいる。

『麦と兵隊』、『土と兵隊』、『花と兵隊』の兵隊三部作を書いた火野葦平（本名、玉井勝則）。彼は、明治四十年（一九〇七）に父玉井金五郎、母マンの長男として石炭の積み出し港若松に生まれた。この年は、金五郎が荷役請負業玉井組を開業した年でもある。葦平は、小倉中学時代から小説を書くなど早熟な才能を見せ、大正十五年（一九二六）には早稲田大学英文学部に入学。その後、労働運動に熱中して若松港沖仲仕労働組合を結成するなどして文学から離れたが、再び文学に復帰後、昭和十三年（一九三八）に『糞尿譚』で第六回芥川賞を受賞した。戦後、昭和二十七年（一九五二）から翌年にかけて

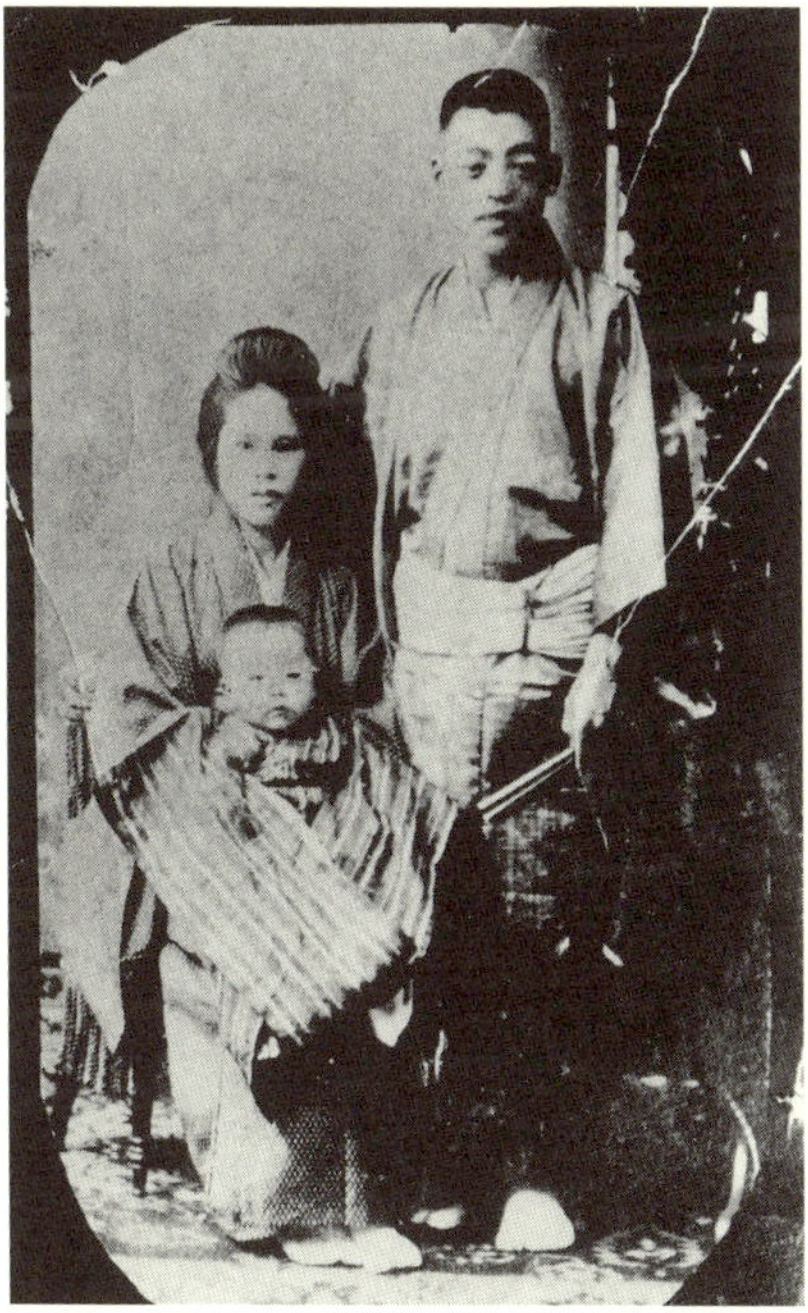
玉井金五郎、マン、葦平
（火野葦平資料館所蔵）

「読売新聞」紙上に『花と龍』を連載。この長編小説は、「花」である広島県出身のマンと「龍」である愛媛県出身の金五郎の二人が門司港で出会い、やがて若松で玉井組を築く夫婦愛の物語である。若松港の大親分で衆議院議員にまでなった吉田磯吉や女侠客ドテラ婆さんなど多彩な顔ぶれが登場するこの小説は、藤田進、中村錦之助（萬屋錦之介）、石原裕次郎、高倉健らの主演でたびたび映画化されてきた。歌手の五木ひろしや島倉千代子らの舞台で芝居にもなっているし、村田英雄も演歌で熱唱している。平成八年（一九九六）には、装いも新たに文庫本（講談社・大衆文学館）として甦った。上下二巻、合わせて計四百二十三頁という長編だが、この中で一ヶ所、佐藤慶太郎が実名で登場する場面がある。

一日の仕事を終えた後、玉井金五郎が、労をねぎらうつもりで荷役の監督役である甲板番《デッキばん》の副島を晩飯でも一緒にと誘う。副島が、ビフテキでビールが飲みたいというので、出かけたのは、高塔山の麓のハイカラな木造洋館で鹿鳴館風の「最新式高等西洋料理店・突貫亭」である。彼らが店に入ると広い板の間の奥では三十人ばかりの宴会が開かれている。

賑やかに談笑するその客たちを見て、副島が、若松にまだ不案内な玉井にこう話す。

「玉井君、あれが佐藤慶太郎氏だよ。炭鉱をいくつも持っとる大金持ちだ。（中略）その右手のが、安川敬一郎氏、安川財閥の御大。（中略）それから、右に、順々に」と説明は続く。作者は、佐藤慶太郎の名を最初に挙げている。親近感を覚えていたのだろうか。文学を志す前に画家を志望していた火野葦平。色紙には河童の絵を好んで描いた。佐藤慶太郎が、美術館建設資金百万円を東京府に寄付したのは、火野葦平の『花と龍』執筆から遡ること約三十年前、大正十年（一九二一）のこ

貝島家一族、中央に貝島太助（大正３年百合野にて撮影）

とである。

四十にして立つという言葉があるが、佐藤慶太郎が炭鉱経営に乗り出したのは、数えで四十一歳のときのことである。筑豊石炭御三家の一つである貝島家の会社から明治四十一年（一九〇八）に緑炭鉱という炭鉱を引き取ったのが始まりである。慶太郎は、初めはこの炭鉱を自分で経営するつもりはなかった。あくまでも石炭商として、掘り出された石炭を買い取るつもりで、他の者が始めた斤先掘《きんさきぼり》に出資したのであった。斤先掘とは、かつて貝島家の会社に勤務されていた高川正通氏の説明によれば、「炭鉱経営には鉱業権が必要だが、その権利を持たない人が、下請けとして石炭を掘る」ということである。

さて、金は出したものの、肝心の石炭がさっぱり出てこない。だが、途中でやめるわけにも行かず、慶太郎は、仕方なく緑炭鉱をまるごと引き受ける羽目になってしまったのである。石橋を叩いて渡る慶太郎にしては、珍しく先の見えない冒険となってしまった。ところが不思議なことに緑炭鉱の一切の権利が慶太郎の手に移った途端に事態が好転。質量ともに優秀な炭層に突き当たり、たちまち注ぎ込んだ資金は回収、緑炭鉱は、にわかに活気づいたのである。どんよりと停滞した雨雲が消え去って、高く広い青空が慶太郎の肩越しに広がった。この時から彼は、炭鉱経営者の道を歩み始める。やはり貝島から譲り受けた大辻第四坑と緑炭鉱を合わせて高江炭鉱と改称。この炭鉱の従業員は千人を数えた。

採炭と販売の両方で活躍する慶太郎は、上海に支店を出し、さらに南洋方面にも販路を拡大した。大正に入ってからは、山口県厚狭《あさ》郡の須恵炭鉱の経営にも乗り出した。事業の規模は大きくなっていったが、投機的な商売を嫌う慶太郎の態度は、昔のまま変わらなかった。事業拡大のための借金は一切せず、自己資金だけで経営を続けた。工夫も忘れなかった。景気の悪いときには、それを嘆いたり、消極的に頭を抱え込んで耐えるのではなく、逆に不景気を次の発展のバネにした。例えば、景気の悪いときは、石炭も売れないが坑夫の賃金も安い。そこで、そういう時こそ地下で坑道を掘り進め、坑内を整備しておく。そして、景気が好転するやいなや、石炭を掘り出して地上へ運び上げ、一気に販売するという戦略である。明日の風向きを読んで、あらかじめ船を風上に用意し、順風を背に負う慶太郎得意の技である。

当時の佐藤慶太郎経営の炭鉱については、九州大学石炭研究資料センターに記録が残されている。センター長の東定宣昌教授から頂いた資料で「筑豊五郡石炭採掘鉱区一覧——筑前国遠賀郡」のうち、明治四十四年度の石炭生産高を記録した頁には次のように書かれている。

登録特許番号　四五八、七〇九、七一一
町村名　　香月　外一
大字名　　楠橋
坑　名　　高江
産　額　　二二〇、〇七一噸
採掘権者　佐藤慶太郎
採掘営業者又ハ鉱業代理人　岸田牛五郎

石炭史上、高江炭鉱は、北海道の夕張炭鉱や九州の三池炭鉱などとともに明治末年の主要炭鉱（年産二十万トン以上）の一つに数えられている（『筑豊石炭礦業史年表』）。また、古くからの石炭の町香月《かつき》（福岡県）は、俳優高倉健の育った町でもある。高江炭鉱で佐藤慶太郎の片腕となって活躍したのが、坑長の岸田牛五郎である。この人物は、若松の芳野病院長、芳野敏章氏の母方の祖父に当たる。東京府に美術館建設資金を寄付するという決意を佐藤から聞いた岸田は、「それは素晴らしいことだ」と即座に答えたというエピソードが芳野氏の著書『若松今昔ものがたり』に書かれている。また、「佐藤氏のように素晴らしい事業家であり、文化人であれ」とも芳野氏は祖父からよく聞かされたという。

第五章　木挽町水明館の客

何の木の
花とも知らず
匂ひかな
——芭蕉

一 「時事新報」社説

大正十年（一九二一）三月十六日夜、東京。彼岸の入りも間近かだというのに風はまだ冷たい。沈丁花の香りに誘われるかのように、黒屏に沿って門を入ると、玄関口で宿のおかみがにこやかに出迎えてくれる。ここは、慶太郎が東京で常宿としている木挽町《こびきちょう》の水明館。歌舞伎座からも目と鼻の先である。全国の石炭業者に大同団結を訴え、その仲を取り持つという気骨の折れる仕事に疲れた慶太郎には、おかみの気さくな言葉と笑顔が嬉しかった。小雨に濡れたマントを脱いで、靴紐をとくと慶太郎は一息ついた。気持ちが切り替わったのか、いつもの笑顔に戻っていた。東京にいながら、若松にでもいるような気安い雰囲気がこの宿にはあった。

水明館という名のとおり、宿のすぐ前を築地川が流れていて、そこに亀井橋がかかっている。慶太郎の泊まっている二階の部屋からは、川向こうの築地の料亭街が見える。賑やかなお座敷へと急ぐのか、芸妓を乗せた人力車が、亀井橋を渡って消えて行く。築地川には、灯りに人影の揺れる屋形船が、ひっそりと浮かんでいる。慶太郎が仕事で出かけてきた丸の内のビル街から見れば、ここ水明館界隈は、さながら墨絵の中の江戸である。

ヨーロッパに未曾有の惨禍をもたらした第一次世界大戦（大正三年・一九一四―大正七年・一九一八）。戦場とならなかった日本にとっては、輸出拡大の機会となり、石炭業界も好景気に湧いた。しかし、戦争の終結とともに日本の貿易は入超に転じ、大正九年（一九二〇）に株価は暴落、預金の取りつけ騒ぎが頻発し、休業に追い込まれる銀行が相次ぐなど戦後恐慌と呼ばれる憂き目を見るに至った。恐慌直前の大正八年（一九一九）に約三十五万人を数えた全国炭鉱坑夫数は、大正十一年（一九二二）には約二十五万人にまで落ち込んでしまった。いまの言葉で言えば、バブルからリストラへということだろうか。産業の沈滞にともなって石炭需要も急激に落ち込み、炭価の暴落は、とどまるところを知らなかった。

この苦境を打開すべく生まれたのが、全国石炭鉱業連合会結成の動きである。需給のバランスが崩れたまま、売れずに空しく余ってしまう石炭の行く末を救うためには、石炭の生産を全国的に制限する送炭調節しか道はない。そこで浮上したのが、この連合会構想だが、北海道炭には筑豊炭、常磐《じょうばん》炭には宇部炭というように、もともと国内のライバル同士が、一転して手を結ぼうというものであり、大所高所に立つまとめ役がいなくては、話はまとまらない。当時、石炭関係の誰もが実現不可能だとみて、やれ理想論だとか、やるだけ無駄だ、馬鹿だと言われた連合会構想。だが、この道しか日本の石炭業界の生き延びる道はないと確信し、石炭業界の大御所達に対してこの構想を熱心に説いて回ったのが、佐藤慶太郎であった。

　ついに慶太郎の意見に共鳴した業界の有力者達が動き、筑豊御三家の一人、麻生太吉が石炭鉱業連合会（東京市丸の内日本工業倶楽部内）の初代会長に就任し、全国規模での送炭調節が実現することになった。自分の考えに間違いはないと思えば、一気に突き進む慶太郎は、三井、三菱、古河などの財閥を相手にひるむことなく直言し、連合会設立のために奔走したのである。

　翌三月十七日の朝、木挽町水明館。洗面をすませ、廊下の窓越しに満開の白梅をめでながら慶太郎は部屋にもどってきた。熱いお茶をすすりながら朝刊に目を通す。その新聞は、「時事新報」。三面の政治欄を右端から左端まで横一文字に貫く社説が、目に飛び込んできた。その書き出しは、こうである。

「東京の如《ごと》き大都市に、常設美術館を設立するの必要ある次第は、曾《かつ》ても再三本欄内に述べたることあり。然《しか》るに明年の平和博覧会を機会として、同館を建設せんとの運動を生じたるに、東京府に於ては博覧会経費の関係上、かくの如き大建築をなすを得ざるも、一時的の美術館を設くるの方針なりという。而《しか》して常設美術館の建築に要する経費は、約百万円に過ぎざるに、一時的のものも約二十万円を要するが如し」

　慶太郎は、湯のみを手にしたまま、「常設美術館」と題したその記事を読み進めていった。社説

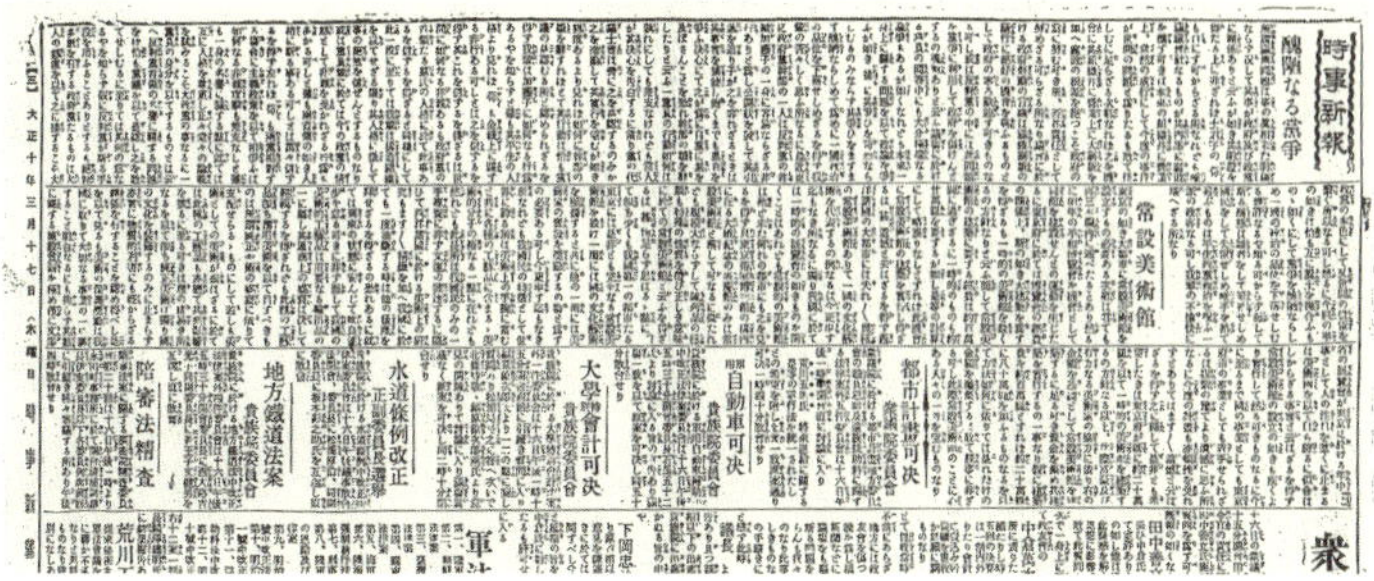
時事新報
醜陋なる黨爭
常設美術館
都市計畫可決
自動車可決
大學特別會計可決
水道條例改正
地方鐵道法案
陪審法精査

「時事新報」社説「常設美術館」

平和博覧会美術館（大正11年）

が、論旨明解に訴えるところは、「平和博覧会を好機としてとらえ、仮設美術館ではなく、日本で最初の常設美術館を建てよ」という主張であった。

その理由は、こうである。
一、西洋諸国の大都市には、一国の文化芸術を代表する常設美術館があるのに、我が国にはそれがない。
二、美術上の手腕に富むのが我が国民の特徴だが、油断していれば西洋諸国に遅れをとってしまう。
三、美術の保護奨励がなければ、我が国の工芸品の輸出も衰退するおそれがある。
社説はその最後をこう締めくくっている。

「是非共希望したきは、東京府が既に二十万円を以て一時的の美術館を建築するの方針なる以上、此際《このさい》富豪及び有力なる美術家の協力により、右の金額を基盤として常設美術館を建設するに足るべき資金を集め、その建築を実行するの一事なり。かりに建築費を約百万円とすれば、約二十万円に八十万円を加うるものなるを以て、方法の如何によりては、これだけの金額は敢て難事にあらざるべし、此際常設美術館のことに心ある人々の一考を望むものなり」

座卓に湯のみを置くと慶太郎は、帳場へ電話をした。

「佐藤です。九時半になったら東京府庁に電話をつないで下さい」

〈美術館すら無き美術国日本か。百万円あれば、その美術館が建つのか。この東京に〉

こう思いながら、慶太郎が部屋のガラス窓を開けると、築地川を越えて朝の風が吹き込んできた。

川沿いの桜並木は、まだ花をつけていないが、蕾を赤く散らす小枝が幾重にも重なり合って、開花の時期を待ち焦がれていた。府庁に電話がつながると慶太郎は、阿部浩知事の名を告げた。阿部知事とは、偶然に東海道線の食堂車で向かい合わせに座ったとき、天下国家を論じあい、大いに意気投合した間柄であった。

「もしもし、九州若松の佐藤慶太郎です。いつぞや、食堂車でお近づきいただいた石炭商の佐藤です」

「いやあ、どうも、お元気でしたか。今は東京ですか」

「はい、四日に上京しまして、例の送炭調節問題で走り回っております。実は、閣下、お目にかかってご相談したいことがあるのですが、御都合はいかがでしょうか」

「本日午前中なら時間が取れると思いますが、どのようなご用件でしょうか」

「美術館のことです」

若松では「石炭の神様」と呼ばれる佐藤慶太郎が、美術館のことで至急の面会を求めてくるとは。阿部知事は、意外に思いながらも知事室で佐藤の到着を待つことにした。

二　朝の知事室

第二十二代阿部浩
在職一年十一月
――『東京都職制沿革』

「閣下、ごぶさたしておりました」

「いや、お久しぶりですな。まあ、おかけください」

木挽町水明館から丸の内の東京府庁へやってきた慶太郎。阿部浩知事は、かつて東海道線の食堂車で出会い、富士山を見ながら天下国家を論じ合ううちにすっかり意気投合したこの九州人を懐かしげに迎え入れた。知事室には、朝の光が明るく射し込んでいた。ソファーに腰を下ろし、急な来訪を詫びた慶太郎は、早速に用件を切り出した。

阿部浩東京府知事

「今朝の『時事新報』で美術館の記事を読んだのですが、閣下は、どのようなお考えをお持ちか、お聞かせ願えないでしょうか」

石炭商佐藤慶太郎の意外な質問に阿部浩知事

は驚いた。

〈美術家の誰かに頼まれて美術館建設の陳情にやってきたのだろうか〉

内心こう思いながら阿部は、慶太郎に煙草をすすめ、自分も一本とって火をつけた。

「美術家諸君が、美術館建設運動に熱心なことは自分も承知しておりますぞ。世界の美術国日本に本格的な美術館が無いことは、残念でなりません。是非、立派な美術館が欲しいものですな。しかし、佐藤さん、そう簡単に建てられるものでもありますまい」

お茶を一口すすり、知事は話を続けた。

「ご案内のとおり、明治以来、博覧会が開かれるたびに建て、それが終われば壊してしまう一時的な陳列館ならいざ知らず、恒久的な常設美術館の建設ということになれば、中途半端な経費では済みますまい」

慶太郎は、一言も発しない。阿部知事は、さらに話し続ける。

「東京府の厳しい財政状況を踏まえ、府政全般における美術館の位置づけ等も勘案し、敷地問題も十分に調査検討した上で慎重に対処してまいりたい」

初めは率直だった知事の話ぶりは、お役所用語が増え、議会答弁のようにだんだん意味不明になってゆく。要するに、この不景気では、府庁に常設美術館を建てる余裕など全く無いし、この東京に常設美術館を建てる土地など無いと知事は言いたいのであろう。

「どうやって景気を挽回するか、今の私はそれで頭が一杯なのです。来年、欧州大動乱の和平を永遠に記念するために平和博覧会を上野で開く予定ですが、これも産業奨励のためであり、景気対策の一つなのです。会場内に美術館を設けます。しかし、ここで建てる美術館は、他の施設同様に博覧会が終われば壊してしまう一時的な建物です。予算上それしかできないのです。万一、民間から建設資金が集まったとしても建物の設計や工事に必要な期間を考えれば、とても平和博覧会までには間に合いませんよ」

常設美術館と呼ぶにふさわしい本格的な建物を建てるには、お金、土地、時間の三つが要るが、そのすべてが今は無いというのが阿部浩東京府知事の結論だった。

「閣下、お話を聞かせていただき、事情がよく飲み込めました。しかし、せっかく東西の美術家達が大同団結し、ここまで盛り上がった常設美術館建設運動をいま終わらせてしまうのは、はなはだ遺憾ではありませんか」

自分が府庁にやってきた目的を知事は誤解しているのではないかと読んだ慶太郎は、こう言葉を続けた。

「阿部閣下、私は陳情に伺ったのではないのです。閣下のおっしゃられたお金、土地、時間のうち、一つだけ私に協力させていただけるものがあります」

慶太郎がにこやかにこう告げると阿部知事が、おやという顔をした。

「協力とおっしゃると」

「いま、自分の手元に百万円のお金があります。これを使って、常設美術館を建設しようではありませんか」

「百万円。そんな大金が」

「そうです、これを東京府に寄付させていただきたいのです」

「佐藤さん、それは、あなたの事業に必要なお金ではないのですか」

「そうです。いや、そうでした。実は、去年、主治医からこう宣告されてしまったのです。事業から手を引かないと持病の胃腸病が引き金となって健康を著しく害し、命の保証すらしかねると。仕事もこれからというときに全く無念ではあるのですが、仕方ありません」

「分かりました。それで事業資金が不要になったというわけですね」

「ええ、すでに事業の整理縮小に着手しました。これからは、別の新しい道を進みたいと思っていた矢先、『時事新報』で美術館建設運動の記事を読んだのです」

「そうだったのですか。それで急においでになったのですね。いやあ、佐藤さん、失礼しました。てっきり美術家の誰かに頼まれて陳情に来られたのかと思っていました」

　二人の間の緊張が解け、知事室に笑い声が響いた。

　阿部知事は、佐藤慶太郎が事業から引退しつつあるとはいえ、なぜ美術館建設運動の支援を新しい人生の道として選んだかという理由など詳しい話をもっと聞きたかったし、慶太郎ももっと話を続けたかった。だが、公務多忙な知事には次の仕事が待っていた。そこで二人は、明日また会う約束をして、今日のところは、これだけにして別れることにした。すでに昼時になっていた。足取りも軽く、府庁から銀座、そして歌舞伎座の横を抜けて木挽町へと歩いて戻った慶太郎は、宿の水明館近くのそば屋に入り、ざるそばを頼んだ。ひんやりとしたそばの感触が、心地よかった。今日は、大正十年（一九二一）三月十七日。明日は彼岸の入りである。慶太郎は、水明館の自室に戻り、春の陽射しを受けた築地川の流れを目で追った。朝からの興奮が、次第に満足感に変わって行くのが自分でも分かった。

阿部浩知事は、初代の東京府知事烏丸《からすまる》光徳から数えて第十八代および二十二代の二回、府知事をつとめている。陸中盛岡生まれの阿部は、同郷南部藩出身の首相、原敬の三羽烏と呼ばれた人物である。群馬、千葉などの県知事を歴任後、貴族院議員に勅選され、明治四十一年（一九〇八）に東京府知事に就任。退任後、外遊し、大正八年（一九一九）に再び府知事となった。彼が、佐藤慶太郎の訪問を受けたのは、二度目の知事時代のことである。数えで阿部が七十歳、慶太郎が五十四歳であった。知事室での最初の面談以降、二人の話し合いは、たびたび長時間にわたって行われた。

彼岸を過ぎて、三月下旬に慶太郎が九州に戻り、四月上旬には阿部が別府を訪れた。このとき慶太郎は若松から阿部を別府の宿に訪ねるなどして二人の寄付願書提出の打ち合わせが続いた。

季節の花は、すでに梅から桜へと変わっていた。二日がかりで練り上げた寄付願の文案の清書を慶太郎が終えたのは、四月五日の夜もふけてのことであった。半紙二枚に細かい字で綴られた「美術館建設費寄付願」の入った書留郵便が東京府の担当係に回ったのは四月十二日のことである。一度決めたら直ちに実行する慶太郎の目からしても、この半月の間、阿部浩知事は何かに追われるように随分と急いでいるように見えた。慶太郎は知らなかったが、この頃、阿部知事は、東京瓦斯《がす》の料金値上げをめぐる大がかりな収賄事件との関係を取り沙汰され、ひそかに司法当局の追求を受けていた。その政治生命も風前のともしびだったのである。四月十一日に阿部浩知事は、この東京市疑獄事件で検事局へ召喚され、ついに五月二十七日、知事の職を退いた。当時の新聞は、代議士をはじめ各方面への買収費は百万円と報じている。佐藤慶太郎の寄付申し出も百万円である。この金額を今のお金に換算すると約三十三億円。阿部知事は、清濁ふたつのお金の姿を見ながら政界から消えていったことになる。

三　奇縁の寄付願い

見る人のためにはあらで
深山路におのがまことを
咲く桜かな
——慶太郎愛好歌

上野の花見も一段落し、町が新緑へ衣替えを始めるころ、丸の内の東京府庁に一通の手紙が届いた。阿部浩知事宛のその書留便には、佐藤慶太郎が別府の宿で書き綴った美術館寄付願いの半紙二枚が入っていた。親戚の子供たちから「葉書おじさん」と呼ばれるほど筆まめな慶太郎だが、普段は葉書を愛用して手短かに連絡を済ませることの多い彼にとっては、異例の長さの文章である。また、一般にお役所宛の寄付願いの書式というものは、寄付の理由など特に記さず、「下記のものを寄付させていただきたくお願い申し上げます」という趣旨の極く短い文章が普通である。その点から見ても、この半紙二枚に細字がびっしりと詰まっている寄付願いは、寄付者の思いが文の隅々にまでこもった特別のものと言える。しかもその文章は、佐藤慶太郎が一人だけで作成したわけではなく、阿部浩知事と二人で別府の宿で長時間にわたって、練りに練って仕上げたものである。贈る側も受ける側も心を一つにしてできた異例の寄付願い。佐藤慶太郎の百万円寄付で生まれた東京府美術館は、その出発点から、寄贈者と受贈者の双方が、ともに熱意と誠意をこめて完成を誓った美術館ということになる。

「おや、これは」

東京府内務部学務課の石田馨課長は、部下の船越から受け取った二枚の半紙に目をやると思わず声を上げげた。忘れていた佐藤慶太郎の名をここ東京で再び目にするとは。話は一年前、大正九年（一九二〇）の春にさかのぼる。当時、若松市会議長の任にあった佐藤は、市の有志数名と福岡県庁に押しかけ、県立若松中学校長転任問題での抗議行動に及んだことがあった。

この抗議の相手となったのが、当時の福岡県視学官石田馨であった。この転任問題では、佐藤、石田の主張双方に一理あり、両者ともに一歩も譲らぬ激論となった。佐藤を代表とする若松市側の言い分は、この中学が最近になって県立に移管されたとはいえ、もとは市立中学であり、その頃に多額の俸給をもって特別に招いた優秀な校長を若松市に何の事前の相談もなく、いきなり久留米の県立中学明善校に転任させるとはなにごとぞというものであった。一方、石田は、若松中学が県に移管された以上、県全体を見渡して校長の配置を決定するのは当然のことであり、抗議は覚悟の上で知事に進言したと一歩も退かなかった。慶太郎は、知事にもかけ合ってみたが、すでに転任の発令が下された後のことであり、若松市側は空しく引きあげるしかなかった。

〈あの時の佐藤若松市会議長が東京府に美術館建設費の寄付を申し出るとは一体どういうことなのか〉

石田課長は、吸い込まれるように半紙に書かれた寄付願（原文は漢字と片仮名による表記）を読み始めた。

「美術館建設費寄付願

本　籍　福岡県若松市

現住所　東京市京橋区木挽町三丁目　水明館止宿

佐　藤　慶　太　郎

一、金壱百万円　美術館建設費寄付

右不肖《ふしょう》慶太郎、家元寒素、十分学業を修むるの資に乏しかりしを以《もっ》て、明治二十五年義兄の経営に係る石炭商店に入り、其《そ》の業務を補助すること八年、同三十三年に至り僅《わず》かに数百円の資金を以て、独立石炭商を開業せり。

然《しか》るに既に御賢知の如く、石炭商は我国第一流の資本家により、経営せられつつあるもの少からざるに拘《かかわら》ず、其取引上動《やや》もすれば、種々の弊習《へいしゅう》行わる、是《これ》不肖の最も遺憾とする所なりし。不肖以謂《おもえ》らく、真率《しんそつ》着実に此《こ》の事業を経営し、幸に幾分の資金を得るあらば、国家的社会的に、最も有効有益なる事業に之《これ》を使用せんと。爾来《じらい》一意専心奮励努力せし結果は漸次《ぜんじ》業務進展の曙光を見、其の基礎又確立するに至りたるを以て、更に進んで石炭鉱業に着手し、目下株式会社佐藤商店鉱業部に於て、高江炭坑の経営をなし、其の販売部に於《おい》て、高江炭及《および》広岡恵三氏の大隈炭、坂本金弥氏の久原炭等の石炭販売に従事す。又目下の公職及関係を有する会社にては、若松市会議長、筑豊鉱業組合常議員、若松石炭商同業組合評議員、三菱鉱業、若松築港其他二三会社の重役なり。

　不肖の閲歴は大要前叙の如くにして、開業後久しからずして生活の安定を得たるを以て、早速自己の宿望たる理想の一部に着手せり。不肖人物養成を以て、国家社会のため最も必要にして又最も有効なりと信じ、体格、頭脳、品性等を具備したるものにして、学資のため其志望を遂ぐる能《あた》わざる境遇に在る者に、無条件学資を給与する方針を取りたるに、已《すで》に学界官界及実業界に、相当の位置を占むる者多数あり。又若松病院に研究室を寄付して研学の便を得せしめたるに、有益なる研究の結果は続々公表せらるるに至り、其効果を予想以上に挙げつつあり。尚《なお》某医学博士に、一層の研究を為さしむべく、目下拾五万円内外の予算を以て、病院を建設せしむべく設計中なり」

　石田課長は福岡県庁で一戦交えた佐藤慶太郎について、若松のことになると梃子《てこ》でも動かない頑固者ぐらいにしか見ていなかったのだが、慶太郎の寄付願いを読み進めるうちにその考えが少しずつ変わってきた。

〈地元の都合しか考えないただの頑固おやじとは違うようだぞ〉

　こう思いながら石田は大きく息を吸ってから再び寄付願いの先を読み始めた。

「不肖斯《か》く国家若くは社会を利すべき、有益なる事業に貢献すべき目的を以て奮闘せる結果は、一家の生計及鉱業、商業に必要の資金を控除したる以外、壱百万円の余裕を生じたるを以て、之を表記の如く美術館建設費に寄付せんとするものなり。而《しか》して、美術館の建設を冀望《きぼう》する趣旨は、我が日本帝国は東洋の美術国を以《もっ》て中外に推称《すいしょう》する所なるのみならず、世界の美術国として自ら誇るものなきに非《あら》ざるに拘らず、今尚一の常設美術館をも有せざるは、我国識者の海外諸邦に対し、常に忸怩《じくじ》たらざるを得ざる所にして、又我古美術の保護を永遠に期し、我が新美術の進展を将来に促す所以《ゆえん》に非ざるべく思考す。蓋《けだ》し、不肖微力自ら揣《はか》らず、僅少なる寄付金を提供して、美術館の建設及其経営を閣下に懇請する所以なり」

「そうか、そうだったのか」

石田馨課長は、こうつぶやきながら、佐藤という人物が、政治や経済に携わるだけでなく、人材育成や医療支援を実践しており、さらに芸術文化の振興にも関心を抱いていたことを知って自分の不明を恥じた。慶太郎の長文の寄付願いは、次のように締めくくられていた。

「然るに些々《ささ》たる壱百万円は、到底理想的美術館の建設経営を全《まっと》うすべきに非るべきも、不肖多年苦心努力の存する所なるを以て、能《あと》ふべく之を有効ならしめ度《たく》、随《したが》つて其敷地の如きも、本金額以外に於て、適当の方法を以て適当の敷地を選定せられ、将来の維持、保存、若し能うべくんば装飾設備費も亦《また》本金額以外に於て、相当の方法を設けられ度、依りて以て大正聖代の文化に涓埃《けんあい》の貢献を為すことを得ば、独り不肖慶太郎の本懐之に過ぐるものなきのみに非るべし、希くは閣下幸いに微衷《びちゅう》存する所を諒とせられ、速かに相当の御詮議を遂げられ、御聴許あらんことを。

右及出願候也

大正十年四月六日

右　佐藤慶太郎

東京府知事　阿　部　浩　殿」

全文を読み終えた石田課長は、知事室に飛んで行き、阿部知事にこの件を伝え、若松中学校長転任騒動のことも話した。知事も石田と佐藤の奇縁に驚いた。やがて、奇縁は機縁と変わり、この十数年後、石田馨は佐藤慶太郎の設立する新興生活館の理事に招かれ、二人は生涯の友となる。

四　小雨ふる法隆寺

あめつちに
われひとりゐて
たつごとき
このさびしさを
きみはほほえむ
――会津八一

「あの御方がなくなられたぞ」

斑鳩《いかるが》の里に衝撃が走った。厩戸皇子《うまやどのみこ》、聖徳太子が天に帰られたのだ。推古天皇三十年（六二二）のことである。『日本書紀』によれば、厩戸豊聡耳皇子命《うまやどのとよとみみのみこのみこと》が斑鳩宮《いかるがのみや》で亡くなられたとき、「長老《おきな》は愛児《めぐきこ》」を失ったように悲しみ、子供は父母を亡くしたように悲しみ、泣き叫ぶ声が往来に満ちたという。そして、誰もが、「太陽も月も輝きを失い、天地が崩れ去った今、これから誰を頼りにすれば良いのか」と悲嘆にくれたと記されている。豊かな耳という名で呼ばれた聖徳太子は、数人から同時に話しかけられても理解できたというほど聡明な人物として語り伝えられている。仏教と儒教を身につけた太子は、初の女帝推古天皇の摂政として、日本文化の向上を目指す政治を行った。大徳から小智までの冠位十二階や「以和為貴（和をもって貴《とうと》しとなす）」で始まる憲法十七条の制定を行った太子の政治は、仏教芸術の興隆を特色とする飛鳥文化として花開いた。

それから千年を超える時が流れ、大正十年（一九二一）春四月十一日、奈良法隆寺では聖徳太子没後千三百年の法会《ほうえ》（死者の追善供養）初日の行事が、しめやかにとり行われた。その翌日四月十二日、佐藤慶太郎が阿部浩東京府知事宛に送った美術館建設費寄付願いの手紙が府庁の担当者の所に届いた。この大正十年の時点では、これら二つの出来事は、遠く離れた奈良と東京での別々のことである。やがて五年後にこの二つの出来事が結びつく。大正十五年（一九二六）、日本で初めての本格的な美術館として誕生した東京府美術館。その最初の展覧会が、第一回聖徳太子奉讃美術展である。聖徳太子の創建した法隆寺、美術館の展覧会が聖徳太子をたたえるものであるならば、美術館の建物も法隆寺と無関係とは思えない。

岡田信一郎の設計になる東京府美術館は、正面階段を昇り、古代ギリシア神殿風の列柱の間を抜けて建物の中に入る。法隆寺も入口の門にエンタシス（ゆるやかな胴のふくらみ）の円柱が使われており、これは古代ギリシアに由来するという説が広く流布している。また、東京府美術館は、建物中央に彫刻の展示室があり、その周囲四方を絵画展示室が囲んでいる。法隆寺金堂は、釈迦三尊《しゃかさんぞん》

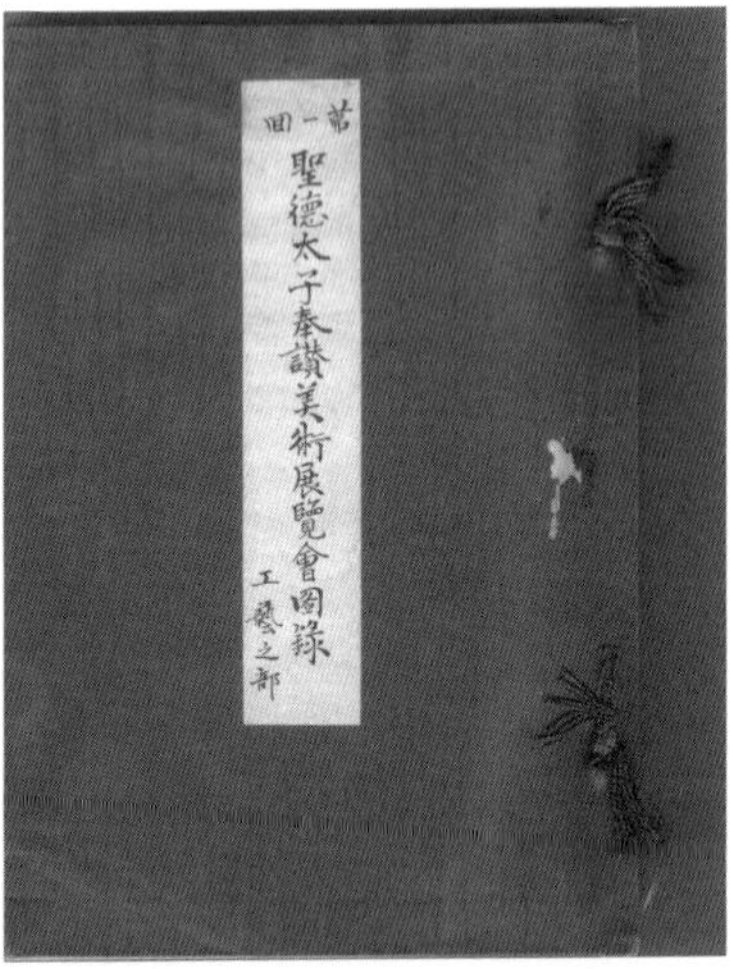

第１回聖徳太子奉讃美術展覧会図録
工芸之部

像《ぞう》などの仏像彫刻が建物中央部にあり、その周囲を壁画が囲んでいる。千年以上の時の流れを経て、大正の帝都で聖徳太子ルネッサンス（再生）が企てられたのか。飛鳥時代と大正時代、斑鳩の里と上野公園。遥かなる時空の隔たりを超えて、現存する法隆寺の建築が、今は姿を消した東京府美術館の建築を甦らせてくれる。

第一次世界大戦後の恐慌が前年から表面化し、巷では野口雨情の作詞した「船頭小唄」（俗称「枯れすすき」）が流行し始めた大正十年（一九二一）。三月には皇太子殿下裕仁《ひろひと》（後の昭和天皇）が半年間の欧州訪問旅行に出発。その半年間に国内では労働争議が続発。七月には毛沢東らが、上海で中国共産党結成大会を開催した。九月には金融王安田善次郎が大磯で刺殺され、十月には、柳原白蓮（「揺れば散れ、ちればみだるゝ露草の、またなく悲し筑紫野の道」と詠んだ伯爵令嬢の歌人）が筑豊の炭鉱王の夫伊藤伝右衛門に新聞紙上で離縁状を突きつけた。同じく十月に歌舞伎座が火事で全焼。首相原敬が東京駅で刺殺されたのが十一月のことである。世情騒然たる大正十年の日本。その様を見下ろしながら、千年を超える不動の姿を保つ法隆寺西院《さいいん》伽藍《がらん》の五重塔。ここ、奈良、斑鳩の里は、全くの別天地なのか。「京都日出新聞」（大正十年四月十二日付）は法隆寺での聖徳太子の法会について、こう報じている。

「甘露と散華の下に法隆寺太子会（第一日）
聖徳太子一千三百年御遠忌《おんき》法会すなわち聖霊会の第一日は、既報のごとく十一日より法隆寺に於て勤修《ごんしゅう》されたり。この日細雨霏々《ひひ》として降りしきりたれども準備万端用意され、午前十一時、西院伽藍の鐘は大衆の集会を報じ、正午、東院の鐘鳴り、これにて供奉《ぐぶ》の面々太子殿前に整列し、ここにていよいよ大衆は東院伽藍に進む。この間に奉讃会総裁久邇宮邦彦《くにのみやくによし》王殿下には聖霊殿に御参拝あらせられ、金堂側に整列せる奈良県立桜井高等女学校生徒五十余名は讃仰唱歌を朗らかに合唱し、

（以下略）」

堆朱楊成《彫漆玉虫厨子》
（第１回聖徳太子奉讃美術展出品）

この記事の内容をもとに当日の法隆寺の様子を思い浮かべてみると次のようになる。小雨降る中、法隆寺の鐘が鳴り、女学生の清らかな歌声が聖徳太子の眠りを覚ます。聖徳太子の御木像を安置した御輿は金色に輝いて

いる。佐伯定胤《さえきじょういん》法隆寺管長は、金襴《きんらん》の法衣姿も美しく、威厳に満ちている。ゆっくりと進む行列の長さは二百メートルを超え、まるで絵巻物を見るようである。記事には「行列の長さ約二町余に及び、一幅の絵巻物を展《ひろ》げたるがごとし」と記されている。

この日の式典は、聖徳太子一千三百年御忌奉賛会総裁久邇宮邦彦王殿下、同会会長徳川頼倫《よりみち》侯爵、副会長渋沢栄一子爵をはじめ、国内各界の名士のほか、イギリス、フランス両国大使も列席するなど盛大なものとなった。昼の式典の後、奈良ホテルでの晩餐会において久邇宮殿下は、次のように語っている。

「私は図らず聖徳太子一千三百年御忌奉賛会総裁として、本日法隆寺に於て厳修せられました、一千三百年の御忌法用の盛儀に参列することの光栄を得ました。（中略）不幸にして早世せられ、その事業の完成を見られなかったのは遺憾の至りでありましたが、太子の意志を受継がれ、大化の革新が行われまして、引いて明治大正の御世の鴻業《こうぎょう》（大きな事業）を仰ぐに至りました」

未完成に終わった太子の意志に触れた久邇宮殿下は、「尚将来の事業もあることでありますから、同心協力一層御奮励になりまして、本会有終の美を完うせられん事を希望いたします」という言葉で締めくくっている。四月十一日から始まった法会は、十七日間にわたって行われ、一般の参拝客も数多く訪れ、法隆寺に近い駅は開業以来の乗降者を数えるほどの混雑ぶりであったという。

五　五典の水庭

水。水というものは
本当に好いものだ
――朝倉文夫

〈涼しい。ここが東京とは〉
真夏に訪れた誰もがこう思う美術館がある。ＪＲ山手線日暮里駅北口から徒歩三分の台東区立朝倉彫塑館《ちょうそかん》である。モダンな洋館（アトリエ）と数寄屋づくりの日本建築（住居）が合体して回廊のようになっており、中庭の部分が、自然の湧水を利用した池になっていて、鯉が泳いでいる。水の法隆寺と言うべきか。外界から隔絶された池の静けさが、法隆寺伽藍の回廊中庭形式を連想させる。ここは、明治、大正、昭和の三代にわたり活躍した彫刻家で東京美術学校の教授を二十四年間つとめた教育者でもある朝倉文夫の邸宅をそのままに残した美術館である。
朝倉文夫は、儒教の説く五つの道（五常あるいは五典＝仁、義、礼、智、信）を表す五つの巨石を池に配し、ここを「五典の水庭」と名付け、自分の心を見つめる場所とした。
「仁も過ぎれば弱《じゃく》となる
義も過ぎれば頑《かたくな》となる
礼も過ぎれば諂《へつらい》となる
智も過ぎれば詐《いつわり》となる

東京府美術館彫刻陳列室での朝倉文夫（前列中央）と《佐藤慶太郎像》

信も過ぎれば損《そん》となる」

石を見つつ石にとらわれず、水のような素直さと純粋さを追求した朝倉の信条である。明治十六年（一八八三）、大分県に生まれた朝倉文夫は、美術家のなかでも特に佐藤慶太郎と関わりが深い。大正十五年の東京府美術館開館以後、半世紀にわたって館内中央に飾られ、日本美術界の発展を見守ってきた佐藤慶太郎翁銅像を制作したのも、また、加藤善徳著『美術館と生活館の創立者佐藤慶太郎』（昭和四十九年日本生活協会発行）に序文を寄稿したのも朝倉文夫である。同じ九州男児ということもあってか、朝倉文夫は、その序文の中で、佐藤慶太郎との友情にふれ、「翁とは竹馬の友ではなかったかと、どうしても思えてならないのである」と記している。

大正十年（一九二一）の佐藤慶太郎の百万円寄付以後、美術館建設の歩みは順調とは言えなかった。翌十一年は、東京府庁では平和記念博覧会の運営が最大の仕事であり、美術館建設は棚上げ状態にならざるを得なかった。阿部知事後任の宇佐美知事は、敷地問題の解決に向けて、宮内省や文部省との協議に奔走したが、敷地の確定には至らない。こうして、空しく時間が過ぎるうち、大正十二年（一九二三）九月に東京は大震災に襲われる。再び美術館建設の夢は遠のいたかに見えた。だが、この天災の後、事態が好転。宮内省から東京市への上野公園下賜により敷地問題が解決。震災の一年後に起工した東京府美術館は、大正十五年（一九二六）に完成。その年は、聖徳太子没後千三百五年の御遠忌の年にあたる。美術館の完成を祝う最初の展覧会として聖徳太子奉讃美術展を行うにふさわしい巡り合わせとなった。こうした遅れがあったがために、安田銀行に預けておいた百万円を元金とする銀行利息は、三十万円（現在のお金で約十億円）にまでなり、慶太郎の寄付金と利息のみで美術館建設工事費を十分まかなうことができた。

四十歳のころ、紆余曲折の美術館建設問題の渦中にいた朝倉文夫は、数えで七十三歳のときに三十年前を回想し、「記録にも文書にも残っていないような美術館の出来上がる前後の昔語り」として建設秘話を残している（「美術館の由来」『美術館ニュース』五三号）。それは、昭和三十年（一九五五）、五月十一日に都美術館（昭和十八年に東京府美術館改め東京都美術館）で挙行された開館三十周年の記念式典席上においてのことである。

「本日、都美術館の開館三十周年記念の式典をあげられるに当たりまして、美術界を代表して私に何か思い出話やら将来についての希望やらを申述べるように、館長からの御指令でありますが」

紋付き姿で演壇のマイクに向かってこう話し始める芸術院会員、朝倉文夫。

朝倉文夫《佐藤慶太郎像》

「東京のような世界屈指の大都会に美術館の一つもないということは実に情けないという事は、もう明治時代からの声でありましたが、何様文明を追っかけるのが急であって文化面のことはいつでもあとまわし、これが現在でも日本の姿であります。ところが第一次の世界戦争が終りました頃は戦争景気とでも申すのでしょうか、日本におきましては物心共に景気づいて来ました」

こう時代背景を説明し、朝倉の話は本題に入る。「それで、この際どうしても日本に美術の館がなければ」という声が上がり、大正九年（一九二〇）の秋頃に結成されたのが美術館建設期成同盟会である。そこにたまたま平和博覧会（大正十一年開催）用の仮設美術館が建設されることになったので「それに何十万円かの経費の足し前をして、それを美術館として永く使用するようにして頂くことを懇願した」のだが、当局は仮設美術館の建築を進め、殆ど出来上がってしまった。

「そこで美術館期成同盟会では、ただもう社会に向って何等具体的な計画なしにまっしぐらに美術館の必要なことを訴え、且つ叫んだのであります。これを各新聞社では一つの社会問題として取り上げられ、社説に又社会欄に或いは論説として掲げられたのであります」

「この記事を御覧になったのが佐藤慶太郎翁で、実に大正十年三月十七日朝、翁は銀座に近い木挽町の水明館という旅館で朝一ぷくしながらいろいろな新聞に眼を通されたそうであります。何れの新聞を見ても美術館建設の必要をあげているので、ここに翁の胸中うごいたもののあった事を翁から直接伺ったことがあります」

この頃、阿部知事後任の宇佐美知事の「頭となり手となり足となったのが東京美術学校長の正木直彦先生でありました」と語る朝倉文夫は、敷地問題に話を進める。

ある日、美術館設計図ができたといって御機嫌顔の正木校長に建設の敷地はどこかと尋ねると校庭だという答えが返ってきた。これを聞いた朝倉は、がっかりして、校庭は適所ではないので、前の上野公園まで押し出せないかと問いただすと校長は、「公園はねえ、宮内省のものだから、なかなか難かしいんだよ」と答えた。そこで朝倉は、「そんな、校長、馬鹿な話はありませんよ、校長、日本にたった一つの美術館が始めて建つんだから、日本の宮内省じゃありませんか、そういうことをハッキリやって頂くのが先生のお役目じゃないですか」と正木校長に直言したのである。校長は、この後、拙速を避け、美術館建設問題には沈黙するようになった。急に校長が美術館に不熱心になったのは、「朝倉がチャチャを入れた」からだという噂が広まり、「暫くの間外出しない方がいい」と忠告する友人も出るほど朝倉文夫は、人に恨まれたという。

この騒ぎが大正十年の秋頃で、十一年になっても十二年になっても美術館建設は中止になったかのように忘れられてしまった状態が続いた。ところが、大地震が東京を直撃。もし敷地を校庭に決めていたら建築工事の最中であり、佐藤氏からの百万円が元も子もなくなるところだったが、逆に利息がかなり増えたらしいと御機嫌の正木校長に「これは寄付された佐藤翁の至誠が天に通じて、その建築をさせなかったのですよ」と朝倉が言うと、校長は、「そうだ、全くそうだねえ」と答えたという。

「これで美術館の建設ということは出発を出直して大震災後の東京復興のさきがけとして、新たな意味を帯びてまいりました。運が向くと何事でもすらすらと解決されるもので、あれほどもめた建設地が、地震後上野公園一帯を宮内省から東京市に下付されることになりました。もうとんとん拍子です」

朝倉文夫の話は、このあと設計者の岡田信一郎とのやりとりへと続き、さらに聖徳太子奉讃美術展を「未だかつてないようなごやかな展覧会でありました」と形容している。

壇上で話をする朝倉文夫の横には、この式典のお祝いに、振袖姿の少女（当時の美術館長杉山司七の孫娘）の手で花飾りを首にかけてもらった佐藤慶太郎翁銅像が、朝倉の言葉に耳を傾けながら台座の上に鎮座していた。

第六章　追憶の奈良、慕情のパリ

一　青年教師志賀寛治

美術の世道人心に
関するや大なり

――文部大臣岡田良平「大正七年東京美術学校卒業証書授与式祝辞」


五十を越え、頭のてっぺんが、やや薄くなってきた夫慶太郎。

「いや、すまなかった。お前に相談もせずに財産の半分を寄付して」

「何をおっしゃいますか。わたしは、とっても嬉しく思っておりますよ」

こちらも五十を越えた白髪まじりの妻俊子が、明るい声で答える。若い頃に二人で佐藤商店を旗上げして以来、店のお金も生活費もすべて妻俊子が管理する「佐藤式会計」を守ってきた慶太郎だが、今回の美術館建設費百万円寄付だけは、妻に話さずに阿部浩知事に申し出て、男と男の約束を先にしてしまったのだ。小さな店から出発し、夫婦で苦労して築き上げてきた二人の財産。その半分を東京府に寄付するというのだ。慶太郎は、東京木挽町水明館で寄付を決心してから一月の間、妻俊子に寄付の話をしなかった。そのため、俊子がこの寄付の話を知ったのは、新聞記事を読んでのことであった。

寄付してもまだ半分の財産は残るとはいえ、それは、炭鉱その他の不動産であった。寄付申し出から半年後の大正十年（一九二二）十一月、慶太郎は、百万円を全額現金で府庁に納入する。不足の数万円を借金してまでのことだった。

俊子が百万円寄付の話に心から賛成し、喜んでくれたことで慶太郎は、ほっとした。それどころか、俊子は、「美術館建設に寄付をされるのではという気がしておりました」と嬉しそうに言うのだ。慶太郎の寄付願いが東京府庁に届いた三日後には、新聞報道によって、若松の人たちもこのことを知った。「美術館建設に百万円の寄付、若松佐藤氏の美挙」という見出しが、「福岡日日新聞」（大正十年四月十五日付）に躍った。

筑豊の石炭御三家の一人、麻生太吉が、佐藤慶太郎に向かって「失礼ながら君は大した資産もないようだが、よく思い切り寄付などする。まことに感心だ」と話したとき、慶太郎が言下に「感心と言われるところから見れば、私のやり方がよろしいとお考えなのでしょう。では翁も遠慮なく思い切り寄付などされては如何ですか」と申し出ると「それが出来る位なら、君のやり方に感心などとはいわない」と麻生太吉が答え、二人で大笑いしたという（佐藤慶太郎「金に対する私の信念」『新興生活』昭和十一年九月号）。麻生太吉ら御三家に比べ、佐藤慶太郎は、「富の程度からいうと、従来筑豊では第二流以下の鉱業人として知られた人」（大正十年四月十六付「福岡日日新聞」）であり、その人が「百万円を無雑作に投げ出した」ので、初めこの話は、嘘ではないか疑われたほどであり、麻生太吉ならずとも佐藤慶太郎を知る人の誰もが、意外な話に驚いたのだった。なぜ、若松の人間が、遠い東京に巨額の寄付をするのか、しかも、石炭で資産を築いた人物が、石炭に関わる事業ではなく、美術館建設という文化面で応援しようというのは、どういう事情があってのことなのか。

一般の人のこうした素朴な疑問に答えるべく、「福岡日日新聞」は、四月十六日付夕刊に知人の談話をのせ、寄付の背景を探っている。まず、野口若松公立病院長の談話である。

「佐藤君は予《かね》て、国家に聊《いささ》かなりと貢献すべき事業に、百万円程度の金を寄付したいという意思があったようだ。そして教育事業がよかろうかとの質問があったので、その節私は、教育事業は国家の力に依るべきものなので、個人の事業としては至難であるから、自分は国民の品性を高めるような事業に寄付するように意見を述べておいた。佐藤君は、誰にも相談せず、独断でやることが多いから、今回も全く事実であろうと信ずる」

次に、石井若松市長はこう語っている。

「(佐藤氏の)現在の財産は、二百万円位だろうと思うから、百万円寄付したとすれば、全財産の半を擲《なげう》ったものである。(中略)氏は寡言《かげん》沈黙衒気《げんき》のない人で、今度東京府美術館に百万円を寄付したという事も、恐らく独断でやったことと思う。家族は夫婦の間には子供が一人もないので養子を迎え、大阪の祇園清次郎氏の令嬢と縁談成立し、先般結婚の式を挙げた。氏の趣味としては別に聞かないが、俊才養成ということには、頗《すこぶ》る力瘤《ちからこぶ》を入れている模様である。若松公立病院長野口博士が、同病院外科部長時代その人物を見込み、自ら洋行費を支出して独逸《ドイツ》に留学させ、世界的人物を作ったようなわけである。その他大学に入学させて養成した人物は多数ある。自分の養子に迎えたのも、自分が見込んで養成した人物である」

慶太郎が、その才を見込んで養嗣子にした佐藤与助《さとうよすけ》（旧姓三宅）は、修猷館に学び、朝湯で天下国家を論ずる慶太郎の「湯煙り奨学金」を受けた若者グループの一人である。

佐藤与助は、のちに明治専門学校（現九州工業大学）教授、さらに東北大学教授を歴任する。この佐藤与助の中学時代の友人に志賀寛治という青年がいた。彼は、修猷館を明治四十二年（一九〇九）に卒業。その後、東京美術学校（現東京芸術大学）に学び、大正七年（一九一八）三月、第二十七回卒業生百九人の一人として図画師範科を卒業している。

ちなみに、パリで三十歳で客死する洋画家佐伯祐三が、この年の四月、この卒業生達と入れ替わるように西洋画科予備科に入学している。佐伯祐三は、この入学の年から数えて八年後の秋、開館したばかりの東京府美術館で開かれた二科展で二科賞を受賞し、新進画家として脚光を浴びるが、志賀寛治が美校を卒業し、佐伯祐三が入学した時点では、まだ東京府美術館は、影も形もない。だが、美術関係者の間では、この大正七年の頃、美術館建設という明治以来の悲願を実現すべく、新たな運動が始まっていた。その中心にいたのが、志賀寛治の学んだ東京美術学校の名物校長で、奈良の都をこよなく愛した正木直彦であった。

志賀寛治は、美術学校を卒業してから郷里の福岡県に戻り、若松中学校（現県立若松高等学校）に美術の教員として赴任する。そして、この青年教師は、修猷館時代の友人である佐藤与助との旧交を暖め、与助の養父、佐藤慶太郎にも東京の話をする。美術館建設に熱心な正木直彦校長の教え子として、志賀寛治は、佐藤慶太郎に向かい、今の日本に美術館建設が急務であることを訴えたのだった。佐藤慶太郎が、木挽町水明館で「時事新報」の社説を読んで美術館寄付を決断する少し前のことである。

新聞記事で、夫慶太郎の寄付を知ったとき、妻俊子は驚かなかった。学校を卒業したばかりの青年教師、志賀寛治。その一途な言葉に不動の姿勢で耳を傾ける夫の姿を目にして以来、俊子は、夫の気持ちの高揚に気づいていた。東京府美術館は、佐藤慶太郎の寄付で誕生した。だが、そのかげには、美術の世界と縁の無かった石炭商の心をとらえた青年教師とその師の存在があった。志賀寛治から直接にこの話を聞いた美校の同窓生、神庭亮三（白黎）は、「（志賀寛治が）あの低い力強い声で、些かの修飾もなく、青年教育家の満身に漲った熱涙を以て、美術館建設の急務を諄々と説いた事は想像に難くない」と綴り、志賀寛治を東京府美術館建設の「隠れたる功労者」と呼んでいる（神庭白黎「美術館遺聞」『美之国』昭和二年九月号）。

二　茶人校長正木直彦

旅寝して
枕にかよふ水音を
雨かときけば
月さしにけり
——十三松堂正木直彦

思えば、佐藤慶太郎の寄付で誕生した東京府美術館は、不思議な美術館である。もともと明治の頃から美術家たちは、美術館の必要性を世に訴えていた。彼らは、国や東京府、東京市に対して請願を繰り返していたのだが、実現にはなかなか至らなかった。美術館と名づけられた建物は、明治時代にもあったが、芸術振興というよりも殖産興業を主眼とする博覧会の中の一時的な施設でしかなかった。富国強兵が、国の目標として厳然として存在していた時代に、美や芸術が行政に入り込む余地はあまりなかった。

そのような歴史的背景があり、しかも東京市にくらべて影の薄いと言われていた東京府が、日本で初めて恒久的美術館の建設を成就することができたのだ。大正十年（一九二一）春、佐藤慶太郎から百万円寄付の話を最初に受けた第二十二代府知事阿部浩。実は、彼が美術館建設事業に取り組むのは、これが初めてではなかった。山手線が全線開通した明治四十三年（一九一〇）、当時第十八代府知事の職にあった阿部浩は、日本画家横山大観ら二百名を超える美術家の連名による美術館建設請願書を受け取っている。だが、東京府には、美術館を建てるお金も土地もなく、専門家もいない状態であった。この頃、東

東京美術学校長正木直彦

京府は、荒川や江戸川の改修工事に約四百万円（現在の約百三十億円）という巨費を必要としており、とても美術館建設どころではなかった。その翌年、阿部知事は、奥の手とも言うべき府有林売却まで検討して、美術館建設費を捻出しようとしたが、結局、この美術館構想は幻に終わってしまう。それから十年後のことである。外遊後、再び知事となった阿部浩が、木挽町水明館から佐藤慶太郎の電話を受け、その後、寄付の話を丸の内の知事室で直接に聞いたのは。阿部知事は、予算不足で泣いた十年前の無念さを思い出した。そして知事は、石炭商佐藤慶太郎の意外な寄付話に驚き、こういうこともあるのだと不思議がらずにはいられなかった。

巨額の寄付によって、東京の美術界と関わりを持つようになった慶太郎。この若松の石炭商を待っていたのは、全く新しい人間関係である。その中の一人に東京美術学校長正木直彦がいる。佐藤慶太郎を東京府美術館生みの親とすれば、正木直彦は、育ての親である。

正木は、幕末文久二年（一八六二）、堺に生まれている。佐藤慶太郎より六歳年上である。

少年時代の正木は、小学生のときに天皇の御前で書を読む光栄に浴しており、それが一生の思い出となった。やがて、彼は、数えで二十三の時に東京大学予備門に入学。この時予備門に一緒に入った者に夏目漱石、正岡子規《まさおかしき》らがいた。正木は帝国大学法科大学法律科を卒業後、奈良県郡山中学校長や帝国奈良博物館学芸委員をつとめ、文化財の保護にあたる。東京に戻って文部省文書課長兼美術課長となり、欧米各国の学術および美術に関する調査で海外出張し、一九〇〇年のパリ万博を視察。帰国後、東京美術学校長となり、授業では工芸史を講じた。そのかたわら、日英博覧会や平和記念東京博覧会など、内外の博覧会の審査官をつとめ、東京府美術館顧問や帝国美術院長など美術界の要職を歴任した。

正木直彦が東京美術学校長をつとめたのは、明治三十四年（一九〇一）から昭和七年（一九三二）までである。明治・大正・昭和の三代、三十一年間の永きにわたって校長の職にあった正木直彦は、今は、上野の東京芸術大学構内にある正木記念館にその名をとどめている。東京美術学校の草創期に八年間も校長の任にあった岡倉天心が、明治期の美校の基礎を築いたとすれば、正木直彦は、美校をさらに発展させ、大正期に美術館建設運動の先頭に立って奮闘した人物でもある。東京府美術館の建設の際には、歴代の東京府知事の相談役をつとめた。特に阿部知事の後任の宇佐美知事にとって正木直彦は、心強い相談相手であった。丸の内の府庁から知事が上野の正木を訪ねたり、逆に上野から正木が丸の内に知事を訪ねたりすることも度々だった。

宇佐美勝夫東京府知事

聖徳太子を崇敬し、法隆寺をはじめ古都奈良の文物をこよなく愛した正木直彦は、日本や中国など東洋の伝統文化に精通していた。しかもフランスとの美術交流にも尽力し、フランス政府から勲章を受けている。国際的な視野の中で、日本文化の発展に尽くした文人であり、茶人であった。美校で彫刻を教えていた朝倉文夫の回想によれば、西洋料理の席で作法が分からずにまごついている者がいるとき、正木校長は、若い学生に不要な恥をかかせないように、フランスではこう、イギリスではこうと国ごとのテーブルマナーの違いを比較実演するというかたちをとって、作法の手本を見せたという。学生の指導にも細やかな心配りを示す教育者であった。その正木直彦の残した日記『十三松堂日記』（中央公論美術出版）の中に、東京府美術館建設の節目ごとに、彼が記した佐藤慶太郎との交流の記録を見ることができる。

——大正十四年四月五日——

「曇今暁は雪ふりたり　九時ころより止む十時より東京府美術館の定礎式ありて参列す正午精養軒にて祝宴あり（中略）午後五時より木挽町花谷にて宇佐美知事　佐藤慶太郎氏を招待せる宴会に同席す」

——大正十四年十一月二十七日——

「午前中東京府へ百万円を寄付して、美術館を建設せしめし佐藤慶太郎氏来訪　朝倉文夫氏に同氏の肖像を作らしめて、美術館に遺さん計画あるに付き岡田信一郎氏と共に来校余を訪ひたるなり」。岡田信一郎は、美術館の設計者である。

——大正十五年三月三日——

「午後六時より築地花谷にて東京府知事平塚広義氏の招待にて宇佐美賞勲局総裁　佐藤慶太郎氏と会食す　美術館落成近きに在りて近日佐藤氏上京したる為也」。平塚知事は、宇佐美知事の後任者である。

——大正十五年五月二十九日——

「夜新橋花月に佐藤慶太郎氏の招宴に赴く」。美術館の開館を祝っての宴である。

正木直彦の美術館建設への情熱は、教え子志賀寛治を通じて佐藤慶太郎に届き、明治以来の美術家たちの夢が現実のものになったのだ。五月の新橋で宴をともにしてから十四年後の昭和十五年（一九四〇）、佐藤慶太郎と正木直彦の二人は相次いで他界するが、『美術日本』という雑誌（三月号）は、この二人を「美術界二恩人」と呼び、両人を追悼して写真頁の裏表に二人の肖像を掲載している。その説明文にはこう書かれている。

「我々美術文化に携わるものは如何様な言葉によって、佐藤氏に感謝の意を表明していいか解らない。全く現美術界の偉大なる恩人と言わざるを得ない」、「佐藤慶太郎氏は物的方面より美術界に大きな功績を立てられたが、正木直彦氏は行政上に又教育上に、またまた精神的に美術界に盡した業績は筆舌に盡せないものがある」

三　美術館諮問会

僕の建築は
僕の子供さ
――岡田信一郎《おかだしんいちろう》

二重橋の見える皇居前広場。そのお堀端にそびえ立つ明治生命本社ビル。昭和九年（一九三四）

美術家の佐藤氏招待会(大正10年)、右端が岡田信一郎(「東京朝日新聞」記事)

に竣工したこの建物は、平成九年(一九九七)、昭和の建築としては初めて国の重要文化財に指定された古典様式建築の傑作である。設計は、大正から昭和初期にかけて、その英才ぶりをうたわれた建築家、岡田信一郎。日本における西洋古典主義建築の最終到達点であるこの建物は、ギリシア神殿に見られる列柱の連なりをデザインの中心に据え、歴史的な雰囲気を醸し出している。荘重な気配の建物だが、近づいてみると、細部の装飾には、蓮の花弁の文様やイルカの泳ぐ姿などを見つけることができる。端正ではあるが、冷たくなりがちな古典主義建築デザイン。それゆえに、生命のぬくもりを植物や動物の姿に託して感じさせようとする岡田信一郎の意図が、この建築に読みとれる。

「この仕事の終わるまでは決して死なない」という悲壮な覚悟で病魔と戦い、明治生命本社ビルの工事現場の様子を十六ミリフィルムで部下に撮影させ、それを病床で見ながら工事を遠隔指揮したという逸話が残っている執念の人、岡田信一郎。だが、ついに彼は、文字どおり心血を注いだこの建物の完成を見ることなく、竣工二年前の昭和七年（一九三二）に数えで五十歳の年、心臓麻痺のために永眠した。

この岡田信一郎が残した唯一の美術館建築が、大正十五年（一九二六）竣工の東京府美術館である。岡田は、明治十六年（一八八三）、東京芝区宇田川町に生まれ、高等師範附属中学、一高に学び、東京帝国大学工科大学で建築を専攻。卒業の際には、成績優秀につき、恩賜の銀時計を受けている。その後、東京美術学校と早稲田大学で教壇に立つ。美校では、日本建築史や建築意匠、製図などを教えた。三十歳のときには、大阪市中央公会堂指名競技設計に参加し、参加者中最年少で一等当選。その後は、教育と研究にいそしむかたわら、主に銅像の台座の設計に従事し、大正七年、三十六歳で結婚。新婦の静子夫人は、弟の友人の未亡人で、もとは赤坂芸者、美人の萬龍。西の八千代（大阪の日本画家、菅楯彦夫人）、東の萬龍と呼ばれた名妓である。生真面目で酒も飲めない親孝行息子のこの結婚話に驚いた母親は、三日も寝込んでしまったという。遊興の果ての結婚ではなく、萬龍の暮らしに同情した岡田の気持ちが、いつの間にか愛情に変わってのことだった。母親には心配させてしまったが、岡田が、病弱な身にもかかわらず、木挽町には歌舞伎座、上野には東京府美術館というように名建築を次々と設計し、完成させるようになるのは、この結婚以後のことである。静子夫人は、神楽坂の自宅にある岡田の設計事務所で内助の功を発揮したのだった。岡田の才能と佐藤慶太郎の篤志が出会うのが、岡田信一郎三十九歳、大正十年（一九二一）の春、東京府庁でのことである。

その頃、九州若松では。

「楽しみですね、あなた」

「そうだね。府知事の阿部閣下も本当に喜んでおられたし、美術家の皆さんも感激されている。美術館が、どんな建物になるか楽しみだ」

建設資金百万円の寄付が、新聞で大きく報道されてからというもの、慶太郎と妻俊子の毎日は、美術館の話を中心に過ぎて行くようになった。いざという時、男は一人でことをなすというほどの気負いがあったわけではないが、新婚の頃から三十年近くも苦労をともにしてきた妻に話そうとすれば、自分の決心が鈍ってしまうのではないかとおそれ、事前に妻に一言も寄付の話をしなかった慶太郎である。東京府知事宛の寄付願い書には実印を押さねばならない。だが、実印は俊子が管理している。困った慶太郎は、ほかの書類に紛れこませて寄付願いに実印を押したのだった。これまで秘密にしていた分だけ余計に、慶太郎は、美術館の話になると妻にあれこれと説明するようになった。俊子には、そうした夫の急変ぶりが、嬉しくもあり、ほほえましくもあった。

「美術館の建物の設計には、日本の建築界を代表する立派な方たちが当たってくださることと思うよ」

若松で慶太郎が、こう俊子に向かって話していた頃、東京では、彼の（いや、夫婦で築いた）財産の半分に当たる寄付金百万円をもとにどのような美術館を作るべきかの検討が始まっていた。

大正十年（一九二一）四月二十日、阿部浩東京府知事は、府庁に正木直彦東京美術学校長らの美術関係者や教育関係者、建築家などを招き、どのような美術館を建設すべきかの根本方針について諮問会を開いた。その結果、新美術館は、美術展覧会場本位の美術館とするという考え方が決められた。このときの出席委員の中に関野貞《せきのただし》、伊東忠太、塚本靖、岡田信一郎といった建築関係者が含まれていた。関野貞と伊東忠太は、この二人を抜きにして法隆寺の建築について語ることはできないという程、聖徳太子創建のこの寺院と深い関わりを持っている。今、われわれが目にしている法隆寺の建物が、創建当時のものなのか、あるいは火災にあって再建されたものなのか。この有名な法隆寺再建・非再建論争において、建築史学者である関野貞は、非再建論、つまり、今ある法隆寺は、元の建物であり、建て直されたものではないという論陣を明治から大正にかけて張った人物として知られている。

また、伊東忠太は、世界最古の木造建築、法隆寺の丸い柱をギリシア神殿の石柱と同じエンタシスだとして、シルクロードの東西を結びつける壮大なロマンある学説を明治に唱えた建築家として歴史に名を残している。さらに、伊東の設計した建物では、築地本願寺が有名である。塚本靖は、東京帝大の建築学科の教授で岡田信一郎の大学時代の恩師である。岡田は、西洋式建築の設計者であったが、同時に古都奈良や京都の寺院を愛し、日本建築への鋭敏な美意識を持っていた人でもあった。「飛鳥と大原」（大正十四年『中央公論』）など古都めぐりの随筆もある岡田は、文才にも恵まれ、建築界の和辻哲郎（大正八年に『古寺巡礼』を発表した哲学者）とも呼ぶべき才人である。正木直彦東京美術学校長も大正の聖徳太子ルネッサンスに活躍した人物であった。

この諮問会の人選は、おそらく阿部知事と正木校長との相談の結果と考えられる。東京に新しく建てる美術館についての諮問会ではあるが、出席委員の誰かが、「日本初の美術館設計にとって、法隆寺の建築は」と言葉を発してもおかしくないぐらい、法隆寺崇拝者が集まった会議であった。この諮問会から二週間後、「東京日日新聞」は、「府の美術館は展覧会向き」との見出しの記事（大正十年五月十四日付）において、新美術館の設計についてふれている。それによれば、建物の設計は、「早大教授岡田信一郎氏が先年文部省の為めに設計したものを基礎とし之に伊東、関野両博士の案を加味して建築する」と伝えている。

さらに、建物の「中央には広い中庭を設けて天井を総硝子《ガラス》張にし」とある。

四　光の建築家岡田信一郎

思へば長い間
私も洋行を夢みた。
――岡田信一郎「弟を送って」

光の降り注ぐ中庭、ライト・コート。新宿の高層ビル内部の吹き抜けから個人用住宅に至るまで、今ではこの自然採光の建築デザインは、いたるところに見られるようになった。

岡田信一郎の設計した東京府美術館が竣工したのが大正十五年（一九二六）。その設計において岡田は、この「光の中庭」を美術館の建物の中央に据えている。今から七十年以上もの昔に現代建築を先取りしているその早さに驚かされる。東京府美術館における光の中庭とは、「彫刻陳列室」

東京府美術館彫刻陳列室

と呼ばれていた部屋である。この部屋の屋根は、ガラスの天窓になっている。その天窓の下に光を通す布が張ってあり、その布が天井となっていた。空から降り注ぐ太陽光線が、ガラスと布で濾過され、部屋の中の彫刻を柔らかく包みこむようになっていたのだ。強い夏の陽射しも白いレースのカーテン越しに室内に入ると和らいで、そこに落ち着いた雰囲気を生みだす。岡田信一郎の設計は、こうして彫刻作品の美しさを引き出した。

元東京国立近代美術館次長で美術評論家の富山秀男氏は、平成十一年（一九九九）十一月七日、東京都美術館における講演会で、この「光の中庭」についての思い出をこう語っている。

「先ほど、昔の日展の話などしましたが、私もこんなに髪が白くなるまで、五〇年ぐらい現代美術というか、年々の主要な展覧会というものを視てきたわけで、いろいろ思うことがあります。例えばこの東京都美術館は、以前隣にあった建物が古くなったために、こちらに場所を変えて建て替えたものです。これは前川国男という有名な建築家の作品ですけれども、二度目の美術館なのです。昔の建物は今公園になっている場所にあったのですが（現在、奏楽堂のある場所＝筆者斉藤注）、この旧東京都美術館は、大正一五年の建物でした。しかしこと彫刻の展示に関する限り、元の東京都美術館の方が良かったということは、どの作家も私達鑑賞者も言うことであって、元の方が大きな部屋で天井が高く、ガラス天井でしたから光が均質にいきわたる（またそれが雨漏りの原因にもなったのですが）。それで晴れた日のこういう日曜日に日展なら日展を訪れて彫刻部に入って行ったとき、柱の無い大広間の広々とした空間に彫刻が置かれているということは、今あそこに圧縮されている姿よりはずーっと観やすく、作品も生きて語りかけてくれるように見えました」（「第三二回日展彫刻部講演会」講師富山秀男、『アート・ライブラリー第一号』平成十二年二月社団法人日本彫刻会発行）

「光の中庭」で、ひとつひとつの彫刻が「生きて語りかける」姿こそ、岡田信一郎が設計図面を引きながら構想したものであろう。石や木やブロンズでできた彫刻は、実際には、動くこともないし、言葉を発することもない。だが、優れた彫刻は、富山氏が言うように生命感があって、声なき言葉を発する。彫刻とは、動かない代わりに消えることのない演劇であり、時の流れを超越する。その舞台が、美術館であるのだ。岡田信一郎の帝大卒業設計は、「劇場設計」である。歌舞伎座の設計も行った岡田のことであり、彼の頭の中には、美術作品が主役となって演じる「劇場美術館」という考えもあったのではないか。

現存しない建物を研究するには、その建物の姿を模型で復元する必要がある。たとえ模型であっても精巧なものならば、往時の姿をありありと伝えてくれる。富山氏の講演会で旧東京都美術館と呼ばれていた建物、すなわち東京府美術館という名で開館した建物を現存する設計図（国会図書館所蔵）をもとに実際に縮尺百分の一の模型で復元してみると、直方体のこの建物が、中央に「光の中庭」を抱え込み、そのまわりを絵画陳列室が取り囲んでいるのがよく分かる。

大正から昭和にかけて、芸術の秋ともなれば、院展や二科展、そして帝展（のちに日展）を見るために東京府美術館に多くの人が足を運んだ。その中には、初入選を果たして地方から意気揚々と上京してくる青年画家もいれば、画壇に君臨する老大家もいる。作品の入選落選に毎年、一喜一憂する作家本人もいれば、その妻や子供もいる。毎年の展覧会を楽しみにしているその親戚もいる。

彫刻陳列室階段脇ライオン像

新聞記者もいれば、画商もいる。秋の陽射しが眩しいぐらいに明るい上野公園。来館者は、まず美術館正面の石段を昇り、気持ちを少しずつ高揚させながら、二階にある入口に着き、円柱と円柱の間を抜けて建物の中に入る。そこは、外に比べれば、いくらかひんやりとした暗い場所で汗も引いて、心も鎮まる。左右には、絵画陳列室の入口が、入場者を待ち構えている。

彫刻の展示を見る人は、明るい「光の中庭」を見晴らす展望台のようなバルコニーへ進む。そこで部屋全体に点在する彫刻を見下ろしてから、西洋庭園風にデザインされた左右の階段を中庭へと降りて行く。「光の中庭」は、左右の階段の降りる方向にそって長く伸びているため、深々とした奥行きを感じさせる。美術館の外から中に入って彫刻を鑑賞するまでの間に、階段の高低差による視界の変化、さらに明、暗、明という光の変化などのドラマが、この建物には用意されている。「光の中庭」の外側にある絵画陳列室は、ヨーロッパの修道院などに見られるような回廊となって四方を取り囲んでいる。「回廊中庭形式」とも言うべき空間構成が、岡田信一郎の設計した東京府美術館の姿である。その姿をよく示してくれるのは、「回」という字である。内側の四角形が「光の中庭」であり、そのまわりを絵画陳列室が取り囲んでいる。東京府美術館の「光の中庭」は、劇場の舞台であると同時に自然光が柔らかく差し込む庭園でもある。その点では、「屋内庭園美術館」という考えも設計者の考えにあったのではないか。

　岡田信一郎は、古代ギリシア建築などの古典様式を現代に甦らせる古典主義建築の専門家であった。東京府美術館の建築様式について、『大正十五昭和元年度東京府立《ママ》美術館年鑑』は、「近代『クラシック』式ニシテ各正面ノ中央出入口ニハ連柱ヲ建テテ偉大ニシテ荘厳ナル古典的建築美ヲ発揮セシムルタメ多少装飾的ニ計画シタルモノニシテ」と記している。このように、入口に列柱のそびえる西洋古典建築の様式美を誇る東京府美術館のデザインだが、設計者岡田信一郎は、この建物の中心となる彫刻陳列室について、ギリシア建築などとはおよそ無縁に思えるような不思議な言葉を残している。

　美術館開館の約一年前の「読売新聞」（大正十四年四月五日付）に岡田信一郎の発言を伝える記事が載っている。「若松市の佐藤慶太郎という篤志家が百万円の寄付を東京府へ持ち込んで」という書き出しで始まるこの記事は、四月五日の今日が美術館の定礎式挙行の日であり、宇佐美知事と寄付者佐藤氏と建築設計者岡田信一郎氏が、定礎記念箱を安置するはずだと伝えたのち、設計者岡田氏が病床で語った言葉を紹介している。その中で岡田信一郎は、彫刻陳列室のある階についてふれ、「純然たる庭園式で噴水石燈籠《いしどうろう》樹木を配し」と述べている。いったい、西洋古典主義建築と「石燈籠」は、どのように結びつくのだろうか。

五　法隆寺に学ぶ

フエノロサ氏は
実は私の先生である
——岡田信一郎「弟を送つて」

岡田信一郎設計の東京府美術館が、大林組の手で着工したのが、関東大震災のちょうど一年後、大正十三年（一九二四）秋九月のことだが、その秋も深まった十一月、数えで四十二歳の岡田は、ヨーロッパへ建築の勉強に行く弟捷五郎の乗る箱根丸に横浜港から神戸港まで同乗し、同船が神戸に停泊中に弟を連れて、柿も熟れた晩秋の古都奈良を訪れている。兄と弟は、同じ建築の道を歩む者同志であった。兄の信一郎は、母子家庭の長男として、妹や弟たちを育てる父親役をつとめる境遇にあり、しかも自分自身が病弱の身という事情も重なって、洋行の機会には恵まれなかった。昔

大林組による東京府美術館建設工事

は自分も夢見た西洋への旅。兄信一郎は、その夢を弟に託すとともに、洋行の前に自国の優れた建築を弟にしっかりと見せておくことは無駄ではないと考え、捷五郎とともに奈良を訪れたのだった。
「奈良付近の優れた建築は我々の制作に対する強い刺激になり、又何とはなしに心の糧となる」と弟思いの兄は、この旅の紀行文（「弟を送って」『中央公論』大正十四年一月号）の中で書いている。
　雨雲が低くかかった晩秋の法隆寺。兄と弟の一行が、夢殿（聖徳太子の冥福を祈るために建てられた八角堂で秘仏救世《くせ》観音《かんのん》を安置している）のある東院伽藍《がらん》の前にたどりついたとき、すでに日は暮れかかっていた。見学するには時刻が遅すぎるようだった。八角形のお堂である夢殿の扉もすでにかたく閉ざされていた。伽藍の回廊を歩きまわる彼らの姿を見て気の毒に思った寺男が、近づいてきて建物の説明をしてくれた。
「彼れの説明して呉れる総ては私の既に承知した

事ばかりではあつたが、此の陳腐な話も、寺男の京訛りの鄙《ひな》びた語調で談されると、別のまだ聞き知らぬ話のやうに珍しく耳に響いた。彼は先づ聖徳太子について話した。彼の話す太子は私達が歴史で読む太子とは全く別の世界の人である。彼は夢殿の前では、フエノロサ氏が熱心な根気で寺僧を口説き落して数百年間未開帳の秘仏を発《あば》いて、救世観音の優れた推古仏を発見した、あの有名な話もして呉れた」（「弟を送つて」）

夕暮れの法隆寺夢殿でのことをこう記す岡田信一郎は、さらにある人のことをそこで思い浮かべる。

「私は夢殿の開かぬ扉の前に立つてするりとした百済伝来の推古仏を思ひ浮べずに、白皙の立派なフエノロサ氏の面影を想起した。フエノロサ氏は実は私の先生である。私がまだ年少でお茶の水の中学校に通つた時分、其処で先生から英語の会話を教はつた。其後数年前東京美術学校の玄関前に先生を記念する画像石が立つたとき其の設計に参画した。フエノロサ氏の功績は此の秘仏を発見したばかりではない。氏は実に其の外国人からも永く忘れられていた日本の古代美術を発見して呉れた古美術の恩人である」（同）

岡田信一郎が、「日本の古美術の恩人」と呼ぶ明治のお雇い外国人、アーネスト・F・フェノロサ。スペイン系アメリカ人であるこの人物は、近代日本の美術史や文化財保護史の出発点に位置する。一八五三年にボストン近くの港町セーラムで生まれたフェノロサは、ハーヴァード大学で哲学を学んで卒業。明治政府に招かれて東京大学に赴任。そこでの教え子に岡倉天心がいた。フェノロサが岡倉天心を伴い、美術品の調査に法隆寺を訪れたとき、夢殿観音とも呼ばれた救世観音像は、秘仏として夢殿中央の厨子《ずし》の中にながく眠っていた。法隆寺の僧侶たちは、厨子の扉を開ければ仏罰が下り、地震や雷に寺が襲われると恐れたが、結局、何事もないままに、この像に巻きつけられていた布は取り外され、宝冠を戴いた秘仏は、歴史の闇から姿を現したのだった。岡田信一郎が、晩秋の夢殿の前で思い浮かべていたのは、このときのフェノロサの姿である。少年岡田信一郎が、東京高等師範学校附属中学校の生徒であった頃、フェノロサは、高等師範の非常勤講師として、英文学を担当している。薄暮迫る夢殿の前に立ち、中学時代の恩師にして「日本の古美術の恩人」である人物の追憶に耽った岡田信一郎。西洋建築に精通し、東京府美術館や明治生命本社ビルなどの西洋古典主義建築を設計した建築家でありながら、彼は、法隆寺の美術品から強く刺激を受け、自分の創造の糧としていたのだ。

「先を急ぐ私達も、玉虫の厨子と橘夫人念持仏《ねんじぶつ》の厨子とだけは見遁す事は出来ない。建築家として格別に教へらるゝ事が多いのである。而して其形態や手法からも、装具の金物等からも既に屡々《るる》暗示を受け新しい設計に応用した事も少なくない。私には、恩師であり旧知であるのである」（「弟を送つて」）

岡田信一郎が、奈良で弟と建築めぐりをした秋の翌年、大正十四年（一九二五）の春四月。桜吹雪の舞う上野公園内二本杉原では、美術館定礎式が厳かに挙行された。紅白の幔幕《まんまく》に囲まれた式場に座る関係者の中には、九州から上京した佐藤慶太郎の姿があった。定礎式用に作られた特別製の鏝《こて》（香取秀真《かとりほつま》作）には、鳳凰《ほうおう》が羽を広げた姿が装飾に使われていた。すでに述べたが、この頃、「読売新聞」の取材に答えて、岡田信一郎は、美術館の中庭に相当する彫刻陳列室について、「純然た

東京府美術館定礎式　最前列に佐藤慶太郎

る庭園式で噴水石燈籠樹木を配し」と語っている。完成した美術館の彫刻陳列室には、石燈龍など見あたらないが、岡田信一郎の設計には、ある段階では、きわめて日本的なデザインも存在していたのだろうか。ちなみに、法隆寺夢殿の横には石燈籠が立っている。現存する岡田信一郎設計の洋館である旧鳩山一郎邸（鳩山会館、東京都文京区音羽）のステンドグラスには、法隆寺の五重塔を思わせる塔が描かれている。法隆寺に多くを学んでいた岡田信一郎。そうした視点に立ち、あらためて奈良を訪れてみると、東京府美術館には法隆寺の建築デザインの余韻が潜んでいるように思えてくる。五重塔のある西院伽藍《さいいんがらん》、さらに夢殿のある東院伽藍、そして東京府美術館。この三者はすべて、回廊中庭式である。

東京府美術館の東西方向の長さは、約六十一・八メートル（二百四尺）、南北方向は、約七十二・七メートル（二百四十尺）で、その比は、

定礎式用の槌と鏝（香取秀真作）

〇・八五対一。一方、法隆寺東院伽藍の東西方向は、四十メートル、南北方向は、約四十七・八メートルで、その比は、〇・八四対一である。法隆寺東院伽藍の東西南北ともに約一・五倍に拡大すると東京府美術館の平面上の形に近づく。また、西院伽藍の五重塔横の金堂では、釈迦三尊像などの仏像群が建物の中央部にあり、その周囲四方を釈迦浄土図などの壁画群が囲んでいる。東京府美術館では、絵画陳列室が、建物中央部の彫刻陳列室の周囲四方を囲んでいる。岡田信一郎の学んだ東京帝大の教授伊東忠太は、法隆寺の円柱に西洋建築（ギリシア神殿のエンタシス）の余韻を感じ取ったが、それとは逆に、岡田信一郎の西洋式建築である東京府美術館には、法隆寺の余韻が感じられる。

東京府美術館建築模型（中央に彫刻陳列室その周囲に絵画陳列室）

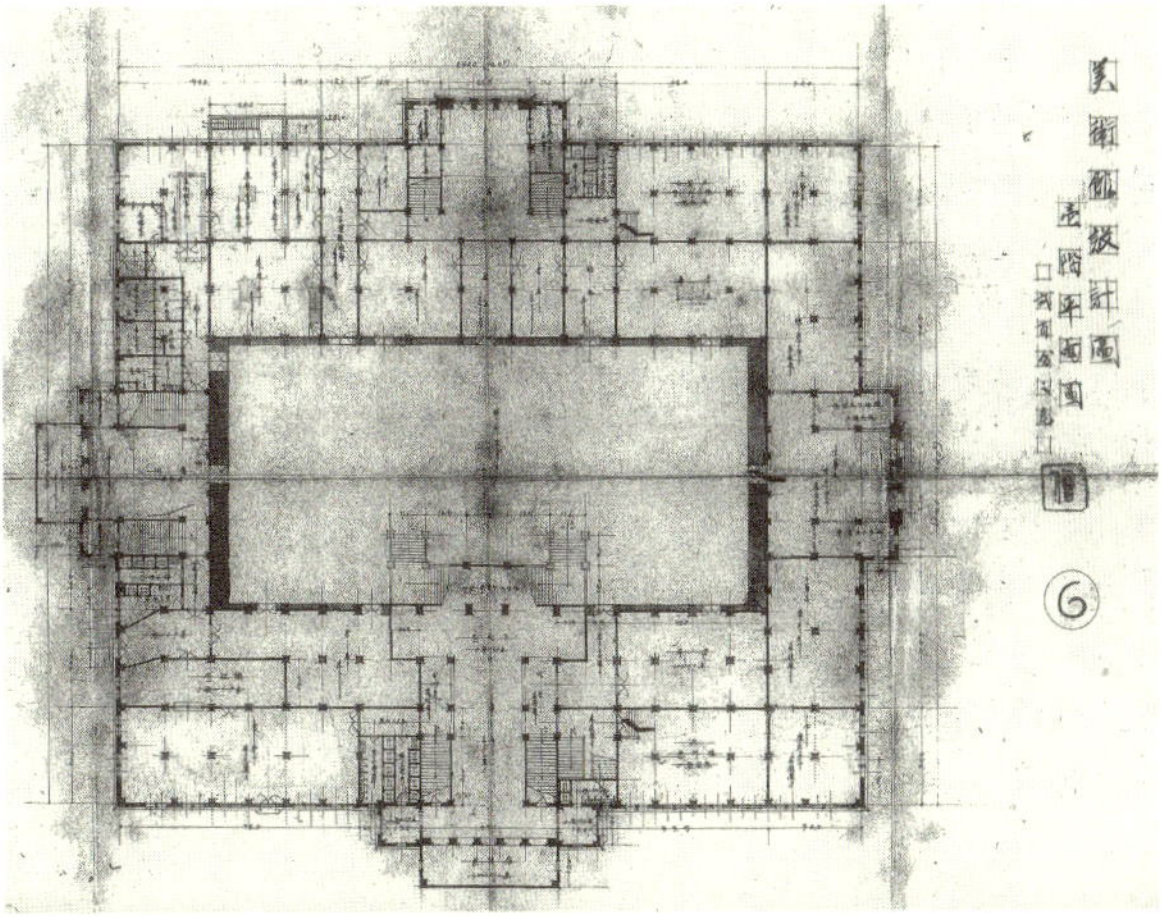

東京府美術館設計図（1階平面図）

六　笑顔の開館式

ローマの大殿堂のように
　高い石階の
前庭には紅白だんだらの
　幕が
　　――「東京朝日新聞」

大正十五年（一九二六）五月一日の上野公園。新装なった東京府美術館にて開館式挙行。建設資金百万円寄付者佐藤慶太郎、数えで五十九歳。思えば、石炭商の慶太郎が、木挽町水明館で美術館寄付を決意してから五年の歳月が流れていた。過ぎてしまえば、束の間のこととはいえ、慶太郎にとっても、石炭業界にとっても、また、帝都東京にとっても、大きな変化を経験した五年であった。慶太郎は、持病の胃腸疾患の悪化により、石炭業の第一線からの引退を余儀なくされて事業の縮小整理に着手。かわりに社会奉仕の道へと踏み出した。石炭業界は、大正九年の戦後恐慌の波に飲み込まれたまま低迷を続け、日本は、石炭の輸出国から輸入国へと転じた。また、帝都東京は、関東大震災（大正十二年）で死者約九万人を数えるという未曾有の大災害を経験した。震災後、木挽町水明館も姿を消した。

そうした中で美術館の開館は、慶太郎にとって、若い頃から抱いていた夢、すなわち、日本のカーネギーたらんという目標に大きく近づく光明であった。

東京府美術館絵画陳列室

「ばあさんや、用意は出来ましたかな」

　出発の準備を早々と終えた慶太郎が、まだ身支度中の妻俊子にきく。

「ばあさんじゃありません。急いては事を何とかと言いますよ。ほらほら、ネクタイが曲がっているじゃありませんか」

　俊子が、笑顔で切り返す。大正十五年（一九二六）四月二十八日、九州若松、佐藤邸でのこと。この日、慶太郎は、美術館の開館式まであと三日。この日、慶太郎は、妻俊子、継母、異父姉二人、計四人の女性を伴って東京へ出発。翌二十九日の夜八時に彼らの乗った列車が東京駅に到着。明けて三十日、開館式の前日、フロックコートにシルクハットという礼装姿で威儀を正した慶太郎は、朝九時に美術館に到着。開館記念展である聖徳太子奉讃美術展覧会総裁、久邇宮邦彦殿下同妃殿下に拝謁を仰せつけられ、お二人のお供をして新築の美術館内部を見て回った。

東京府美術館内見会での佐藤慶太郎
（大正15年４月30日）

五年もの長い間、見続けてきた夢が、今こうして実現したのだと思うと、感謝と感激の念を禁じえない慶太郎であった。

「東京朝日新聞」は、その日の夕刊で早速、この内見会の様子を報じている。見出しには、「立派な美術館を仰いで、にこにこ顔の佐藤氏、奉賛会展の幕開きをまえに、きょう久邇宮の巡視」とある。「一日から奉賛展の幕開きと共に開館される新築の上野美術館を御内見のため、同展総裁久邇宮同妃両殿下には、三十日午前十時半同館に御成りになり、正木美術学校長先導の下に二階の日本画室から洋画室へと御巡覧遊ばされた。横山大観、川合玉堂、藤島武二、朝倉文夫氏等の大家連が御説明申上げる中に渋沢老子爵も後からうれしそうに従っている。広々した上に明るすぎる程の室へは、新しい空気が通風設備電動力のうなりと共に絶えず吹き込んで来てとても心地が良い。両殿下には大作の前に一々足を留められ、説明者と画とを見比べて、御熱心な御観賞振りで、他方洋画をゴタゴタ並べた陳列室や階下彫刻室では、同展関係者が多勢集まって勝手な批評にふけっていて、中には余りの広さに『出口はどちらだ』と迷っているのもある位」。さらに記事は続く。

「二十九日夜、わざわざ福岡県若松市から上京した同館寄付者佐藤慶太郎氏は、この光景を眺めて微笑みつつ、『いやどうも立派に出来上がりましたなあ。今度は田舎から親戚のおばあさん三人を連れて見物に来ましたよ。私は明治四十年来の炭鉱業も去九年末止めて以後こんな道楽（社会事業）をしています。この頃、やっと事業の整理はついたが、こちらの方は却々止みませんわい。なあに自分一代で得た金は、世の中のために差し出さなきゃ。自分一人で費うてはすみませんよ』とけんそんする。その背後には同氏記念胸像が明るく光っていた」。この記事には、美術館内に飾られた朝倉文夫作の胸像の前に胸を張って立つ佐藤慶太郎の大きな写真が添えられている。生前に銅像になった人物は、きわめてまれであろう。

翌五月一日、ついに開館式の朝がやってきた。お花見が終わり、さわやかな風が新緑をわたる上野公園。佐藤慶太郎、俊子夫妻が美術館に到着。式に先立ち、慶太郎は、最上階の便殿《びんでん》（貴賓室）において勲三等瑞宝章を授けられた。午前十時半、いよいよ式の開始である。穏やかな日和に恵まれ、美術館正面の石段前の会場を紅白の幕が華やかに飾っている。来賓として、総理大臣若槻礼次郎《わかつきれいじろう》を始め、入江東宮侍従長、清野復興局長官などが出席し、式の参列者は約千名を数えた。式辞は、平塚廣義東京府知事が読み上げ、さらに岡田良平文部大臣、中村是公《ぜこう》東京市長、中野勇治郎東京府会議長、正木直彦東京美術学校長らの祝辞がそれに続いた。この後、美術家たちが御礼の気持ちをこめて制作した記念品の目録が、平塚知事から佐藤慶太郎に手渡され、すべての参列者が注視する中、今日の式典の主役であり、日本美術界の恩人となった佐藤が、挨拶の言葉を述べて式次第のすべてが無事に済んだ。式の後は、精養軒で祝宴が開かれた。列席者から御礼とお祝いの言葉を次々

東京府美術館便殿（貴賓室）

に送られた慶太郎と俊子は、感激に浸り、捧げる者のみが知る喜びを味わった。祝宴が終わり、慶太郎一行は、府庁差し回しの自動車で宿に戻った。

翌五月二日。慶太郎と俊子の二人は、三越へでかけ、さらに、その後、観世流の能を見物した。東京のモダンな百貨店での買物、能の鑑賞。忙しい日程の中で慶太郎が俊子に用意した思いやりの一日であった。翌三日、東京滞在の最終日。平塚知事に連れられて、慶太郎は、東宮御所、久邇宮御殿、宮内省、文部省、総理大臣官邸などへ御礼にまわり、その後、監査役をつとめる三菱鉱業の重役会へ出席するなど分刻みの日程をこなした。夜には、歌舞伎座で先に自分を待っている継母、異父姉二人、俊子の四人と合流し、観劇の楽しい時間を過ごした。

歌舞伎座の五月興行は午後四時開演で、「楠木正成」、「玉菊」ほかの舞台であった。ちなみに、この日は、来日中のフランスの劇作家シャルル・

ヴィルドラックが観劇にきており、正成役の二代目市川左團次と幕間に交歓したという。ヴィルドラックは、美術批評家でもあり、自分のコレクションの中からフランス近代絵画の名品を携えての来日であり、この歌舞伎見物は、東京でその展覧会を開催している最中のことだった。小説家永井荷風も「楠木正成」初日である二日に歌舞伎座を訪れている。

こうして、若松から始まった佐藤慶太郎一行の東京滞在は、すべての行事を予定通りに終え、四日の夜に東京駅を出発。途中、京都大阪見物をした後、八日に九州に帰着した。十日を越える長旅であったが、女性四人にとっては、生まれて初めての夢のような旅であり、疲れなど感じなかった。慶太郎も四人が喜んでくれたことが、何よりも嬉しかった。美術館開館の夢の実現を五年待った末の、公私ともに充実した生涯最高の旅であった。

七　二人の美術館

上村松園氏の「娘」の
ごとき、昔ながらの
美しい姿が懐しまれる
——「東京朝日新聞」

「本当にいい旅でしたね」

東京への旅から若松へ戻り、妻の俊子が、ほっとしたように夫に微笑みかける。どちらかというと、あまり出歩くのが好きではない俊子だが、今回ばかりは、違っていた。夫慶太郎の寄付で新緑の上野公園に誕生した日本一の美術館をこの目で見ることができたのだ。しかも季節の良い五月始めの東京を歩き、歌舞伎見物もできたし、三越での買物もできた。見るもの聞くものすべてが、まるで別世界の出来事のようで楽しい旅だった。今では、東京に銅像まで出来た夫、慶太郎。むかし、

「一つ、僕は」と慶太郎が、新婚の夜にいきなり宣言したことを俊子は思い出していた。

「一つ、楽をしようとは思わないこと。二つ、住居に望みは言わないこと。三つ、給料を目当てに働かないこと。この信念に従って僕は商売に励む。お前さえ僕を信じてくれるなら、必ず大成して見せる」

場所は、洞海湾若松港、山本周太郎商店の二階の八畳間。俊子も慶太郎に負けず、こうきっぱりと答えたのだった。

「わかりました。わたしもその信念に従います」。あれから三十年以上の月日が過ぎたのだ。還暦も近い夫、慶太郎。今では、勲章をもらい、東京の新聞に写真が大きく掲載されるまでになった。世間では、立志伝中の人とたたえられるまでになった。だが、俊子の心の中の慶太郎は、今も、あのときの青年のままだったし、これからも、自分の手の届く人でいて欲しかった。

慶太郎は、この何年間か、仕事で家を留守にしがちであった。ゆっくりと妻の俊子と話す時間すらないのが彼には心苦しかったが、今回の旅のおかげで、久しぶりに夫婦一緒の時間を持つことができた。東京へ旅し、落成したばかりの美術館の中を歩いた二人。開館記念の第一回聖徳太子奉讃

美術展覧会の陳列作品を肩を寄せて鑑賞した二人。老年と呼ぶべき年齢にはなったが、美術館開館のおかげで、これから長く続けられる夫婦共通の話題ができた。若松に帰ってきてからというもの、東京の美術館が、どうなっているのかが、二人とも気になった。入場者は、どれぐらいだろうか、展覧会は、無事に終えるだろうかと。

長旅を終えた慶太郎と俊子の二人が、若松で美術館のことを思い出している頃、東京では、展覧会主催者の苦戦が続いていた。この当時から、美術の季節というのは秋ということになっていたので、五月から六月にかけての展覧会というのは、季節外れという感を免れ得なかった。新しい美の殿堂が帝都に誕生したという記事は、新聞の紙面を大きく飾ったが、新美術館がどこにできたのかを広く伝えるのは、容易なことではない。上野公園にできたらしいということは分かっても、美術館が広い上野の山のどこにあるのかが知れ渡るには、時間がかかる。専門家筋の展覧会批評も、必ずしも好意的なものばかりではない。おまけに、人出の期待がかかる土日に雨降りの日が多かった。

開催季節や新美術館の知名度などの点で、展覧会をめぐる条件は、決して主催者側に有利とは言えなかった。だが、展覧会を成功させるべく、関係者の努力は続いた。展覧会主催者である聖徳太子奉讃会が作った案内ちらしは、「日本最初の美術館に於ける最初の展覧会」と書き、東京人の初もの好きの心に訴えた。展覧会に関する講演会も開かれ、陳列作品の日本画、西洋画、彫刻、工芸それぞれの見所について、坂崎坦《しずか》、津田信夫《しのぶ》らの専門家が説明した。これまで、帝展は官設展、院展や二科展は在野展というように分裂状態にあった美術界が大同団結して、一つの展覧会に結集するという機会は、これまでになかった快挙であり、日本美術界空前の綜合大展覧会という謳い文句に誇張はなかった。「以和為貴」という聖徳太子の理想にかなう展覧会が、ここに実現したのだった。

大正十五年（一九二六）五月一日に始まり、六月十日に無事終了した展覧会には、最終的には、六万四千百十六人の入場者があった。また、約千点の陳列作品のうち、宮内省御買上四点、展覧会総裁久邇宮邦彦家御買上九点などのほか、約百点の売約が成立した。こうした点で、東京府美術館開館記念展は、最後には成功したと言える結果となった。

仮想の入場者、すなわち、最後の入場者の次の六万四千百十七人目の入場者となって、この開館記念展会場を訪れてみよう。美術館正面の石段を登り終え、入場券売場で券を買う。入場料は、一人五十銭、団体割引で三十銭である。日本画から見たいと思えば、左側の陳列室から入場する。油絵など西洋画から見たい場合は、右側の陳列室から入る。ここでは、左の日本画室から入る。

第一室の最初に飾られているのは、中沢霊泉《早春の頃》。梅の花咲く早春の農村風景である。典型的な「日本のふるさと」というべきのどかな情景が、描かれている。新作発表の場であるこの開館記念展は、五月開催の展覧会という事情も手伝ってか、日本画部門では、展覧会の少し前の季節である早春の風景を描いたものが多い。おなじく第一室の菊地華秋《さみだれ頃》は、雨を見ながら物思いに耽る少女の姿をしっとりと描く美人画である。大正ロマンの残り香か。第二室には、平安の風俗絵巻のような伊藤小坡《しょうは》《やすらいはな》、第三室には、長野草風《高秋霽月《こうしゅうせいげつ》》がある。この絵には、澄み切った夜空に浮かぶ満月と雲と星が描かれている。宇宙の静けさと深さをこれほど見事に描き切った作品も珍しい。第六室には、京都画壇の巨匠である竹内栖鳳《せいほう》の《蹴合《けあい》》がある。

二羽の軍鶏が戦う様を軽快な筆さばきで描いている。第七室には、横山大観《湖上の雨》が陳列されている。岡倉天心なきあと、再興院展の指導者として、深い自然観照を通じて日本美術の精神性を追求してきた大観ならではの技の冴えを見せた水墨画である。第九室には、川合玉堂《春》がある。山の坂道を牛と人がゆっくりと歩いている。茅葺《かやぶ》き屋根の農家を遠くに置いた穏やかな山村の風景である。第十三室には、上村松園《うえむらしょうえん》の美人画《娘》が飾られていて、この部屋の雰囲気を華やいだものにしている。こうして日本画の陳列は、第二十室まで続く。陳列総数は、二四八点である。

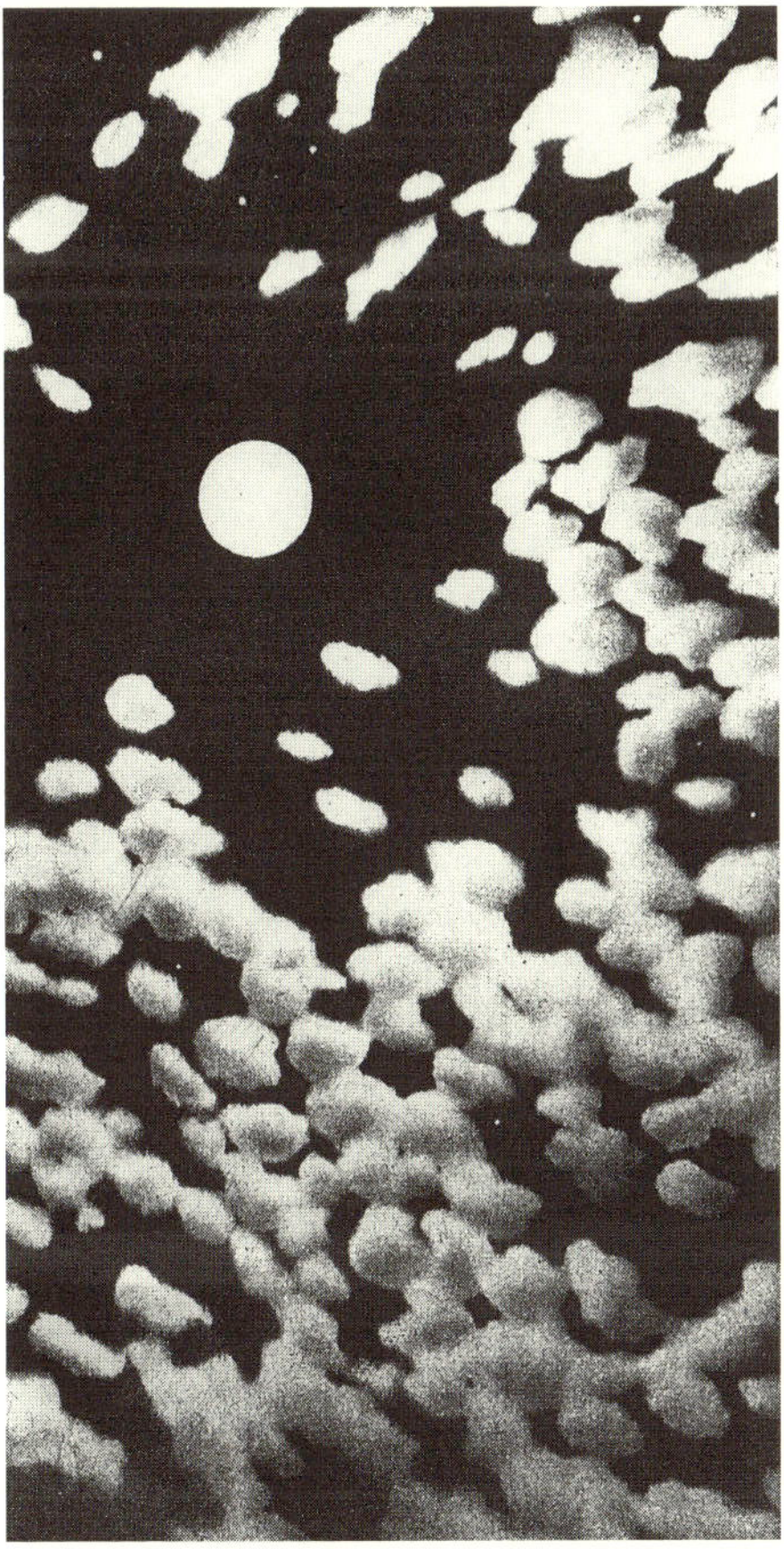

長野草風《高秋霽月》

全体を見渡せば、穏やかな日本の自然と優雅な歴史風俗を題材にした花鳥風月の絵が多い。聖徳太子ゆかりの法隆寺を描いた山元《やまもと》春汀《しゅんてい》の絵もある。ここにある日本画には、時代の現実や矛盾を写す社会性は希薄かもしれない。だが、この国の文化を貫く鋭敏な感受性の表現がそこにはあり、自然と歴史遺産への敬意が満ちている。

八　巴里から来た男

新鮮な、未来ある芸術は
東洋からでなければ
生まれますまい
——デルスニス

生まれたばかりの東京府美術館に純白の花を一輪捧げたフランス人がいる。その男の名はエルマン・デルスニス（一八八二―一九四一）。展覧会企画者であり、画商でもあった彼は、大正から昭和にかけ、十年にわたる日仏文化交流に情熱を燃やして名声を築き、やがて、採算を度外視した理想主義ゆえに財産も家庭も失い、時代の波に消えていった国際人である。彼が捧げた一輪の花とは、フランス人彫刻家ジョゼフ・ベルナールの制作した《ダンス（舞踏）》という純白の石膏レリーフ（浮彫）である。縦が約二メートル、横が約四メートル、奥行が約十センチの大作であり、肩を並べて立つ等身大の女性群像を一枚の絵のように表現している。デルスニスは、この浮彫を他の絵や彫刻とともに日本に運び、展覧会を開催した後、フランスには戻さずにおき、日本人黒田鵬心《くろだほうしん》との共同経営による日仏芸術社の名で、新設の東京府美術館に寄贈したのである。

彼は、佐藤慶太郎の百万円寄付による美術館建設準備が進んでいる頃に日本を訪れ、美の殿堂の誕生を心待ちにしていたのだった。大正十五年（一九二六）五月、美術館開館。その翌年、昭和二年の春、この浮彫は、建物設計者岡田信一郎と黒田鵬心との相談の上、正面玄関ホールの右側の壁に据えつけられた。《ダンス（舞踏）》という題名のとおり、この石膏レリーフの中央部分には、キトン（肌に直接まとう古代の衣裳）の裾を翻して流麗に踊る一組の男女の姿が刻まれている。二人の踊りは、永遠の青春を象徴するかのように回転し、終わりがない。この浮彫を見る者は、美と愛への情熱をかき立てられる。古代ギリシアでは、こうした浮彫が大理石の神殿を飾っていた。このベルナール作の《ダンス（舞踏）》こそ、現代の美の神殿である美術館を飾るにふさわしい作品であった。

エルマン・デルスニス

第一次世界大戦後、すなわち、大正の後半から昭和初期にかけて、明治以来の日本のフランス美術熱は、一気に燃え上がった。芸術の都、巴里《パリ》から、憧れの絵画や彫刻の実物が、日本に大量に送られてくるようになったからである。こうした泰西《たいせい》美術ブームの時代に東京府美術館は誕生したのだった。日本では、大正の前半までは、武者小路実篤らによる雑誌『白樺』など

右奥ジョゼフ・ベルナール《ダンス（舞踏）》
（大正14年第4回仏蘭西現代美術展）

ジョゼフ・ベルナール《ダンス（舞踏）》（中央部分）
（東京都美術館講堂横）

に掲載された写真を通じてしか、ゴッホなど印象派の絵画やロダンの彫刻を見ることができなかった。今のように気軽に海外旅行のできる時代ではないし、一年間に日本人の一番多く訪れる美術館（常設展示）が、遠いフランスのルーブル美術館だという現代の状況など全く想像できない頃のことである。そこには、遠い美の世界を針の穴から覗くようなもどかしさがつきまとっていたが、もどかしければ、もどかしい程、日本人がフランス文化へ寄せる恋心は、大きく膨らんだ。

当時のフランス語入門書にある「この町は都の女王である。なぜかといふと、世界中を吸ひつけるやうな不思議な魅力と、心を蕩かすほどの誘惑のある町は、外にないからである」（田島清『片言まじりの仏蘭西《フランス》行き』昭和四年）という文章、あるいは、「上等の巴里」という言い方。こうした巴里賛歌は枚挙にいとまがない。まだ見ぬ片思いの恋人、芸術の都、巴里。その憧れの街から本場の絵や彫刻や工芸品が、日本にやって来るというのだ。泰西美術ブームに火がついたのもうなずける。

大正から昭和にかけて、日本にフランスなど泰西美術の実際の作品を大規模に輸入し、紹介する三大ルートがあった。第一のルートは、松方幸次郎コレクションである。千点を超えると言われるそのコレクションは、川崎造船社長であった松方幸次郎が、第一次世界大戦からその後にかけて、欧州で収集したクールベやルノワールの絵やロダンの彫刻などのフランス美術がその中心を成していた。その最初の展覧会は、大正十一年（一九二二）の大阪毎日新聞社主催松方幸次郎氏所蔵泰西名画展覧会でのことである。この松方コレクションは、第二次世界大戦後、国立西洋美術館に収められた。

第二のルートは、倉敷紡績所の経営者であった大原孫三郎のコレクションであり、大原の資金で

大正11年第1回仏蘭西現代美術展（推定）
右端がエルマン・デルスニス

洋画家児島虎次郎が欧州で収集したモネやマチスの絵画などである。その最初の公開が、松方コレクションより一年早い大正十年（一九二一）三月の現代フランス名画家作品展覧会であり、開催地である倉敷の町は、この名画を見ようと殺到する群集で黒く埋まったという。この頃、東京では佐藤慶太郎が、美術館建設費百万円寄付を府知事に申し出ている。大原コレクションを展示するため、日本最初の西洋近代美術館である大原美術館が開館するのが昭和五年（一九三〇）のことである。

最後の第三のルートが、デルスニスによる一連のフランス展である。その初回は、松方コレクションの日本初公開と同じ大正十一年（一九二二）の第一回仏蘭西現代美術展覧会であり、以後、このフランス展シリーズは、昭和六年（一九三一）までの十年間に度々開かれ、陳列された作品は、美術愛好家の心を奪い、収集家たちは、こぞって、フランスの香りのする絵や彫刻、さらに陶磁器やガラス工芸を買い求めた。北は札幌から南は別府まで、さらに奉天（現瀋陽）の満鉄社員倶楽部や大連の満州日報社でもフランス展が開催された。東京府美術館もこのフランス展に二度ほど会場提供している。

「ムッシュー・デルスニス。日本料理がお好きですね」

これからフランス展の仕事をデルスニスと一緒にすることになった三越勤務の黒田鵬心が、食事をしながら、こう話しかけた。黒田とデルスニスが初めて出会ったのは、大正十一年（一九二二）東京でのこと。第一回仏蘭西現代美術展覧会の日本側事務局の仕事を黒田が担当することになったときのことである。デルスニス四十歳、黒田三十七歳と二人とも働き盛りの年齢であった。黒田は、東大で美学美術史を学び、読売新聞社に美術記者として勤務した後に三越で働くようになり、フランス展の仕事でデルスニスと知り合い、やがて、二人で日仏芸術社を共同経営することになる。

巴里滞在中の黒田鵬心（右　昭和４年）

「ウイ、ムッシュー・クロダ。刺身

も寿司も好きです。日本にはこんなにうまいものがあるのに、どうしてサンドウィッチなど食べるのか、不思議ですね」とデルスニスが笑って黒田に答えた。フランス美術展の運営と作品販売を行い、さらに雑誌『日仏芸術』の発行を行う日仏芸術社は、日本橋三越の向かいにある三共ビルの中にあった。三共株式会社の社長塩原又策は、高峰譲吉と提携して胃腸薬タカヂアスターゼの輸入販売を始めた実業家であり、同時に西洋美術のコレクターとして日仏芸術社のパトロンでもあった。

デルスニスが日本で展観したフランス現代美術は、数千点に達し、その三分の一は、日本に残されたと黒田鵬心は、後に回想しているが、その殆どが多数の個人コレクションへと散らばって行き、松方コレクションや大原コレクションのようにまとまった形では残っていない。その幻の作品群の中の一点が、ベルナールの石膏レリーフ《ダンス（舞踏）》である。デルスニスは、東京府美術館の開館を祝って、この純白の花を寄贈したのだった。

九　金色のジャンヌ・ダルク像

十六の乙女にしては
超自然なことではないか
鎧が苦にならず
――クリスチーヌ・ド・ピザン

「馬の腹のスリング、滑らないか確かめろよ」

大型クレーンの横で現場監督が鋭く叫ぶ。昭和二年（一九二七）、冬。寒風吹きすさぶ二月の上野公園でのこと。昨年五月、佐藤慶太郎の寄付で開館したばかりの東京府美術館北側入口の庭で、第六回仏蘭西現代美術展出品作である巨大な騎馬像の設置作業が始まった。

この騎馬像は、今回の展覧会の目玉作品の一つなのだ。スリングとは吊りベルトのこと。クレーンから垂らした数本のスリングを騎馬像にかけて持ち上げ、用意しておいた台座の上にその像を据えつけようというのだ。

東京府美術館前のフレミエ《ジャンヌ・ダルク騎馬像》

「チェック・ザ・シャクル」
今度は、英語で指示が飛ぶ。声を出したのは、フランス人デルスニス。彼は、仏蘭西現代美術展を主催する日仏芸術社のフランス側代表者である。日本側代表者は、黒田鵬心。デルスニスのそばにいて、彼の言葉を通訳しながら作業の指揮をとっている。だが、このときは、黒田が通訳するより早く、勘の良いベテラン作業員が、ボーッとしている若い作業員に指示を出した。

「そこだ、その金具だ。それで大丈夫か」

英語は不得手でも、外国人の言わんとすることがすぐ分かるという不思議な能力の持ち主が、こうした現場には必ずいる。シャクルとは、スリングに付ける留め金具のこと。しっかり留まっているかどうか、デルスニスは気になって声を出したのだ。話がすぐに通じたので、笑顔のデルスニスが、ＯＫの意味で親指を立てて片目をつむると、作業員たちがどっと笑った。

「よく分かりましたね」という黒田の言葉に、そのベテラン作業員が事も無げに言う。

「いやね、外人さんは、目が大きいでしょう、どこを見て、何を気にしているのか、すぐ分かるんですよ。それに、この金具の名前、日本ではシャコって言うんですよ」

こうして、午前中から始まった騎馬像の設置作業は、夕方までかかって無事に終えた。まるで高い山の頂上に立ったときのような満足感に作業チームの全員が浸り、フランスや日本といった国籍の違いを超えた連帯感に誰もが包まれていた。船で一ヶ月以上もかかって、他の出品作品とともにフランスから日本に届き、横浜港で通関手続きを経たのち、トラクターで上野公園まで陸上輸送された巨大な騎馬像。上野で梱包を解かれたとき、誰もが息を飲んだ。金色の巨大な騎馬像。朝の光を受けたその像は、白く眩しく輝き、空の色を映して青くさえ見えた。しかも馬上で堂々と胸を張り、射るような目で敵を見据えて旗を振りかざしているのは、甲冑姿の女性なのだ。大きな瞳とふくよかな頬は、この者が純真な乙女であることを示していた。

「これは、フレミエというフランスの彫刻家の作品で、ジャンヌ・ダルクの像です」

デルスニスが説明をし、それを黒田鵬心が日本語になおし、まわりの人に伝える。フレミエは、動物像を得意とし、騎馬像もいくつか手がけた彫刻家である。この《ジャンヌ・ダルク騎馬像》（一八七五年）は彼の代表作である。白馬にまたがる武者姿も勇ましく、祖国フランスの危機を救うべく、彗星のように現れて活躍し、最後は火刑に処せられた救国の少女ジャンヌ・ダルク。彼女は、百年戦争で祖国の苦戦が続く中、大天使ミカエルの御告げを聞き、フランスを占領しているイギリス軍掃討の先頭に立ったのだった。一四二九年、ジャンヌの率いるフランス軍は、オルレアンを解放し、その後、パリでイギリス軍と戦うが、ここで彼女は矢を受けて負傷してしまう。

「デルさん、不忍池《しのばずのいけ》あたりへ降りて行って、蒲焼きでも食べましょうか」

ジャンヌ・ダルク像の設置を無事に終え、ほっとした黒田鵬心が、デルスニスに声をかける。鰻をはじめ、日本料理が好きなデルスニスは、あちこち食べ歩きをしていて、「築地の錦水」が良いとか、「大阪のつるや」を誉めるなど、店の感想を黒田によく話していた。

鮎の季節に日本橋の浪華家という店に二人で行ったとき、鮎の腹が抜いてあるのを不審に思った黒田が、なぜかと店の者にきくと、外人だからわざわざ抜いたという。そこで、黒田は、「此の外人は日本料理通だから鮎の腹をぬいたのは一流の料理店ではないと云つている」と教えたのだった（黒田鵬心『巴里の思出』一九五六年）。

デルスニスは、料理に限らず仕事でも「一流」のものを求めていた。デルスニスと黒田が共同経営していた日仏芸術社主催の仏蘭西現代美術展は、単に泰西名画や彫刻、工芸を見せるためだけの展覧会ではなく、陳列作品を日本で売り、その利潤で次の展覧会を開くという形式のものであった。

利潤を上げるためには、経費を抑える必要がある。ところが、デルスニスには、これができない。この男は、熱意のかたまりなのだ。「採算を度外視して、只管《ひたすら》立派な展覧会を開くことに努力した」という黒田の言葉が、すべてを物語っている。

フランスでは、ナポレオンと並ぶ歴史的英雄として国民的人気の高いジャンヌ・ダルクだが、その金色の騎馬像が、日本で売約を得るとは考えにくい。西郷さんの銅像が、パリで買い入れられ、愛犬とともにシャンゼリゼに立つ姿が想像しにくいのと同じである。そのようなことなど百も承知で、デルスニスは、ひたすら立派な展覧会を開くという目的のために、この巨大な騎馬像をフランスから船に乗せ、横浜からトラクターで運び、クレーンで上野の山に据え付けることをあえてしたのだった。デルスニスにとって、展覧会とは、一つの芸術作品ではなかったか。それを「一流」のものに仕上げるためには、採算など二の次だった。理想への執念が、やがて自分を

パリ、ピラミッド広場でのフレミエ
《ジャンヌ・ダルク騎馬像》

破産に追い込み、妻からも見放されることになるのだが。なぜ、ここまで日本での展覧会にデルスニスは、こだわるのか。それを異邦人のロマンだとするならば、そのロマンは、どこから来たのだろうか。

金色のジャンヌ・ダルク像が陳列され、お花見どきの上野公園を飾った昭和二年（一九二七）の第六回仏蘭西現代美術展には、絵画六百三十五点、彫刻四十七点のほか、工芸品数百点という膨大な数のフランス美術の作品が、新築の東京府美術館に並んだ。その中には、ロダンの《考える人》（最大型）も含まれていた。このとき陳列されたロダンの《考える人》は、展覧会終了後、日本に残った。一方、ジャンヌ・ダルク像は、日本に一年間滞在した後、再び船でフランスに送り返された。上野でお花見をしたジャンヌ・ダルクの像は、いま、パリで見ることができる。ルーヴル美術館の近く、ジャンヌがイギリス軍の矢で負傷した場所として知られるアンドレ・マルロー広場がある。そこからわずかに離れたピラミッド広場で、フレミエ作《ジャンヌ・ダルク騎馬像》が、今も金色の光を放っている。

十　石炭の神様とロダン

われは永久なる悩みへの
　入口なり
——ダンテ『神曲—地獄篇』

「もし、そこの深刻な顔のお方。何を考え込んでおられるのですかな」

「いや、私は、フランスの彫刻家ロダンのつくった《考える人》。もともと、詩人ダンテが『神曲《しんきょく》』に書いた〈地獄の門〉の門番なのです」

そんな会話が聞こえてきそうな一枚の写真がある。撮影の場所は、上野公園、東京府美術館彫刻陳列室。昭和二年（一九二七）春、第六回仏蘭西現代美術展会場でのこと。写真の右奥には、この美術館の寄付者であり、石炭の神様と呼ばれた佐藤慶太郎の銅像が写っている。その手前には、右手にあごを乗せたポーズで有名なロダンの彫刻《考える人》が写っており、佐藤慶太郎の像が、《考える人》に話しかけているかのように見える。写真の中央には、フランス人画商デルスニスが、やや緊張した面持ちで立っている。その左には、ソフト帽をかぶった二人の殿下、高松宮《たかまつのみや》と秩父宮《ちちぶのみや》が、穏やかな表情で《考える人》を見上げている。

二人の皇族の案内役をつとめるデルスニスの顔からは、緊張とともに自負の念が読み取れる。この展覧会の目玉作品の一つが、美術館の北側入口の庭に陳列された金色の《ジャンヌ・ダルク騎馬像》（フレミエ作）であり、それと並ぶ重要な作品が、館内に陳列された《考える人》（最大型）であった。両者ともに、日本初公開の彫刻であり、デルスニスの尽力によって、名作がはるばる海を越え、パリから上野にやってきたのだ。デルスニスは、当時の日本でのロダン人気に驚き、美術愛好家の期待に応えるべく、《考える人》の陳列実現に努力したのだった。当時、フランスでは、ロダン美術館も生まれていた。一方、はるか極東の日本では、デルスニスが驚くほどのブームにもかかわらず、実際にロダンの彫刻を見る機会は殆どなかった。ロダンの代表作である《考える人》

東京府美術館でのロダン《考える人》
（昭和２年第６回仏蘭西現代美術展）

の最大型ブロンズ像を日本で公開しえたことにデルスニスが自負の念を抱くのも無理からぬことであった。

ヨーロッパでのあの地獄の日々から十年。平和な東京で美術展を開き、二人の皇族にロダンの説明をするデルスニスの胸には、深い感慨の念も湧き起こっていた。もし彼が座っていれば、右手にあごを乗せ、じっと考えていたかもしれない。十年前、第一次世界大戦（一九一四―一八年、大正三―七年、日本で欧州大戦と呼ばれた戦争）のさなか、デルスニスは、フランス軍兵士として最前線にいた。この戦争には戦車や飛行機、潜水艦、毒ガスなどの近代兵器が使われ、将兵約一千万人、市民約五百万人もの死者を数えたという。

その中でも西部戦線の激戦地として知られるヴェルダン要塞において、デルスニスはドイツ軍と戦い、砲弾に倒れて負傷し、捕虜になったのだった。音楽や絵画の好きな医者を父に持つデルスニスは、若い頃には彫刻家を志望して美術学校に学んだが、生活のこともあって農業大学に入り直し、卒業後、第一次大戦に従

遠來の美術品
けふから荷解き
マチスやピカソの逸品

巴里からデルスニツ氏が持つて來た佛蘭西現代の繪畫彫刻展覧會は四月三日から花に賑ふ上野竹の臺に四月中開されるが作品は成るべく新らしいものをとの方針から彼地の春といはず秋といはずサロンの名家を網羅されて居り、繪畫は總計五百五十點、彫刻は百五十點、この外工藝美術品も數百點ある、陳列中の呼物中には有名なマチスに面白い人物畫が三點、若き人達の憧れの的となつて居るピカソの作品も二點又ロダンの『地獄の門』の一つもある、十四日朝來美術學校工藝部教室でこれ等の荷解きが始まり、正木校長も見物に來る、多數人夫等は嚴しさうに箱から取出して居た

第2回仏蘭西現代美術展で開梱作業をするデルスニス（大正12年）

軍。ドイツでの捕虜生活から母国へ帰還後、フランスと中国が共同で設立した銀行のウラジオストク支店長として極東に赴任。その頃、日本に初めて旅したデルスニスは、その山河の美しさと人情の細やかさに感激し、さらに、日本においてフランス文化の影響が大きいのを見て、日仏文化交流を自分の仕事に選んだのだった。あれほど悲惨な戦争を起こした西洋からではなく、平和な東洋から新しい芸術が生まれることを確信して、デルスニスは、フランス美術の紹介者たらんと決意し、実行した。

「展覧会を日本で開催するまで」という文章において、彼は、自分が日本に抱いた夢の始まりをこう綴っている。「大戦後、私は銀行に関係するようになつたのです。（中略）支那（現中国）に滞在して居ります時御国にも一度参りまして、京都と奈良のあの日本の美術に驚きの目をみはりました。幸か不幸か其の銀行は破産の浮き目を見る事になり、私も亜細亜《あじあ》の天地に留まるの必要がなくなり、亦巴里を指して帰つて行きました。巴里に帰つてつらつら考へて見ますと、欧州の人間は衰弱に衰弱を重ねている。文明も行きづまつています。新鮮な、未来ある芸術は東洋からでなければ生まれますまい。唯是れには一つの条件が必要です。光輝ある東洋の過去の芸術を、将来再生せしめ、復活せしめるには、現在及び過去に於ける欧州芸術の一流の者を東洋に注入することです。注射するのです。左様すれば東洋の芸術は光輝に満ちた未来を持つて、世界を風靡する様になるでしょう。殊に日本の将来は祝福す可きものだと思ひます。前途洋々たるものだと思ひます。進み方、進路を誤らなかつたならば天下無敵だと思ふ。そこで日本で展覧会をやらうと云ふ考を持ちはじめたのでした」（『中央美術』大正十二年五月号）。

デルスニスにとって、ロダンの「考える人」をはじめとする当代一流のフランス美術は、自分の愛する東洋の芸術を再生させるための栄養注射であった。

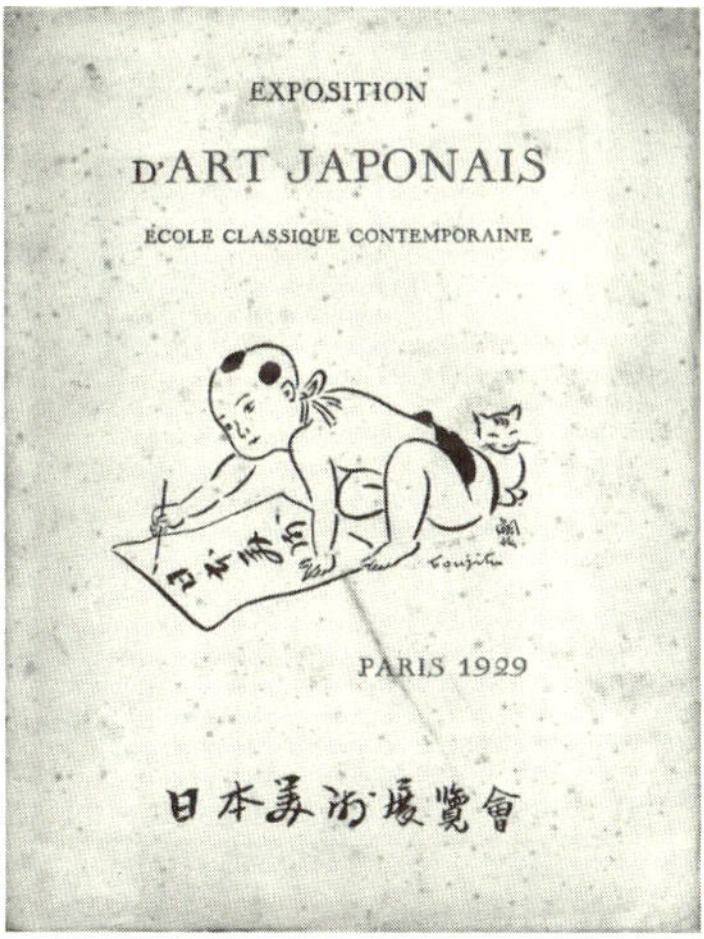

巴里日本現代美術展図録、
表紙絵は藤田嗣治作（昭和４年）

巴里日本現代美術展会場前の黒田鵬心（左）

20. YOKOYAMA, Taikan. — LA VIE.

巴里日本現代美術展図録に掲載された横山大観《生々流転》
（東京国立近代美術館所蔵）

日本へのフランス美術紹介事業は、逆にフランスへの日本美術紹介事業へと発展した。昭和四年（一九二九）、パリにおいて巴里日本美術展開催（会場＝国立リュクサンブール美術館別館ジュー・ド・ポーム。ポスター図案＝藤田《ふじた》嗣治《つぐはる》）。会場には、明治大正の名作（菱田春草《ひしだしゅんそう》《黒き猫》、横山大観《生々流《せいせいる》転《てん》》など二十点）を導入部に現代日本画、工芸を合わせて、約四百点が並び、このうち百点を超える作品が、現地で売約を得た。この企画の仕掛人は、ロベール・ド・ビイ駐日フランス大使。ちなみにその前任の大使は、詩人のポール・クローデル。ロダンの女弟子カミーユ・クローデルの弟である。請負人は、東京美術学校長正木直彦。仕事人の中心は、デルスニスと黒田鵬心の二人であった。

デルスニスの事業は、次第に勢いを失ってゆく。昭和六年の十周年記念フランス美術展

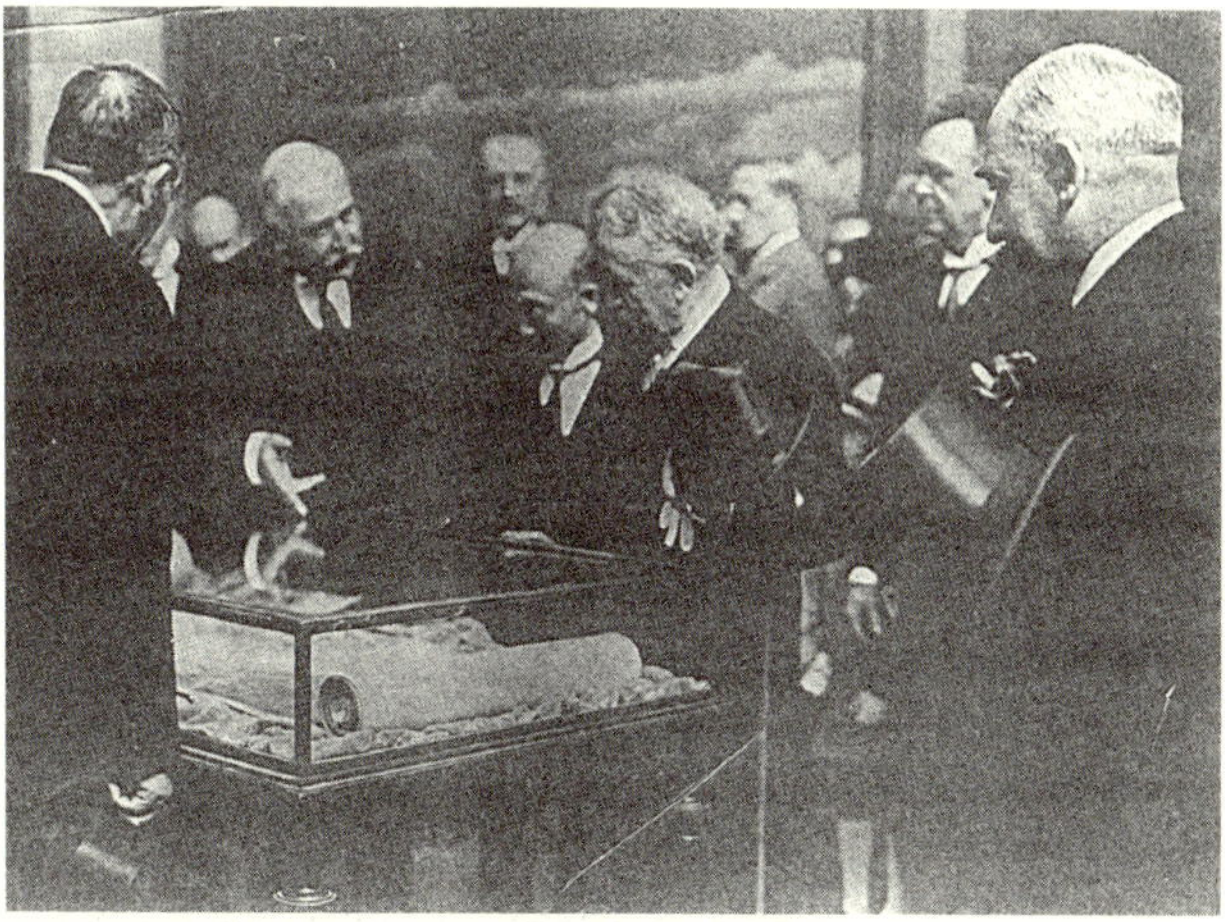

横山大観《生々流転》を説明するド・ビイ駐日仏国大使（推定）。右から２番目デルスニス（巴里日本現代美術展）

中央和服姿デルスニス夫人、その右横デルスニス、一人おいて藤田嗣治

ジョゼフ・ベルナール《ダンス（舞踏）》と朝倉文夫《佐藤慶太郎像》（東京都美術館講堂横）

を最後に日仏芸術社は幕を閉じる。自分の夢のために、彼は、採算を度外視した展覧会運営を行い、日仏芸術社をついに破産させてしまったのだ。デルスニスが抱いた日本への見果てぬ夢は、西洋への絶望と裏腹のものだったが、彼が帰って行く先は、やはり、祖国フランスであった。第二次世界大戦も近いパリでデルスニスに再会した画家有島生馬の回想によれば、彼は、ぼろぼろの身なりをしていたが、革命か戦争か、そのどちらかしかわがフランスを救う道はない、戦争が勃発したら自分は真っ先に前線に出て行くと高らかに笑ったという（「フランス展」『美術手帖』昭和二十六年一月号）。《考える人》のように地獄を見たのち、ジャンヌ・ダルクのように使命に燃えた男、デルスニス。今、彼が日本に運んできた《考える人》の像は、京都国立博物館の前庭にあり、彼が東京府美術館に寄贈したベルナール作《舞踏》のレリーフは、上野の東京都美術館玄関ホールに展示されている。

デルスニスの仏蘭西現代美術展など、東京府美術館を舞台とする展覧会を昭和の半世紀にわたって見守ってきた佐藤慶太郎翁銅像は、平成十三年（二〇〇一）の春、二十数年ぶりに都美術館玄関ホールで再び飾られるようになった。

第七章　真の青春　新興生活の道

一口の食は
少くも
咀嚼三十回すべし
——グラッドストーン

一　二木謙三博士との出会い

「医者の身体を見せてくれという患者は、あなたが、初めてですよ、ハッハ」

二木《ふたき》謙三医学博士は、患者である佐藤慶太郎に向かって、苦笑しながら答えた。そのユーモラスな答えに、佐藤慶太郎は、めっきり薄くなった頭を照れくさそうにかいた。大正十四年（一九二五）の冬。東京は白金にある内務省所管の伝染病研究所でのこと。胃下垂など持病の胃腸病が悪化した慶太郎は、友人の紹介で二木博士のもとを訪れたのだった。

この頃、慶太郎は、病気のせいで炭鉱経営の第一線からは退いていたが、三菱鉱業の監査役は続けていた。その会議のために九州から上京したおり、重役仲間に病院の相談をしたところ、東大の二木博士に診てもらうのが良いと勧められたのだ。

重役仲間には、二木博士は変人学者だときめつける者もいた。一日二食主義とか、玄米食提唱とか、博士の言動が東大教授らしからぬ突飛なものだというのだ。だが、慶太郎は、その変人学者に会ってみたいと思った。慶太郎の地元九州若松では、石炭で築いた財産百万円を東京の美術館建設費に使ってくれと投げ出した彼を「天下の奇人」と呼ぶ人間もいた。

類は友を呼んだのか、この「変人」と「奇人」の出会いは、始めから楽しいものになり、二人は、すぐに意気投合した。まもなく六十に手の届こうとする慶太郎にとっては、二木博士の教えは、第二の人生の扉を開く鍵となった。

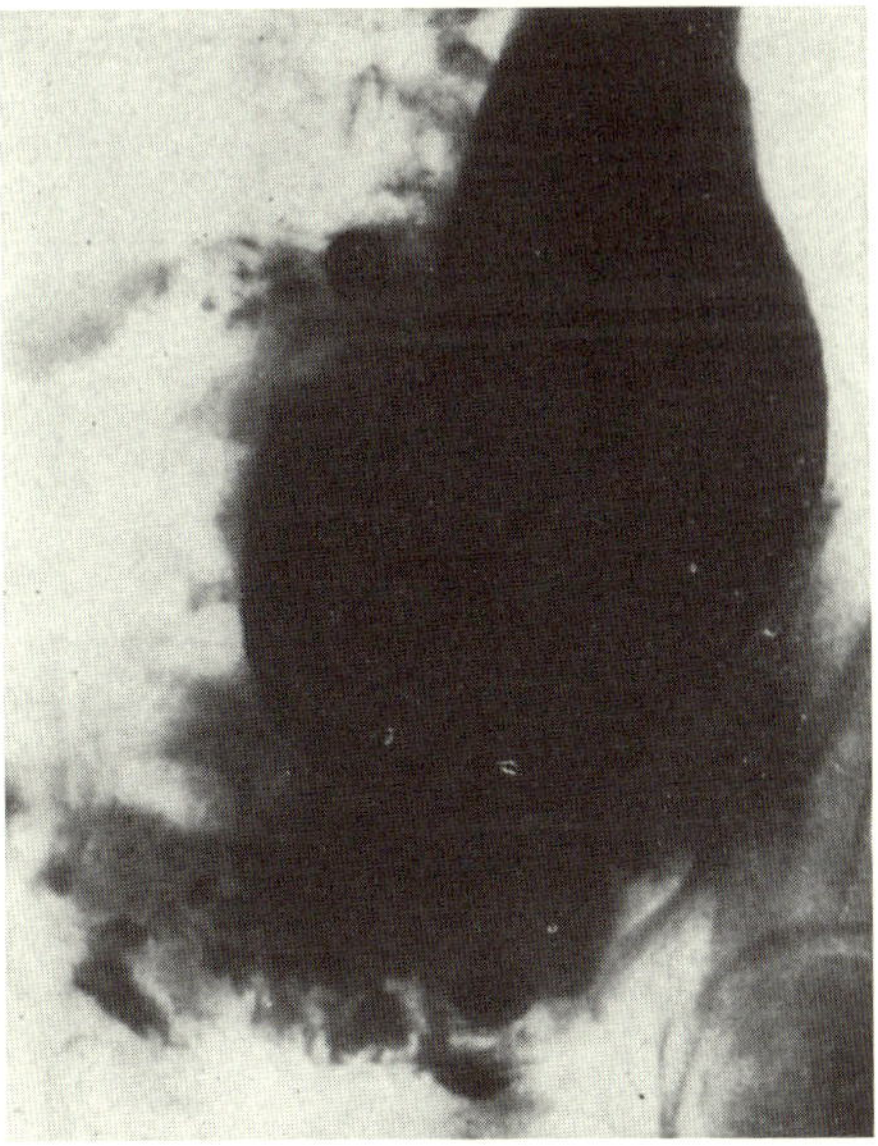
佐藤慶太郎の病弱時代の胃下垂

さて、話は初めに戻って。二木博士に会うためにタクシーで伝染病研究所に乗りつけた慶太郎、博士にこれまでの自分の病状について詳しく説明し、診断の言葉を待った。慶太郎は、博士を紹介してくれた友人の命ずるままに、きちんと尿と便まで用意してきたのだが、博士は、特別な検査をするでもなく、慶太郎に向かって、こう言い放った。

「食餌療法」

あまりにも単純明快な答えに驚く慶太郎に向かって、博士は、さらに追いうちをかけるようにこうたたみかけた。

「薬を飲む必要は、まったく無い」

「なぜでしょうか」と慶太郎が問う。

「いやあ、私の身体も以前は、あなたとそっくりだった。私の説く食餌療法を守れば、あなたの病気は必ずなおる」

「食餌療法とは具体的には」

「一　徹底的に咀嚼すること。
二　白米をやめて玄米を食べること。
三　肉食をやめて菜食をすること。
四　昼食を抜いて一日二食にすること。
五　大食をやめて小食にすること。
六　水を飲むこと。
以上の六項目を厳守すれば、あなたの持病は必ずなおる」

「それだけで良いのでしょうか」

「もちろん」

「先生は、それだけで元気にお仕事されているのですか。ひとつ先生の身体を見せていただけませんか」

これが、変人と奇人の出会いの始まりである。五十を過ぎている二木謙三博士の髪には一本の白髪も見あたらないし、肌は二十歳の青年のようにつやつやしている。おまけに声にも張りがあって、若々しい。

〈変人などとは、とんでもない。この人こそ、まっとうではないか、すばらしいではないか〉

慶太郎は、健康というものの見本を目の当たりにし、これこそ医者の姿だと思えた。自分もこうなりたいと思い、博士の説く食餌療法を即座に実行しようと心に決めた。来た、見た、決めたである。この瞬間から、病弱だった慶太郎に真の青春が訪れた。

石炭の神様佐藤慶太郎の救世主となった医学博士二木謙三は、伝染病学者としての研究業績を残し、また、玄米食の推奨によって国民栄養問題に取り組んだ人物として知られている。明治元年（一八六八）生まれの佐藤慶太郎よりも遅れること五年、明治六年（一八七三）に二木謙三は秋田県に生まれている。西の小京都山口の旧制山口高校に学び、下宿先には、山高の後輩で後の実業家鮎《あゆ》川義介《かわよしすけ》がいた。ちなみに当時の山高には優秀な先生が集まっていて、後の文相岡田良平をはじめ、ドイツ語担当の西田幾太郎、英語担当の戸川秋骨らが教壇に立っていた。この山高時代から医者志望だった二木は、明治三十四年（一九〇一）に東京帝国大学医科大学を卒業。その後、ミュンヘン大学に留学し、東京市立駒込病院長に任じられた。さらに母校東京帝大医学部教授を兼任し、伝染病研究所でも働くようになった。彼がその若々しい肌とふさふさした髪で慶太郎を驚かせたのは、この頃のことである。昭和三十年（一九五五）には、文化勲章を受章している。

あの講道館の嘉納治五郎《かのうじごろう》をして「これぞ私の理想とする武道、真の柔道なり」と言わしめたという合気道の創始者、植芝盛平。昭和十五年（一九四〇）にこの大武道家の主宰する皇武館が、財団法人皇武会として厚生省から認可されるが、そのときの役員に二木博士が、その名を連ねている。

玄米食と合気道。食の自然と気の自然。この二つには、どこかで合い通じるものがあるのか。健康志向の現代日本において、どちらも静かなブームである。二木博士が、東京帝大の教授となった大正十年（一九二一）、すなわち佐藤慶太郎が、東京府美術館建設資金百万円寄付を府知事に申し出た年、医学博士二木謙三は、雑誌『中央公論』四月号に寄稿している。二人が出会う四年前のことである。若くして「駒込A、B」の両赤痢菌を発見後、ドイツに留学してきた二木博士は、自然に即した食生活に関心を寄せていたのだ。題して、「肉は穢れ、大食は害」というその文章は、こう始まる。

「世の中には、美食を以《も》つて勢力の本源活動の基礎と考へて居る人が、仲々多いが、却《かえ》つて粗食が活力を増進することを信じて居る人も少なくない」

初対面の慶太郎に向かっては、「食餌療法」の一言で活を入れた二木博士。それまで胃弱にもかかわらず美食をしていた慶太郎の食習慣を根本から変えさせ、慶太郎は、以後、粗食と咀嚼で健康を取り戻すことになる。では、二木博士の主張は、単純な粗食礼賛主義かと思うとそうでもない
「肉は穢れ、大食は害」という文の中で、博士は、「人類の生活状態は甚だ複雑で千差万別であるから、美食とか粗食とかの一議論を以て全般を律することが出来ぬものである、大食や小食論も同様

である、其は皆個人個人により又場合場合により異なるものであつて、結局一定不変万般に押し当て、誤りなき方法と云ふものはなく、つまり其々の適法があるので一定することの出来ぬものである」とあらかじめ断っている。合気道が、自然体による臨機応変の技であるように、玄米食の道もどうやら奥が深いようだ。

二　日本のフレッチャー

肺腑を出づる熱言誠語
二時間半
――丸本彰造

〈この先生なら、いや、この先生にこそ、ついていこう〉

長年の胃腸病に苦しむ慶太郎が、こう素直に思えたのは、相手が日本医学界の最高権威、東京帝大医学部教授だったからではない。「歩く健康」とも言うべき医師を自分の目で見たからだった。その医師、二木謙三博士が勧めていたのは、美食でもなければ、粗食でもなかった。自然の道理に即した「適食」こそ「滋養物」だという主張であり、「自然に帰れ」と博士は説いていた。では、博士の言う「適食」とは、どのような食事なのか。いま風に言えば健康ガイドに相当する文章、「肉は穢れ、大食は害」（『中央公論』大正十年四月号）の中で、博士は、持論を次のように述べている。

一、エスキモーには肉脂肪食、北部欧米人には肉菜食が適するが、日本人には、穀魚肉食や穀菜食が適している。食物そのものに絶対の「滋養物」はない。人種や風土に即した「適食」こそ「滋養物」である。

二、「滋養物」と考えがちな肉類だが、野菜などの補食が必要な不完全食である。また、肉類の不完全消化が続けば、慢性の毒作用が脈管硬化などの老人病を引き起こす。

三、日本人のみならず、欧米でも穀菜食の小食者は、老人病にかからずにすむので、長寿者が多い。

四、ただし、食の種類と分量について、神経的に綿密に絶対になす必要はない。自然に反することなく、「適食」を適量に取ることが要の要である。

二木博士は、こうした観点から、慶太郎に美食をやめ、玄米食へと方向転換することを勧めたのだった。早速、慶太郎は、食事を改善してみることにした。何事も徹底的にやらねば気の済まぬ性分である。献立ががらりと変わった。元の朝食は、「白米飯、味噌汁、いんげん煮、豆、卵二ケ、林檎一ケ、漬物」の七品だったが、これを「玄米小豆飯、味噌汁、大根おろし」の三品とし、元の昼食「スープ、ハム、ビフテキ、パンにバター、コーヒー」の五品をわずかに「林檎一ケ」のみとした。元の夕食「お銚子二本にいか松風焼、まぐろ刺身、えび天ぷら、椀もり、豌豆煮、白米飯、漬物、清汁」の八品が、酒はやめた上、「玄米小豆飯、清汁、かつお刺身、ほうれん草おひたし」の四品にと半減した。朝、昼、晩全体で見ると、二十品の美食大食が、八品の「適食」へと劇的に

佐藤慶太郎の元の食事
（上より朝昼夕）

佐藤慶太郎の改善後の食事
（上より朝昼夕）

変化したのだった。
　少ない食事をよく噛んで食べる。これだけのことだが、一週間、二週間と続けるうちに慶太郎の味覚と胃腸に変化があらわれた。噛めば噛むほど、食べ物が口の中でとろけるように甘く感じられるようになり、やがて、一月もたつと胃腸病のことなど忘れてしまうほどになった。そうしたある日のこと。

「おや、これは。二木博士からだ」

届いた小包を開くと中から本が出てきた。九大教授の医学博士、宮入《みやいり》慶之助の著書、『食べ方問題』であった。慶太郎は、早速、赤鉛筆を片手に、まるで受験生のような熱心さでこの本を読み進めていった。宮入博士のその本には、「食事」と「咀嚼」についての海外の模範例が書いてあった。その中で慶太郎の心を引きつけたのは、十六世紀イタリアの喜劇作家で『長閑《のどか》なる老境』の著者コルナロ、さらに、アメリカの実業家フレッチャーの二人であった。若い頃から美食に溺れたコルナロは、四十歳にならないうちから、胃痛や痛風に苦しみ、これなら死んだほうがましだと考えて自暴自棄に陥ったが、医者の勧める節食を守り、絶望の淵から救われたのだった。八十歳を過ぎても強健な身体で、頭脳の働きも衰えず、愉快な脚本を書きながら陽気ぐらしの毎日を送り、百歳まで生きたという。

もう一人の模範例フレッチャーは、屋根板製造で富をなした男である。こちらも美食に耽った結果、体重が百キロ近くにもなり、糖尿病や慢性腎臓炎に苦しんだ。あれこれ薬も飲んだが、病状は回復しない。ところが、四十九歳の初夏から徹底咀嚼を始め、一日二食にしたところ、百キロ近い体重が、秋には七十キロにまで減り、容貌が一変。健康を取り戻し、心身ともに二十歳の青年のようになった。このときフレッチャーは、一回の食事で、たとえば、馬鈴薯とパンと肉を合計三十口のみ食べ、これを一口につき八十回以上もよく噛んで食べたのである。健康と青春を取り戻した後は、余生を咀嚼の宣伝に捧げ、「咀嚼狂」とさえ言われながらも、多くの病人を救ったのだった。

一、仕事の後、おなかが、すいてすいて、食べずにおられなくなったときに食べる。
二、食欲の好むにまかせて、食べたいものを食べる。食品の組み合わせには、あまり学術上の原則を気にかけない。
三、口に入れた食物は、噛んで噛んで、とろとろになるまで唾液とまぜ、つるりと喉に流れ込むのを待つ。
四、食事中は、心を舌に集め、ひたすら食べることを楽しむ。気にかかることがあっても一切考えない。おいしいという気持ちの赴くまま、何でもその人の口に合うものを食べる。

これが、フレッチャーの教えの四原則である。確かに、空腹こそ最高のご馳走の素であり、楽しんでこそ食事というものであろう。慶太郎は、二木博士、宮入博士、コルナロ、そしてフレッチャーの説く「適食」の「徹底咀嚼」を実践し、疲れを知らぬ男に生まれ変わった。この喜びを多くの人と分かちあいたいと考えた新青年慶太郎は、咀嚼減食主義による健康生活の実現を社会に訴えることこそ、晩年の新たな使命だと考えるようになった。

東京府美術館の開館式が無事に済んだ大正十五年（一九二六）五月の頃の話である。美術館寄付という芸術文化貢献に続いて、彼の心に芽吹いたのは、国民の誤った食生活の是正という生活文化貢献への燃えるような信念であった。

まず、慶太郎は、深川越中島の陸軍糧秣本廠に陸軍主計少将丸本彰造を訪ね、二時間半の熱弁をふるった。軍隊の食事は五分で終わるが、せめて食事だけは、ゆっくりと食べ、感謝し、愉快に、落ち着いて味わうように躾けなければならぬ、国民にも早飯は戦勝の秘訣という誤った観念があるが、これは国民を危険に導くという「早飯亡国論」の持論を述べたのであった。慶太郎は、国を憂いて改革の理想に燃え、広く人間を愛する者として「熱言誠語」したのである。早飯は、好戦的な人間や自殺願望の人間をつくり出し、命を粗末にする性急な軽挙妄動につながるだけだと陸軍軍人相手に堂々と説いたのであった（丸本彰造「近頃のこと」『糧友』大正十五年七月号）。島国日本が、世界を相手にした戦争で敗北を喫する二十年前のことである。

佐藤慶太郎は、大正十四年に誕生したばかりの糧友会（国民の食生活改善を目的に陸軍省、農林省、内務省が設立した食糧問題研究機関）の役員となり、後に糧友会経営の食糧学校設立には佐藤の遺産から二十万円の寄付が寄せられた。その後、この食糧学校は、東京調理師専門学校となり、現在は東京ホテルビジネス専門学校へと発展し、平和な時代の生活文化を担っている。

三　百十五日間世界一周

風香れ
太平洋の友の袖
――太洋丸宛無電

さあ、出港だ。銅鑼《どら》の音が景気をつける。風に舞う五色のテープが、別れを惜しむように絡みあう。岸壁で叫ぶ声に汽笛が答える。昭和六年（一九三一）、六月十八日、午後三時。横浜港の桟橋から、サンフランシスコ航路の定期便、日本郵船の太洋丸（一万四千トン）が、ゆっくりと離れてゆく。岸壁に向かって手を振る船客の中に、今年で六十四歳になる笑顔の佐藤慶太郎がいた。徹底咀嚼と玄米食を説く二木謙三博士との出会いによって健康を回復し、青春を取り戻した新青年、佐藤慶太郎。彼の心は、まるで海外留学に旅立つ明治の若者のような使命感に燃えていた。「世界一周実業視察団の旅」。これが、慶太郎の参加した旅行の名前であった。主催は、前年に誕生したばかりの日本貿易振興会である。

「欧米の文化を一眸《いちぼう》のもとに収め、且つ経済発展の宝庫を併せ視察せんとする方は、此の機を逸せずご参加下さい」という旅の趣意書を親友の大貝潜太郎に見せられ、一緒に行こうと誘われたとき、慶太郎の心は躍った。これまで、東京での美術館建設問題解決のための寄付、あるいは別府での野口雄三郎医学博士のための病院建設、若松での救療会の設立、日本の食糧問題への取組み、岡崎桂一郎著の分厚い千四百頁の研究書『日本米食史』の再版刊行の支援など、慶太郎は、石炭で築いた財産を公共のために捧げてきたが、これからの社会奉仕の参考として、海外先進諸国の文化や経済の動向を実地に見聞しておきたいと思ったのだった。

「世界一周実業視察団の旅」の参加者は、総勢八名。衆議院議員の岸衛を団長に、日本貿易振興会専務理事の木下乙市、大阪の内外綿株式会社技師の高正義市、若松の戸畑鋳物株式会社重役大貝潜太郎、兵庫の実業家山口幸治、函館の海運倉庫業の斎藤五一郎、それに佐藤慶太郎という顔ぶれであった。旅程は、横浜港を出発後、太平洋はハワイに立ち寄ってからサンフランシスコで北米大陸に上陸、大陸横断の後、大西洋を航海して欧州各国を訪問、地中海からスエズ運河を抜けて、エジプト、インドと進み、南洋、香港、上海を経て十月十日に神戸に帰着というものであり、実に所要日数百十五日という長旅であった。横浜を出た翌日、佐藤と大貝の二人宛に、共通の友人から無電が届いた。「風香れ太平洋の友の袖」という爽やかな一句であった。

太平洋の船旅十日目の六月二十七日、最初の寄港地ハワイに到着。パイナップル園訪問。日本から移民して三十年になるというお爺さんが、もぎたての熱帯果実を遠来の客にふるまってくれた。「晴れた空　そよぐ風」で始まる岡晴夫のヒット曲「憧れのハワイ航路」が世に出るのが昭和二十三年（一九四八）。太平洋戦争をはさんで、この歌は戦後のことであり、実業団一行の旅は戦前である。慶太郎らのハワイ訪問は、日本海軍による真珠湾奇襲攻撃の十年前のことである。このとき実業団一行を乗せた日本郵船太洋丸は、やがて太平洋戦争中に陸軍に徴用され、昭和十七年（一九四二）、南方に向かう途中、米潜水艦に撃沈されてしまう。（平成九年五月四日付「産経新聞」記事）

アメリカ本土に近づくと、海は荒れることが多くなった。だが、慶太郎は、意外と平気でいつもと変わりなく、朝は四時に起床し、トランクの中の整理整頓をすまして、葉書を書き、好きな本を読んだりしていた。この早起きの船客は、船旅に退屈するどころか、雑事に煩わされず、規則正しい健康生活の毎日を楽しんでいた。同船の客には、禁酒運動の権化と呼ばれる長尾半平がいた。ちょうどアメリカでは禁酒法が施行されていた時代である。かたや、「日本のフレッチャー」とあだ名される咀嚼運動の権化である佐藤慶太郎。長尾と佐藤の権化同志は、持論を展開しながら、毎晩のように社会改良運動を熱く語り合ったのだった。

波の穏やかな日は、デッキゴルフに興じることもあった。その仲間には、アメリカに留学するという青年もいた。この慶應義塾の卒業生を相手に英語の稽古をつけるのも愉快な日課だった。四十年以上も前、慶太郎が十代の頃、福岡県立英語専修修猷館で必死に学んだ英語は、今もスラスラと口をついて出た。なにしろ修猷館での授業は、どの科目もすべて英語で行われるのだ。学校視察に来た文部大臣森有礼の前で、数学の問題を英語で説明しながら解いたこともある慶太郎である。若い慶應ボーイも素直に六十代の修猷館ＯＢの弟子となって稽古をつけてもらった。

北米大陸西海岸の港町サンフランシスコに到着したのが、七月四日午前のことである。慶太郎が三菱鉱業の監査役をつとめている関係もあって、一行は、三菱支店長らの出迎えを受けた。大陸横断の旅は、サンフランシスコ対岸の町オークランドから始まり、八名を乗せた車は、一路、ヨセミテ渓谷を目指して進んだ。ヨセミテは、サンフランシスコの東二四〇キロのところにある奇山秀峰の渓谷である。氷河の浸食でできた絶壁からは、上下二段合わせれば、全落差七四〇メートルもあるというヨセミテ滝など無数の滝が、水量豊かに落ちている。ちなみに、華厳の滝は、落差一〇〇メートルである。はるばる日本からやってきた実業団一行は、この雄大な山岳風景に驚きながら、樹齢二七〇〇年と言われる有名なセコイア（アメリカ杉）の巨木の前で、車を止めて記念撮影をした。このセコイアの根元は、車に乗ったまま、幹の中を通り抜けられるようになっているのだ。

一行は、ロサンジェルスまで車で南下し、映画の都ハリウッド、海辺の町ヴェニスを視察。ロサンジェルスからは、東へ伸びるサンタフェ線の汽車に乗って十時間、再び車に乗り替えて、ロッキー山脈のグランド・キャニオンに到着。この大峡谷は、コロラド河が、氷河時代から今日まで、数億年かけて削り取った大自然の彫刻である。全長が三五〇キロあり、中心部は一六〇〇メートルの

ヨセミテ公園での世界一周視察団

深さがある。

実業団一行、特に団長の衆議院議員岸衛と佐藤慶太郎は、自然景観の壮大さに感嘆しつつも、道路整備の日米格差に深く考えるところがあった。この頃すでにアメリカは、産業や交通の基盤として、道路開発を着実に進めていた。佐藤と岸の二人が目をやる先は、コロラド河上流に沿うように走る見事な自動車道路であった。

四　青い瞳の二十四人

のらくろ
黄金バット
酒は涙か溜め息か
――昭和六年の流行

ニューヨークの空は、夏の光にあふれ、青く澄み渡っていた。その透明な青空に吸い込まれるように立つ高さ四百メートルの銀色の柱が、マンハッタンの輝かしい未来を象徴するかのように、威容を誇ってそびえていた。

〈アメリカという国は、若々しい。その明るさや、快活さには、感心させられる。ここは、あきれるほど広く、資源も豊かな国だ。ウォール街での株価大暴落から二年しか経っていないというのに、このような世界一高いビルを建ててみせるとは。アメリカと日本は、あまりに違いすぎる〉

ニューヨークに二ヶ月前に誕生したばかりの新名所、エンパイア・ステート・ビルディング。この摩天楼を真下から見上げながら、慶太郎は、日本の現状と未来について考えずにはおれなかった。日本軍による真珠湾攻撃の十年前のことである。一行が、ニューヨーク市内に足を踏み入れたのが、七月二十日の朝のこと。日本を出てから、ほぼ、一月の時間が流れていた。アメリカ全土の道路整備の見事さや、社会の若々しい活力には感心した慶太郎ではあったが、ホテルやレストランで、常に女性を先に通すというレディー・ファーストの習慣に馴れるには、旅の時間は短すぎた。七月二十六日にボストンを出た船は、大西洋を越えて約一週間で英国に到着。中西部ランカシャーの港湾都市リヴァプールに宿をとった一行は、英国一の石鹸工場を見学。慶太郎は、アメリカでは、資源小国日本の参考とすべき模範例を見つけることは、できなかった。だが、ここ英国では、リヴァプールの石鹸工場の繁盛ぶりをみて、日本経済が、どのような産業を選択すべきなのかについての確信を得ることができた。帰国後、彼は、この石鹸工場での体験について「資源の欠乏憂ふるに足らず」と題した文を『貿易振興』に発表している。

「資源の欠乏憂ふるに足らず

佐藤慶太郎

我が国の土地面積は狭隘で、人口は稠密なる上に、毎年一百万人内外の増加がある。国家の繁栄とこの人口を賄ふには、どうしても工業の隆盛に待たねばならぬ。然るに不幸にも我が国には、天然資源が乏しいので仕方がないと、指を銜えて引込思案に暮してゐる人が、随分少なくない。しかし、……」

国民に意識改革を求めるこの文章において、慶太郎は続いて、「原料を世界に求め、加工して海外に輸出すれば、国内に資源の乏しきを憂うるに足らぬ。要は如何なる工業がもつとも我が国に適するかを、十分調査研究して企業することである」と資源小国日本の進路を提案している。この文を読むと、昭和三十年代に小学校の社会科で学んだ「加工貿易」という言葉が思い浮かぶ。戦後日本の経済発展を支えたこの思想の源流に石炭の神様、佐藤慶太郎がいたということになる。

「私が今回の欧米旅行中、最も刺激を受けたのは、英国上陸の翌日リヴアプールより地下電車にてマーシー河を越え、対岸ポートサンライトのレヴアー・ブラザーズ・コンパニー石鹸工場を視察したときである。同社は七億円の資本金を擁し、従業員は八万五千人に達し、原料生産事業の外原料製品の運搬に要する鉄道、船舶、自動車道路、及びドックまでも所有し、私の視察した本工場だけでも、土地五百十二エーカー（約二百八町歩）中二百七十二エーカー（約百十町歩）は工場敷地、二百四十エーカー（約九十八町歩）は従業員宅地で宛然一国をなせる観あり、視察案内専門の女子事務員さへ二十四名と云ふ多数で、その組織に一驚を喫した」

青い瞳の視察案内専門女子事務員の説明に驚きながら、細かい数字までメモをとる慶太郎の熱心な勉強姿が目に浮かぶ。石鹸の原料を世界中から運び、製品もまた広く世界中に販売する英国の「加工貿易」の姿。日本もこれに学ぶことにより、前途洋々たるものがあると慶太郎は確信したのだった。これこそ、彼が世界一周視察旅行で得た最大の収穫であった。

だが、慶太郎がこうした考えを抱いた昭和六年（一九三一）、日本の巷には失業者があふれ、経済は深刻な不況に喘いでいた。日本は、慶太郎の考えとは全く逆の方向に進もうとしていた。世界を相手にする「加工貿易」は、国際平和なくしては、ありえない。だが、資源小国日本は、「資源大国幻想」に取りつかれ、資源と市場を軍事力で手に入れようとする戦争への道を突き進んでゆく。彼が、まだ世界一周の旅の途上にあった昭和六年九月十八日、関東軍が、奉天郊外の柳条湖で満鉄線路を爆破。軍部の自作自演によって、満州事変が勃発する。「幻の資源大国」日本が、資源小国の現実に引き戻され、再出発するのは、昭和二十年（一九四五）八月十五日、敗戦という破局の代償を払ってからのことになる。

平和宮（オランダ、ハーグ）

平和宮、日本室

　英国からドーヴァー海峡を渡って欧州本土に上陸した一行は、ベルギーに入り、ブリュッセルで小便小僧の像を見学。風車の国オランダでは、ハーグで平和宮を訪問。ここには国際司法裁判所があり、一般訪問客にも内部が公開されている。高い時計台のある建物は、アメリカの大富豪アンドリュー・カーネギーの寄付金百五十万ドルによって建てられたものである。青年時代にその伝記を読んで感激し、日本のカーネギーたらんと志し、東京府美術館建設資金にと百万円の私財を寄付した佐藤慶太郎。カーネギーを目標にした自分の生き方は、間違っていなかったと慶太郎は思った。平和宮に入ると、大理石をふんだんに使った階段が荘重な雰囲気をかもしだしている。各国から送られた美術品が飾られ、日本室と名づけられた大広間には、豪華な西陣織の大刺繍が、牡丹のある庭園風景をあでやかに織り成している。

　ちょうど慶太郎らの一行が、その部屋にいたとき、アメリカの婦人達のにぎやかな一団が現れた。「ワンダフル（すてきね）」と「ビューティフル（きれいだわ）」を連発しながら、紅白の牡丹の前で、率直な感想を楽しげに述べ合うアメリカ婦人達の姿を見て、八人の日本人一行も鼻が高かった。ハーグからは、アムステルダムへ行き、ライン河を越えてベルリンへと進み、さらにチェコのプラハへと足を伸ばした。八月二十日には、ヴァカンス最中のパリに入った。横浜を出てから約二ヶ月が過ぎ、全行程四ヶ月の旅の半分が過ぎた。

五　農士学校の夢

花ちるや
終日書巻
繙かず
——伊藤角一

佐藤慶太郎ら一行八名の「世界一周実業視察団の旅」は、昭和六年（一九三一）六月に横浜港から出発し、二ヶ月後にパリに到着。その後、スイス、ジュネーヴで国際連盟本部を視察。モナコを経てイタリアに入った。

この長旅で、慶太郎の気がかりなことが二つあった。一つは、九州若松で留守を守る妻のことであった。二年前、妻俊子は、腎臓結石で血尿が続き、別府の野口病院で片方の腎臓を摘出するという手術を受けていた。もう一つは、福岡農士学校のことだった。これは、福岡県知事松本学と東洋思想研究家安岡正篤《まさひろ》が抱いた農村再生の夢に慶太郎が共感し、協力を申し出たものであった。昭和六年（一九三一）九月勃発の満州事変の前、日本経済はニューヨーク発の大恐慌のあおりで深刻な不景気状態に落ち込み、とくに農村は、農産物価格の下落で大きな打撃を受けた。疲弊した農村を救うには、農村人の奮起こそ大切であり、こころざし高き農の武士、農士の養成こそ急務だと松本や安岡は考えた。まず、昭和六年四月、埼玉県比企郡菅谷村に日本農士学校が誕生。これには筑豊の石炭御三家の一人麻生太吉の寄付金十万円が使われた。七月には、福岡市郊外の脇山村に福岡農士学校創立。慶太郎は、建設の寄付金集めに奔走し、自ら五万円を寄付した。ただ、七月の開校式兼入学式の日には、慶太郎はすでに洋行に出発して日本を留守にしていたので、学校の様子が分からず、気がかりだったのだ。

福岡農士学校学監伊藤角一

「佐藤慶太郎さんですね。日本から手紙が届いておりますよ」

九月二日にローマに入った実業団一行。慶太郎は、日本大使館で一通の手紙を受け取った。八月八日付けのその手紙は、福岡農士学校の若き学監伊藤角一からであった。伊藤は、安岡正篤が創設した金《きん》鶏《けい》学院（東京）に学び、数えの弱冠三十一歳で埼玉の日本農士学校の教授となったが、その直後、福岡農士学校の開設準備という大役を背負って西に下り、不慣れな地で奮闘していた。伊藤角一からの手紙を受け取った慶太郎は、折り返し九月四日にローマから絵葉書で返事を送っている。開校したばかりの福岡農士学校の様子を知らせてもらい大いに安心した、これからもよろしくお願いしたいと旅人はそこに書いた。翌五日にも慶太郎は、ナポリから伊藤あて絵葉書を出している。陽射しが肌を焼く夏のイタリアで、慶太郎は、遠い福岡のことを思い、農士学校に入学した青年たちと会うのを楽しみにしていたに違いない。

佐藤慶太郎の心を動かした人物であり、また伊藤角一の師であった安岡正篤についてふれておこう。安岡正篤は、明治三十一年（一八九八）大阪に生まれ、東京帝国大学を卒業後、文部省に入るが半年で辞職、その後、東洋思想研究所を設立。昭和二年（一九二七）には金鶏学院を開設。太平洋戦争中は、小磯内閣大東亜省顧問をつとめ、天皇による終戦の詔勅（玉音放送）の文案作成に関わった。戦後は、師友会や財団法人郷学研修所などを設立。昭和五十八年（一九八三）に他界している。その著書には、『日本精神の研究』、『東洋倫理概論』などがある。

平成十年（一九九八）に郷学研修所（埼玉県比企郡嵐山町大字菅谷）の関根茂章所長から送っていただいた資料によれば、金鶏学院は戦前の東京市小石川区にあった学校で、院長が酒井忠正伯爵、学監が安岡正篤である。敷地は、旧姫路藩主酒井伯爵家伝来の庭園金鶏園である。「天下の為に心を立て、生民の為に命を立てんとする者入るべし」、あるいは、「晴昼閑有らば力めて花木を栽培し、抱甕灌蔬すべし」と学院の規則にある。金鶏学院には、東洋思想研究所、金鶏学寮、金鶏会館（修養道場）があり、さらに埼玉に日本農士学校がある。この学院は、安岡正篤指導の下、東洋聖賢の

福岡農士学校正門

学を研究し、その道を実践する人材を養成する学道一如の研究教育機関であった。

佐藤慶太郎は、九州の福岡農士学校の設立に関わる前、まず、埼玉の日本農士学校設立に関わっている。その経緯を記した資料（柳橋由雄「菅谷之荘開創五十年を顧みて」）によれば、昭和五年（一九三〇）、安岡正篤学監は、伊藤角一（第四期生）ら金鶏学院卒業生を西巣鴨の自宅に招き、「地方農村の先覚者たるべき人物を教育すべき学校の組織趣旨等に関して意見」を徴《ちょう》した。ここで学校の名は日本農士学校と決まり、人事計画も検討されて伊藤角一は教務主任にあげられた。

ところが、埼玉の日本農士学校で教えるはずの伊藤角一が、急遽、福岡農士学校学監に任じられた。彼が九州の地を踏んだのは、開校式兼入学式前月六月のことであった。学監として赴任してきた伊藤角一にとって、一ヶ月という準備の時間は、あまりに短すぎた。福岡県知事松本学は、五月に内務省社会局長に栄転しており、行政面での後ろ盾が福岡にいない。一方、資金面での相談役である佐藤慶太郎は、世界一周実業団の視察旅行に参加するため日本を離れてしまう。三十一歳の若さで、学校の新設と運営の責任者という大役を背負った伊藤角一は、九州赴任直前に二人から事業の概要を聞くことはできたが、細かな地元の情勢は分からないまま学校開設作業に当たらざるをえなかった。

『福岡農士学校（別名愛日書院）要覧』（昭和八年）によれば、その所在は、「福岡県早良郡脇山村愛日郷」の丘陵地であり、「北は油山を隔て、福岡市と接続し、背面は茶の発祥地と謂はる、背振の秀峰を負ひ、眼下遥かに玄海を遠望する水明山紫の地なり。交通は福岡市今川橋より乗合自動車の便ありて約三十分にて達す」とある。そのような恵まれた自然環境の敷地約二千坪（約六千六百平方メートル）の中に神社、講堂、寮などがあった。

「形式的学歴によらず唯真剣なる農村青年にして将来斉家治村の重鎮として神国の柱石たらん覚悟ある者」というのが、この学校の入学資格であった。農業実習地として、水田、蔬菜園、果樹園、竹林、茶園、原野があり、養魚池も備えた福岡農士学校。ここには若き農士たちのほかに、豚や鶏なども暮らしていた。学農一如、論語を学び、大地に生きる生活。伊藤角一は、この緑のユートピア建設に命をかけ、文字どおり「柱石」となって四十三歳で早世する。

六　月の砂漠から瑞穂の国へ

一、正しく強く
一、土を愛せよ
一、明日に希望をもて
――農士学校綱領

昭和六年（一九三一）、九月。ナポリ、そしてポンペイへと旅を続ける佐藤慶太郎ら八名の世界一周視察団は、このイタリアを最後にヨーロッパに別れを告げた。日本郵船鹿島丸は、一行を乗せて地中海を三日間走り、スエズ運河入口の港町ポートサイドに到着。慶太郎たちは、船を降りて内陸カイロまで直行し、砂漠にそびえるピラミッドを見学。背広姿でラクダに乗り、夕闇迫るスフィンクスの前で記念撮影をした。運河の出口スエズで待つ船に戻る頃にはすっかり夜もふけ、満天に銀色の星が輝いていた。

鹿島丸は、アフリカ大陸とアラビア半島に挟まれた灼熱の紅海を抜け、インド洋へと進んで行った。船はセイロン島コロンボに入港し、慶太郎たちは島のホテルで一泊したが、そこで目にしたのは厳然たる階級制度であり、荒廃した仏教寺院で夜露をしのぐ貧民たちの群れであった。その頃インドは、英国に植民地として支配されていた。慶太郎は、インド社会の現実を目の当たりにし、安岡正篤の設立した金鶏学院で知り合ったインド独立の闘士、ビハリー・ボースの顔を思い浮かべていた。英国人インド総督に爆弾を投げつけて失敗し、大正時代に日本に亡命したビハリー・ボース

ピラミッド見学の世界一周視察団

は、玄洋社の頭山満《とうやまみつる》の仲介で新宿中村屋にかくまわれ、インドカリー誕生のきっかけになったとされる革命の志士である。九月下旬には、船はマラッカ海峡に入り、一行は、シンガポールでゴム園を視察、十月には香港に入港。だが、市内には戒厳令がしかれていて、上陸は見合わせることになった。九月に満州事変が勃発し、政治的な緊張が高まっていたのだ。

「お帰りなさいませ、お疲れさまでしたね」

妻俊子が、長崎港の桟橋で夫慶太郎に出迎えの言葉を告げる。久しぶりに見る妻の笑顔に旅の疲れも忘れた慶太郎は、無事に帰国できた喜びに熱いものがこみあげてきた。六月に横浜港を出発してから、約四ヶ月の時が流れていた。紅葉に向かう秋十月、慶太郎の帰国を待ちわびていた人間がもう一人いた。彼の洋行中に開校した福岡農士学校の若き学監、伊藤角一である。世界一周の旅に出た慶太郎も農士学校のことが気がかりであった。ローマとナポリから絵葉書を伊藤学監宛に出している。このとき佐藤慶太郎数えで六十四歳、伊藤角一同じく三十一歳である。若松の自宅に戻った慶太郎は、早速、伊藤角一に葉書を出し、以後、頻繁に書簡を送った。生まれたばかりの学校のために、慶太郎は寄付金集めの先頭に立ち、伊藤角一に対しては、学校経営を確かなものにするため、財団法人を設立するよう手紙に書いた。このとき佐藤慶太郎から伊藤角一宛に送られた書簡は、今も残されている。

片上修《かたがみおさむ》編『山雲海月集　第二集――佐藤慶太郎を中心に』には、それらの葉書百八通、封書四十五通、計百五十三通が、すべて手書きのガリ版刷りで収録されている。この労作は、佐藤慶太郎研究にとって、また、福岡農士学校研究にとって第一級の貴重な資料である。また、この書簡収録の部分に続いて、片上修氏自身が所見を率直に述べた文章が二つ掲載されている。佐藤慶太郎の伝記は、加藤善徳氏が書かれた三冊が信頼のおける基本文献だが、石炭の神様と福岡農士学校との関わりの詳細は、片上修氏の著書でしか知ることができない。四国新居浜市に生まれ、福岡農士学校で伊藤角一に師事した片上修氏は、戦後、農協の専務をつとめた後、肺気腫や気管支喘息に負けず著作に励み、平成七年（一九九五）に他界している。片上修氏が、恩師伊藤角一の業績と思い出を書物にまとめたのみならず、佐藤慶太郎についてもその手紙を採録するという根気のいる作業に打ち込まれたのは、公私一如で生きた佐藤慶太郎の純粋さに共感を覚えたからであろう。この二人についての片上修氏の研究は、福岡農士学校に対して伊藤角一と佐藤慶太郎が共通して持っていた情熱のみならず、当事者と支援者という立場の違いも明らかにした。以下、片上修氏が佐藤慶太郎について書かれた二つの文を紹介させていただく。

第一の文、「福岡農士学校創設の周辺――伊藤角一と佐藤慶太郎」は、その執筆の理由から始まる。伊藤角一について「どうかして、愛媛が生んだこの稀有な教育者を、いつまでもこの地方の人たちの心の中に生きて欲しいと思うのは人情というものである」とある。佐藤慶太郎について「それと同時に、農士学校創設に当たって、寝食を忘れて尽力された、佐藤慶太郎を忘れてはならない。一昨年からの伊藤の残された厖大な書簡を整理中、この方の百五十余通の書簡に接し、その人柄と経歴を知るに及び、今更のような感銘を覚えた」とある。「そして、この人が明治の中期、日本産業の勃興期に無一物の身を石炭産業に投じ生来の誠実と研究熱心、加うるに豪胆細心、商機をたくみに摑んで、大正十年頃には筑豊地方の一方の雄として、当時の金で二百万円今に評価すればいくらくらいになろうか、を蓄積し、その約半額を東京上野の美術館建設に寄付し、独力でそれを完成させて、世人をアッと言わせた。（中略）この人と農士学校のつながりも並々ではなかったのに、卒業生でもあまり知った人がいないのは残念でならぬ。そんなことも知っていただこうと思って本稿を草した」と文は続いている。以下、佐藤慶太郎の生涯が、加藤善徳氏の著作をもとに詳しく描かれ、伊藤角一が農士学校発行の月刊誌『愛日通信』に寄せた「充ち足れる人――佐藤慶太郎」という文章も紹介されている。

第二の文、「農士学校と佐藤慶太郎」において「そもそも福岡農士学校は、当時の松本学知事の呼びかけで、それに呼応した有志佐藤慶太郎、麻生太吉等々の資金援助によって発足した塾風教育機関である」と書く片上修氏は、「もちろん、事業及び運営や、資金計画等も周到に策定されていただろうが、今日の私から見れば、その計画は完全なものではなかったような気がしてならない」

とためらいがちに推測している。しかも、遺憾なことに農士学校設立の発起人松本学福岡県知事が、開校準備段階で東京へ栄転、有志佐藤慶太郎は外国へ出発。そうした中で、伊藤角一が急遽、埼玉の農士学校から福岡へ着任。孤軍奮闘の伊藤角一学監は、片上修氏の言う「正に骨身をけずる辛苦の連続」に陥ってしまう。

帰国後、世界一周の夢もさめやらぬうち、発起人不在で二階に上がって梯子をはずされてしまった佐藤慶太郎は、寄付金集めに奔走するが、思うようにはゆかず、一人相撲になってしまう。実業家佐藤慶太郎、教育者伊藤角一。立場の違いこそあれ、二人が、その夢にかけた福岡農士学校とはどのようなものであったのか。

七　玄海日の出太鼓

さや豆の
収穫終へて伸びあがり
大気を吸えば
玄海青し
——伊藤角一

ドン、ドド、ドーン。

さあ一日が始まるぞと太鼓の音が四方に轟く。ここは、遠くに玄海を見下ろす緑の理想郷、全寮制の福岡農士学校。時刻は午前五時。明徳寮の学生たちが跳ね起きる。洗面後、全員直ちに裏の丘に祀る愛日神社に参拝。深い森から降りて来る朝霧に包まれ、その霊気に心身ともに清められる。掃除班、炊事班、家畜班などに別れて、朝一番の作業に入る。その後、服装を整えて、畳じきの講堂愛日殿に入り、背筋をしっかり伸ばして正座。経書《けいしょ》（孔子を開祖とする中国の実践的倫理思想である儒教の基本聖典。「易経《えききょう》」、「書経《しょきょう》」、「詩経《しきょう》」、「礼記《らいき》」、「春秋《しゅんじゅう》」の五経）の素読《そどく》（元気良く声を出して読むこと）を三十分。この朝の時間、翌日は武道の稽古。次の日は再び素読。文武一道の実践である。

武道の時間は、跣足《はだし》で大地に立つ。夏は足裏がひんやりとして心地好く、冬は雪を踏んで気合が入る。鉢巻き、袴姿も勇ましく、農士の心のごとく真っすぐな樫の杖を持った学生達が、掛け声もろとも下から突き上げる。神道夢想流杖術《じょうじゅつ》の稽古である。神道夢想流は、宮本武蔵の十字留を破ったと伝えられる夢想権之助《むそうごんのすけ》創始の棒術を源流とする武道である。夢想権之助が筑前黒田藩に召し抱えられることにより、この武道は、江戸時代に黒田藩内で隆盛を見た。明治維新で衰退したが、昭和に入って福岡道場初代師範となった高山喜六は、安岡正篤や松本学らの支援によって杖術の普及活動を熱心に行い、やがてこの武道は、全国に広がった。福岡農士学校では「武道」は、学課のひとつであり、その担任講師が高山喜六であった。この高山師範を支援していた安岡正篤と松本学は、福岡農士学校創設ゆかりの人達であり、その関係から神道夢想流杖術が教えられることになったのだ。

福岡農士学校、愛日神社より講堂と明徳寮を望む

素読、あるいは武道を終えた後、朝食の時間がやって来る。伊藤角一学監と学生全員は、師弟一体の教育方針のもと、食堂である清明の間に端座して朝食を共にする。「敬《つつ》しんで惟《おも》ふ。今此《こ》の飯食由つて来る所以《ゆえん》をおもふに一粒米の重きこと真に大地の如し。豈忽《あにゆる》かせにすべけんや」で始まる「食事五観」という誓いの言葉を全員で唱和してから、おもむろに箸をとる。青田の初夏から、稲穂の秋へ。一粒の米に凝縮された自然の恵みに対する感謝の念が、この「食事五観」にこめられている。午前八時から正午までの四時間は、講堂で講義を聴く。午後は一時から五時まで、青空のもと、農場実習に汗を流す。

カラスが、一羽、二羽と森へ帰る頃、法螺貝の音が響く。作業終了の合図である。だが、誰もが、なかなか手をとめようとしない。入浴で一日の疲れを癒し、夕食で明日の活力を得た後は、しばらく自由時間。八時半には全員集合。愛日殿で三十分間座禅を組む。次に明徳寮の仏前で般若心経に声を和し、心洗われて就寝する。

こうした福岡農士学校の教育内容については、『伊藤角一先生遺稿集』（伊藤角一先生遺稿集刊行会編・一九七八）の「四　農士学校のいとなみ」で詳しく知ることができる。

「一　創立趣旨」では、「日を愛《いと》しみ大地を敬するは愛日学徒の信条である。是れ本校を亦《また》愛日書院と云ふ所以である。かくして醇乎《じゅんこ》たる日本人的教養と学問とを興し、地下百尺底に安心立命健学力行やがて国家産業の上に奉公せんとするものである」と伊藤学監の決意の程が披瀝されている。

「二　環境」では、福岡県早良郡脇山村愛日郷に学校があり、鎮守様の愛日神社、愛日殿と称した社殿造りの講堂、さらに学生の起居する明徳寮があると書かれている。

「三　指導精神」では、「寮内は静粛を旨とし、一切の自由を認められてゐるが、一挙一動に対しては各自責任をもち、之れを外部的に検束する規則と称するものは一つもない。凡ては内面律で動いてゆくのである」と学生の自主性を尊重する姿勢を明記している。

「四　寮生活」では、「家庭的な雰囲気」の必要性を説き、「寮生活の至宝は和である」とし、聖徳太子の言葉を引いている。また、「寮中力めて静坐し閑に練武習字すべし。亦是れ治心の工夫なり」とも教えている。

「五　農場経営」では、「本校に於ける農場と学寮は教育の二本柱である」とし、「農場は即ち学生の心田開拓の道場でなければならぬ」と訴えている。

『伊藤角一遺稿集』巻末の「伊藤角一先生略年譜」によれば、福岡農士学校の柱石、伊藤角一は、明治三十四年（一九〇二）、愛媛県に生まれている。愛媛師範学校を卒業後、地元の小学校につとめていたが、安岡正篤の来講に接し、教職を辞して、東京の金鶏学院に入学、安岡に師事する。昭和六年（一九三一）四月に埼玉県の日本農士学校教授となるも、六月には福岡農士学校の学監として、急遽、埼玉から九州へ赴任、新設校の開設準備にあたる。このとき弱冠三十一歳。七月には第一期生九名を迎えて開校。同校の産婆役にして親代わりの佐藤慶太郎と共に学校の充実に尽力。翌昭和七年（一九三二）には、明徳寮、愛日殿などが落成。だが、学生たちに校母と慕われた妻幾重が、昭和九年（一九三四）に三十四歳で他界。昭和十一年（一九三六）には、伊藤本人が、過労のために倒れ、佐藤慶太郎が支援していた別府野口病院に入院、温暖な台湾へも転地療養する。だが、健康は回復しない。胸の病は次第に重くなるが、学生たちに夜を徹しての懸命の講義に励む。文字通り命懸けで説いた書物に、富田高慶（二宮尊徳の高弟）の残した『報徳記』がある。不本意ながら、四十歳でついに学監職を辞任、昭和十八年（一九四三）、肺結核のため松山市の自宅で死去。伝統の文武を敬し、人と花と緑を愛した詩人教育者伊藤角一、数え年四十三歳の短い生涯であった。

その伊藤と二人三脚で、緑の理想郷建設に心を砕いた佐藤慶太郎について、伊藤に学んだ寺川泰郎氏は、「佐藤慶太郎先生のことについては食糧協会の運動をなさっておられた頃、福岡農士学校でお話を承ったことがございます」と記している（平成十年十二月十六日付、筆者斉藤宛書簡）。正座して聴く伊藤や学生達を前にして、佐藤慶太郎は、食生活と健康の問題について熱弁を振るったに違いない。

第八章　佐藤新興生活館

花盛り
主の留守に
くつろぎぬ
——俊子

一　妻との別れ

「ありがとう、俊子。おまえのおかげだよ、ここまでやって来れたのは」

数えの六十六歳でひとり旅立った妻に向かい、六十七歳の慶太郎が、静かに語りかける。四十二年続いた二人の結婚生活が幕を閉じた日、昭和九年（一九三四）一月十五日。

「だがな、もう少し一緒にいて欲しかった。別府の家ももうすぐ出来上がるというのに」

昔、二人で旗揚げした小さな石炭商の店では、戦友のように苦楽をともにした妻。家庭では、姉か母のように、優しく世話を焼いてくれた妻。その妻に先立たれた慶太郎の心には、ここ港町若松

Stone & Wind

No. 23

2011・4

石風社《せきふうしゃ》

福岡市中央区渡辺通二―三―二四　〒810―0004
電話〇九二（七一四）四八三八　ファクス（七二五）三四四〇
URL http://www.sekifusha.com/

＊斉藤泰嘉著

『佐藤慶太郎伝――東京府美術館を建てた石炭の神様』◉増刷特集

美術館の火ともした石炭商

斉藤泰嘉

日本に初めて美術品展示専用の恒常的な施設が誕生したのは一九二六年（大正十五年）のことである。この年の五月一日、現在は「上野の美術館」の愛称で親しまれている東京都美術館が上野公園内に東京府美術館の名で開館した。

太平洋戦争が終わる四五年までの二十年間にここで開催された展覧会は七百六十九本、総入場者数は約千二百万人。日本の美術文化発展に大きな役割を果たしたこの美術館の建設費百万円は、全額が一人の実業家の寄付によって賄われた。

北九州で財をなす

北九州の港町、若松で石炭販売と炭鉱経営によって財をなし「石炭の神様」と呼ばれた佐藤慶太郎（一八六八―一九四〇）がその人である。日本美術界の大恩人である彼の生涯を、私は八〇年代半ばから二十年以上にわたって調べてきた。

私が佐藤慶太郎の存在を知ったのは、八〇年に東京都美術館の学芸員になってからのこと。佐藤が寄付した百万円は、現在の約三十三億円に当たる。「美術界と全く関係のない九州の石炭商がなぜ？」という素朴な好奇心から調査を始めた。

八六年八月、東京・高田馬場の日本点字図書館に専務理事の加藤善徳氏を訪ねた。加藤氏は佐藤の生き方に共鳴し、晩年の彼と行動を共にした人物。佐藤の伝記を戦前に一回、戦後に二回執筆されていて、お会いした時は数えで八十歳だった。

私が佐藤の生涯と美術館建設費寄付の経緯について質問すると、加藤氏は非常に丁寧に答えてくださった。だがいま思うと、その胸中は複雑だったのかもしれない。

東京都美術館はこの時すでに新館に立て替わり、佐藤の寄付で建てられた建物は姿を消していた。以前は玄関に置かれていた佐藤の銅像も地下の収蔵庫にしまわれていた。佐藤の功績を忘れたかのような都美術館から、教えを請う学芸員がやってきたのである。

一年後に加藤氏は他界された。私はご遺族から貴重な関連資料をお譲りいただき、その後、生前の佐藤を知る方々を訪ねてお話を伺った。東京都現代美術館を経て九六年に筑波大学に移って以降は、当時の新聞などの文献調査にも取り組んだ。

北九州の庄屋の家筋に生まれた佐藤慶太郎は、数えで三十三歳の時、勤めていた石炭商の店から独立して自分の店を構える。石炭の性質や分布、採掘技術、取引の実態などを熱心に研究し、その精通ぶりから「石炭の神様」と呼ばれた。

終生カーネギー尊敬

その佐藤が終生尊敬したのが、米国の鉄鋼王アンドリュー・カーネギーだった。事業で築いた資産を芸術文化や教育への寄付にあてたカーネギーは、佐藤が独立したころ、日本でも新聞や雑誌に取り上げられ始めていた。佐藤は出版されたばかりの伝記を読み、「生涯消えぬ感動を与えられた」と後に記している。

二一年（大正十年）三月十七日朝、佐藤は滞在していた東京の旅館で、「時事新報」という新聞に掲載された「常設美術館」と題する社説を目にする。

「西洋の大都市には常設美術館があるのに日本にはない。平和博覧会を機に二十万円で一時的な美術館を設けると聞くが、常設美術館の建築に必要な経費は百万円。富豪や美術家の協力で八十万を加え、建築を実行せよ」との趣旨だった。

これを読んだ佐藤は、その日の午前中に東京府の阿部浩知事を訪ねて百万円の寄付を申し出た。翌月、佐藤が半紙二枚につづった寄付願が書留郵便で担当係に届く。二年後に関東大震災が発生し、美術館建設は東京復興の先駆けの意味も帯びることになった。

晩年の佐藤はさらに私財百五十万円を投じ、人々の生活習慣の改善を目指す「佐藤新興生活館」という組織を設立した。東京・神田駿河台にあった本部ビルは現在、山の上ホテルになっている。

収蔵庫から銅像復活

なぜ佐藤は社説を読んですぐに寄付を決断したのか。その前年に佐藤は主治医から、胃腸病の悪化を理由に事業から引退するよう言われていた。経済人を退くにあたっての「卒業制作」として、日本初の常設美術館を造りたいという気になったのではないだろうか。

私は研究をまとめた論文で二〇〇三年に博士号を取得、このほど集大成となる『佐藤慶太郎伝』を刊行した。

〇一年三月、それまで二十数年間も収蔵庫で眠っていた佐藤の銅像が東京都美術館のロビーに復活した。経済人として得た資産をどう使うかを考え続けた佐藤の生涯は、多くの人にとって参考になるのではないだろうか。

（「日本経済新聞」二〇〇八年七月三十日）

金持ちよ　大志を抱け！

樋口伸子（詩人・福岡市）

徳と金銭とは相性が悪い。つくづくそう思えるような事件が増え、いちいち驚いてもおれない。しかし、『佐藤慶太郎伝』を読み、福岡県若松の一石炭商が日本初の東京府（都）美術館建設費の全額を寄贈したと知って驚いた。

本書によれば、明治元年生まれのこの篤志家は若き日にカーネギーの伝記に感動して、「他日金銭を以て人類社会に奉仕しようと決心した」のだった。彼には、大きな徳と金が同居することができたのである。

一九二一（大正十）年、日本に常設美術館を切望する新聞の社説を見るや、慶太郎は東京府知事に電話をして建設費の寄付を申し出る。東京出張中のことで、半年後に百万円を現金で納めた。今の三十三億円に当たる額は、資産の半分だったという。刻苦勉励を経て事業でなした私財を自分の贅沢に使わず、終生、世のためにという初志に従った。

ここで清廉にも富にも縁がないどころか、微小な募金にさえ逡巡する私が、同県というだけで佐藤自慢に走るのはおこがましい。けれども金で心をなくす人が多い世だからこそ、ただの金持ちと富豪の違いや、現在の美術館問題にまで思いはめぐるのだ。

そういえば、近年はメセナ（企業の文化支援）という言葉をとんと聞かない。マスコミの喧伝もあって猫も杓子もメセナの一時期があったが、いまや企業も自治体も生き残るためにはなりふり構わない時代だ。

そのメセナの元祖ともいうべきメディチ家で有名な、イタリアはフィレンツェに二度行きながら、あのウフィッィ美術館に行かなかった私はよくからかわれ、なんてもったいない、という顔をされる。

そんなにもったいないかなぁ。どこでも美術館みたいな都市である。二回とも入らなかった理由はあるのだ。以前はルーブルもプラドもちゃんと行ったのだ。ピカソ美術館以外は人ばかりで、何をどう観たのか記憶にない。代わりに、建物や内部装飾などが印象深い。

思うに私は美術自体よりも館に興味があったのではないか。何しろわが福岡市では長い間、美術展はデパートで観るものだったから、一九六〇年代の在京時には学びもせずに文化施設の集まった上野の森によく行った。鬱蒼とした緑の周辺は、私にとって西欧文化への憧憬と疑似体験の充たされる場であり、本物抜きで夢想に遊ぶのは貧者の特権である。

当時は赤坂離宮（今の迎賓館）が国会図書館だったし、そういった都内でお気に入りの場所のひとつが旧・東京都美術館であった。これは図書閲覧や美術鑑賞という本来の目的とは別の愛好である。要するにハコ好き。

文化のハコ物行政が槍玉に上るが、どうぞ資金さえあれば、簡単に壊せない堅牢なものをお建てください。都市景観として和むし、行く人もあれば、行かない人もあるだけだ。

現在、全国に公・私立の美術館がどれくらいあるのだろうか。あの世の佐藤が知れば、さぞ驚くだろう。そして自分が寄贈した重厚な美術館が、美の殿堂として長年親しまれていたのに、一九七五年の新美術館建設時にとり壊されたと知ればもっと驚くだろう。日本美術界の大恩人とまで呼ばれながら、玄関にあった佐藤の銅像も、一時期は収蔵庫にしまわれたままだったと、著者は憤慨ぎみだ。

著者の斉藤泰嘉氏は同館の元学芸員で、少年期の思い出もある都美術館の歴史と佐藤慶太郎に興味を抱き研究を続けてきた。現在は筑波大学芸術学系の教授。資料の丹念な参照や探訪をもとにした衒いのない記述からは、篤実な等身大の主人公が浮かび上がる。勘違いしないでください。その等身大というのが超特大のサイズです。

彼は事業を閉じての晩年、国民の生活習慣の改善を願い「佐藤新興生活館」を設立運営のために、百五十万円の私財を投じた。建物は現在、神田駿河台の山の上ホテルになっている。これまた文学者にとっては別格の宿。美術と文芸の象徴的な二つの建物が佐藤の力によるというのが面白い。すぐれたハコは大切にされて長く残るのだ。

これほどの人物が地元でもあまり知られていないのは、なぜか。推測すれば、施設が遠い東京であったこと。財閥や企業「メセナ」でなく、個人であるがために企業イメージの宣伝と無縁だったこと。一時期修猷館に籍を置いたことも知られていない。つまりは、こういう人を「陰徳の士」というのだろう。

「自分一代で得た金は、世の中のために差し出さにゃ」が、佐藤の口ぐせだったとか。自分のために使うのがただの金持ちで、人のために使うのが富豪だ。何だかトーンが下がります。他人の財布のことをあれこれ言うのは、僻みやたかりと同根みたいで。

せめて、言おう。金持ちよ大志を抱け！　自家用飛行機や豪邸なんて遠慮せずに、超富豪になって地球を丸ごとでもお買いください、と。

（「西日本新聞」二〇〇八年八月二十日）

佐藤慶太郎が両親を中心に毎年催した観菊会

で始まり、同じ若松で終わった二人の暮らしが、浮かんでは消え、消えては浮かんだ。

慶太郎と俊子が所帯を持ったのは、明治二十五年（一八九二）のことである。自分は何を求めて働くのか。慶太郎の場合、それは目先の給料ではなく、「信用」という無形の財産であった。この目に見えない財産こそ、商人にとって最高の宝であると確信していた二十五歳の青年は、誠実に働き、やがて、「若松の佐藤なら」と言われるまでの信用を築くことができた。また、「石炭の神様」と呼ばれるほど、黒ダイヤの科学と経済に精通した男となり、炭鉱経営も引き受け、成功者となった。そして、ついには、東京府美術館の建設に必要な費用百万円を一人で全額寄付して、世間をあっと言わせた。まさに、新婚第一夜に妻に披瀝した「信念」が、自分で言ったとおりに、この青年を「大成」させたのだ。だが、はたして、男の「信念」だけで、商売が成功するだろうか。自分が「励む」だけで、男は「大成」するのだろうか。

もともと慶太郎は、英語と法律の勉強に打ち込んできたのであり、商売の実務については素人でしかなかった。だが、この素人青年は、そろばん、簿記、伝票処理など商売のいろはを最も身近な人間、すなわち、妻俊子から習うことができた。俊子の義兄は若松一の石炭商山本周太郎。この「やましゅう」の帳場を預かり、女だてらに、気の荒い男達を相手に堂々と店をとりしきってきた俊子との出会いなくしては「石炭の神様佐藤慶太郎」はいなかったはずだ。自分だけの信念と努力で、胃弱な体質の慶太郎が、それまで縁もゆかりもなかった石炭の商売をうまく軌道に乗せ得たとは考えにくい。俊子との結婚を境に慶太郎の人生は開けたように見える。姉や母のような妻であり、同時に商売の師であった妻俊子の存在あってこそ、今の佐藤慶太郎が生まれたのだ。

二人の間に子供はできなかったが、佐藤家には、いつも若者の声があふれ、にぎやかであった。慶太郎は、母校修猷館の卒業生に奨学金を提供していた。未来ある優秀な奨学生達を自宅に招いて、銭湯の朝風呂に誘い、天下国家についての議論を湯煙の中で吹っかけ、若者たちと愉快に過ごした。その中の一人、三宅与助は、九州帝大工科大学採鉱学科を首席で卒業後、請われて佐藤慶太郎の養嗣子となった秀才であり、欧米に留学後、戸畑の明治専門学校教授となった。俊子は、こうした奨学生達の母の役をつとめ、あるいは、親戚から預かった娘達の家事見習いの手本となった。慶太郎は、自ら「佐藤式会計」と称するものを一生守った。これは、収入のすべてを妻に渡し、お金が必要な時にだけ妻からもらう方式である。家計を預かる俊子は、慶太郎の収入がどんなに増えようとも、質素倹約を守って暮らした。だが、未来ある若者への育英事業を夫に勧めたのは俊子であったし、内助の功として、俊子自身の判断でお金を出すこともあった。慶太郎は、徹底した合理主義者であり、理のとおらぬことには一銭もお金を出さなかった。自立の努力を損なうおそれのある慈善事業にも寄付しなかった。世界一周旅行のときも近所へ何の土産も買ってこなかった。俊子は、餞別をもらった相手に御礼の品を自分で買い揃え、挨拶に回った。俊子は、夫が世間から非難されないように陰で機転をきかせていた。

常に将来を期して徹底的に倹約する夫が、不動産を除けば二人の全財産である百万円を美術館建設に寄付したときも、俊子は、心から賛成した。成すべきことにようやく出会い、夫は、いや自分も、「大成」できたと嬉しかったのだ。大正十五年（一九二六）五月一日、新緑の上野公園での東京府美術館開館式、そして、歌舞伎座や三越へ回った東京見物。それは、慶太郎と俊子にとって、二人が力を合わせて歩んだ人生の晴れ舞台であり、一生の思い出となる旅であった。だが、この後、昭和四年（一九二九）、俊子は片方の腎臓摘出という大手術を受け、昭和八年（一九三三）には、再び病状悪化で入院し、ついに昭和九年（一九三四）一月十五日早朝、心臓麻痺で永眠した。享年六十六歳。夫慶太郎は、このとき、福岡農士学校学監伊藤角一宛手紙（一月二十七日付）において「小生ハ是カラ二人分働カネバ」と書いている。

二　神様と聖者の出会い

生活こそは
楽しかるべき
筈のものです。
──『新興生活』創刊の辞

佐藤慶太郎は、「石炭の神様」と呼ばれた人物である。火野葦平の小説『花と龍』の舞台となった九州の港町若松で石炭商として成功し、従業員が千人もいる筑豊高江炭鉱の鉱主になるなど、炭鉱経営においても幸運に恵まれ、一代で富豪となった。彼は、自分の扱う商品である石炭について熱心に研究し、ついには「神様」とまで呼ばれるほどの石炭通になったのだ。目先の利益に溺れず、信用第一で堅実な商売を続け、その裏表のない誠実さによって、彼は、銀行や取引先のみならず、坑夫たちからも絶大な信頼を得ていた。「若松の佐藤なら」という言葉は、「インチキのない男」ということを意味したし、鉱主佐藤にならら命を預けるという勇み肌の従業員も炭鉱のなかには大勢いた。こうして、佐藤慶太郎は、明治以降の日本石炭史に名を残す人物となるのだが、それは、彼の前半生のことでしかない。

では、その後半生とは。前半生で築いた富をいかに世に役立てるかを考え、肚を決めるや即座に実行に移したのが、彼の後半生、すなわち、第二の人生だったと言える。そうした社会貢献の一つが、大正十年（一九二一）の東京府美術館建設費百万円寄付である。このとき、佐藤慶太郎、数えで五十四歳。この美術館ができたおかげで、美術作品の発表や鑑賞の機会は、飛躍的に増えた。秋になると、東京府美術館を会場とする院展、二科展、帝展など大規模な展覧会が次々と開催されるので、「芸術の秋」という言葉が国民の中に定着していった。フランス美術の最新動向の紹介など、東京府美術館を舞台にした国際的な文化交流も昭和初期に盛んになった。こうして、上野の美術館生みの親佐藤慶太郎は、日本の芸術文化の支援者として歴史に名を刻む。

だが、佐藤慶太郎の社会貢献は、美術館建設にとどまらない。アメリカの鉄鋼王にして文化事業支援者カーネギーを尊敬し、「富んだまま死ぬのは不名誉なことだ」というカーネギーの主張を信奉していた慶太郎は、妻俊子と死別した年の翌年、昭和十年（一九三五）、今度は百五十万円という私財を投入して、佐藤新興生活館という名の組織を誕生させた。このとき、佐藤慶太郎、数えで六十八歳。東京府美術館の建物は、昭和五十年（一九七五）の建て替えによって、姿を消してしまったが、佐藤新興生活館の拠点と

神田駿河台、山の上ホテル

なる建物は、今でも神田駿河台に残っている。JRお茶の水駅から歩いて数分の距離にある山の上ホテルこそ、かつては佐藤慶太郎が理事長をつとめていた佐藤新興生活館の本部ビルである。山の上ホテルは、明治大学の奥に立つ洒落たデザインの洋館で、石坂洋次郎や三島由紀夫ら文士の愛した宿として知られている。東京府美術館と佐藤新興生活館。美術館は芸術文化発展の舞台となり、生活館は生活文化改善の拠点となった。この二つこそ、佐藤慶太郎の行った社会貢献の双璧である。「石炭と美術館」と同様に、「石炭と生活館」という組み合わせも唐突なものに見える。だが、この二つをつないで考える男がいた。生活文化の改善に理解のある富豪を探していた人物。それは、静岡県の農村で新生活運動に取り組み、「富士山麓の聖者」と呼ばれていた山下信義という男である。この「聖者」こそ、「石炭の神様」に生活館建設を決意させるきっかけとなった人物である。

山下信義においては、「我等如何に生くべきか」という問いかけが、すべての行動の原点にあった。「富士山麓の聖者」山下信義とは、どのような人物だったのか。彼は、明治十三年に山梨県に生まれ、外交官を目指して京都帝大法科に学んだが、卒業後、伊豆の伊東で農業に従事し、塾を開いて農村青年の指導に当たる。「日本の社会教育の源流」と言われる修養団運動にも参加。キリスト教の伝道者でもあった。伊豆の農村に根差した青年運動の指導者が山下信義である。温泉地伊豆は、踊り子の物語の舞台であると同時に、労働の汗が額に光る農村改善運動の拠点の一つでもある。では、「聖者」山下信義が、「神様」佐藤慶太郎に出会ったのは、どのようないきさつからだったのか。

加藤善徳《よしのり》氏によれば、慶太郎の妻俊子が二人を結びつけたという。山下信義が毎年福岡県から招かれて県下を講演して歩き、若松市の婦人会の幹部をしていた俊子を通じて「聖者」と「神様」が知り合い、大いに意気投合したのだ。

「氏（佐藤慶太郎、筆者注）は御自身及び夫人の生まれ故郷のためには、理想郷土建設基金を寄付しておられます。若松市のためには、無料産院、その他病んで医薬を得ることの出来ぬ不幸な人々のための基金、県のために農士学校、更に日本的国家的には上野の美術館、其他或は秀才養成、天才擁護等、いろいろかくれたよい事業のために、莫大の金を使はれてゐるのです。これこそ理想的の模範的の富豪である、北九州の富豪中から、この人を発見した私は、鉱業家が大金鉱を発見したにもまして、嬉しかつたのであります。たまたま私の知人で、よく同氏と相識る人があり、遂に二人は引き合はされることになつたのであります。お会ひしてみると、意気の投合と云ふか、呼べばこたへ、叫べば即ち応ずるが如きものがあつたのであります」（山下信義「新興生活館の誕生まで」『新興生活』第一号・昭和十年十月一日発行）

山下信義は、「我等如何に生くべきか」という人生の根本問題を考え、晩年を活かしている人、富を有効に使用している人、理想と職業を一致させている人、全生涯を計画的に生きている人、農村文化建設の中心となっている人、生活創造につとめている人、簡易素朴の生活をしている人などを探し求めながら全国を講演して回っていたのだ。そうした中で、社会教育者山下信義は、佐藤慶太郎と出会ったのだった。

三　ほんとうの暮し方

にこにこと
笑ふは神のすがたにて
にがみし顔は
鬼とこそしれ
――岸田軒造『ほんとうの暮し方』

「石炭の神様」佐藤慶太郎。そして「富士山麓の聖者」山下信義。この二人の出会いが、佐藤新興生活館誕生のきっかけとなる。では、この二人が出会った昭和初期とは、どのような時代だったのか。大正も含めて振り返ってみよう。

関東大震災（大正十二・一九二三年）により甚大な被害を被った東京は、耐震耐火の鉄筋コンクリートのビルが数多く建つ近代都市に生まれ変わる。それは、古い時代の終わりと、新しい時代の始まりを意味した。江戸の面影は遠ざかり、代わりにモダン都市東京が登場する。大震災の二年後、大正十四年には東京放送局がラジオ放送を開始。その翌年、大正十五年（一九二六）には、佐藤慶太郎の寄付で建てられた東京府美術館が開館し、帝都復興の一翼を担う。さらに、翌年の昭和二年（一九二七）には東京に地下鉄が開通。銀座では、パリジェンヌと同じモードのお洒落なモガ（モダンガール）達が、ハイヒールの音も高らかに時代の先端を颯爽と歩いていた。機械文明や西洋風生活様式が、「モダン」という名のもとに、都市を中心に急速に広がっていった。だが、経済界の不況は、昭和に入ってから深刻な様相を呈し始め、特に農村の暮らしは、悪化の一途をたどることになる。

まず、昭和二年（一九二七）の金融恐慌は、憲政会の若槻礼次郎《わかつきれいじろう》内閣の総辞職という事態を招き、これに代わった政友会の田中義一内閣は、高橋是清蔵相のモラトリアム（銀行の支払猶予）実施により、かろうじて事態を収拾した。ところが、昭和四年（一九二九）、アメリカでの株の大暴落が引き金となって、世界恐慌が発生。日本経済もこの大波に飲み込まれた。不況の嵐が吹き荒れて失業者が増大、労働争議も頻発した。「大学は出たけれど」という映画も生まれた。対米貿易の主役であった生糸輸出は激減、国内不況により米価も暴落。繭と米に支えられていた農村経済は、先の見えない暗いトンネルの中にあった。外交においても昭和初期の日本は、手詰まり状態にあった。日本の将来はどうなるのか。経済の不況はいつまで続くのか。この国家の危難にあって、こうした国民の不安とは裏腹に、日本の政党政治は、適切な手を打てないまま、財閥と手を結び、あるいは疑獄事件を繰り返し、腐敗の沼に沈んでいこうとしていた。

こうした状況にあって、陸軍青年将校達は、国家改造を唱えるようになり、武力による状況の打開を図った。昭和六年（一九三一）には、奉天（現瀋陽）郊外の柳条湖における鉄道爆破に端を発する満州事変が勃発。翌昭和七年（一九三二）には上海事変、満州国建国、さらに総理大臣犬養毅暗殺の五・一五事件と続き、ついに昭和八年（一九三三）、日本は国際連盟から脱退し、国際社会からの孤立を深めていった。戦争へと突き進む時代の中で、国運を憂う佐藤慶太郎が、満州事変勃発のニュースを知ったのは、「世界一周実業視察団の旅」の船上、インド洋でのことであった。帰

岸田軒造著
『汗愛主義に立てる　ほんとうの暮し方』

国後の慶太郎は、福岡農士学校創立の産婆役として、六十過ぎの老体に鞭打つように資金集めに奔走するが、それは、自分が掲げる食生活改善運動の観点からも、農村の指導者の養成こそが、今の日本にとって急務だと考えてのことである。「石炭の神様」である彼が、「富士山麓の聖者」山下信義と出会って、たちまち意気投合したのも、山下が農村改善運動の指導者だったからであろう。「石炭の神様」は、「富士山麓の聖者」の説くところを本にして普及しようと本人に話をもちかけるのだが、意外にも「聖者」は、その慶太郎の申し出を辞退する。自分よりも、もっとふさわしい人物がいると言うのだ。山下信義は、佐藤慶太郎に一冊の真新しい本を見せた。それは、岸田軒造という人の著書であった。初版発行は、五・一五事件のあった昭和七年（一九三二）である。

「ほう、これは」

山下からその本を見せられた慶太郎は、本の装丁が洒落ているのにまず驚いた。『汗愛主義に立てる　ほんとうの暮し方』と題したその本の表紙絵には、数本の百合が、手を取り合うように咲いており、その中央には赤い同心円の輪が広がっている。それは、太陽と青空の下に広がる百合の花園といった平和な雰囲気に満ちた絵であった。中を開き、目次を見て、慶太郎は、また驚いた。モダンでロマンティックでさえある表紙デザインとは裏腹に、本の構成は、実に論理的に整理され、哲学の教科書のような明晰さを備えているのだ。しかも、それが、単なる観念論の書ではないことを証かすかのように、「……の改善」、「……の実行」という言葉が随所に盛り込まれている。しかも慶太郎の好きな「信念」という言葉も目に飛び込んできた。彼は、昔から「論説居士《こじ》」と呼ばれ、議論が大好きで、何事も理詰めで考えるたちの男である。しかも、無駄な思いつきでは行動せず、自分の確固たる「信念」に基づいて果敢に行動するタイプである。佐藤慶太郎にとって、この本は、まさに出会うべくして出会った一冊といえた。だが、もっと驚いたのは、読み進めて行く本文中に自分の名を見つけたときであった。『汗愛主義に立てる　ほんとうの暮し方』（財団法人修養団発売）の著者である岸田軒造（明治十八・一八八五年―昭和五十・一九七五年）は兵庫県に生まれ、東京高等工業学校（現東京工業大学）を卒業している。社会教育団体である修養団運動で活躍。その運動に関わっていた点でも、クリスチャンであった点でも、「富士山麓の聖者」山下信義と同じである。この『ほんとうの暮し方』に山下信義は、序文を寄せている。以下、その一部である。

「今や日本とのみ言はず、世界を挙げて人類は生活難に悩んで居る。けれども此の生活難は、単に之を経済的にのみ考へて、幾ら手段方法を工夫して見た所で、それだけでは到底之を克服する事は出来ない。モット根本に遡つて、その生活理想を建て直すことによつてのみ、よく此の生活難を解決する事が出来るのである。岸田兄が、『生活維新』と叫ばれて居るのは、惟《おも》ふに人間が、今迄《いままで》通りの生活態度をその儘《まま》続けて、之をちつとやそつと改善する位の事では追い付かない、よろしく根本的に、生活態度そのものを替へてかゝる必要があるとの謂であらうと思ふ。私は全く同感である」

人間の暮らしは、経済の改善だけでは向上しないというのが山下や岸田の主張である。では、そこで説かれる「生活維新」とはどのようなものなのか。それを詳しく説明しているのが、この『ほんとうの暮らし方』である。よく噛んで食べることの大切さを説く自分の主張が紹介されており、自分を胃腸病から救ってくれた二木謙三博士の名もあちこちに登場するとあって、慶太郎は、岸田軒造の書いたこの本の普及を決意した。武力による「昭和維新」ではなく、平和な「生活維新」を説く人。さらに、それに深く共感する人も昭和七年（一九三二）の日本にはいたのだ。

四　時こそ生命

わたしゃ湯平
湯治のかへり
肌にほんのり
　湯の香り
——野口雨情

静養先の大分県湯平《ゆのひら》温泉で、佐藤慶太郎は、岸田軒造著『汗愛主義に立てる　ほんとうの暮らし方』を読み進めた。その中の「咀嚼完全」という箇所で、自分を長年の胃腸病から救ってくれた二木謙三博士の名を見つけ、この本に急に親しみが湧いてきた。

「二木博士は『日本人の健康を救ふ最も大切な問題は食物をよくかむことである』と云はれます」

「福岡県の佐藤慶太郎氏の書かれた物によると、食パン二切れを十分咀嚼して呑み下せば、其《その》唾液の中に含む消化力は、日本薬局方による『ヂアスターゼ』の一日量に優るとの事であります」

「野菜など、よくかむと前に知らなかつた美妙な味が味は、れます。（中略）佐藤慶太郎氏は、半《はん》搗米《つきまい》ならば百五十回、玄米ならば二百回かむと云はれて居ます」

老父を伴い温泉滞在中の佐藤慶太郎（左）

自分の主張と実践までが紹介されており、慶太郎は、この本にますます親しみを覚えた。岸田軒造は、時間の大切さについても説いている。これも慶太郎の関心のあるところだった。「時は金なり」とは誰でも言うが、岸田はこれを「時は生命なり」と説く。慶太郎も九州若松港で石炭商の仕事に就いて以来、時間の有効活用を実践してきた。たとえば、彼は、出張しても、他の者なら四日かかるところを二日で済まして帰ってくる。秘訣は、葉書での事前連絡にあった。たとえば、博多の取引先に用事のある場合、あらかじめ先方に葉書を出しておき、相手に博多の駅で待機しておいてもらう。混み入った用事なら別だが、たいていは汽車の停車時間の間にプラットホームで用件を済ましてしまう。こうして、同じ列車に再び乗り込み、次の用務先へと向かうのである。

岸田軒造は、「一分時を最高能率に用ふ事」という箇所で、秋吉の聖者本間俊平先生という人物について紹介している。この人物は、これまでに二千組以上の夫婦の縁談をまとめ、知人友人には、寸暇を惜しんで励ましの手紙や葉書を出す。その数は月に千数百通にものぼるというのだ。佐藤慶太郎も、親戚の子供から「葉書おじさん」とよばれたぐらい筆まめで、しかも用件だけをさっと短くまとめて書くのを得意としていた。岸田軒造は、時間だけでなく、物も大切にしようと説く。「総ての物に感謝する事」という箇所に間宮はまというお婆さんの話が出てくる。このお婆さんは、愛用の下駄が煎餅のようになるまではくが、いよいよはけなくなると、よく洗って床に置き、「長々ありがとうございました」とお礼を言い、再び生まれて世のためになってくれよと桐の木の下に葬るというのだ。慶太郎も、物は大切にした。富豪となってからも、一枚二銭の国産品のひげそりの刃を二ヶ月はもたせた。切れなくなると砥石で磨いて再生させたのである。印鑑の袋もボロボロになるまで三十年も使い続けた。

「物と時の無駄を徹底的に廃除し、精神と身体を無限に向上して行く」ことが、「生活改善の眼目」だと主張する岸田軒造。では、そのような向上のためには、何を実行すれば良いのか。岸田は、実行すべき事項を二種類に分けている。直ちに実行できるもの、これが「第一標準生活」であり、出来ればここまで進みたいという理想が「第二標準生活」である。「時間の空費は一種の自殺であり、他人に時間を空費させることは生命の掠奪だ」とさえ書く岸田。凡人の眼には、過激な理想主義者と映りかねない。実際のところ、秋吉の聖者本間俊平先生や、間宮はまお婆さんのように行える人がどれだけいるだろうか。だが、岸田は、北風と剣の人ではなく、太陽と百合の人である。彼は、人には人それぞれの事情があるので「善事」でもその完全な実行を人に強いるな、理想を目指す努力の過程が大切なのだと説く。

早起きの効用を説く岸田軒造だが、もともと夜ふかし型で、朝早く起きるのは苦手であったと、本の中で素直に告白している。また、夫婦の関係については、「忙しい中にも妻の仕事を手伝うこと」と愛妻家の立場から家事分担を説きつつ、「奥様方にお願い」という箇所では、「若し私が、今新に妻を迎へるならば、要件はたつた一つだ。いつもニコニコして決して怒らない女、これだけだ」と恐妻家とも思える男の本音を述べている。岸田軒造は、正直な人物なのだ。人と人が、男と女が、大人と子供が、日本人と外国人が、それぞれ「温い心」で手を取り合って歩むことを岸田は願い、こう記す。

「本書に記す所が、凡《およ》そ人間生活の理想に近いものであると信じます。完全に之を実行するのは容易のことではありません。当然です。それが出来れば聖人であります。我等は直に聖人にはなれません。只、絶えず理想を目がけて向上進展しやうと努力するだけであります。人各々、性質、思想、境遇等を異にして居ます。或人には容易に行へる事でも、或人には至難の事があります。善事と雖《いえど》も決して之を人に強いてはなりません。常に十分の同情を持ち温い心、へり下つた心で、励まし合ひ奨《すす》め合ふて行く事が大切であります」

「第一標準生活」の「第一節　個人として実行すべき事項」は、「甲　健康に就いて」から始まる。その第一項が「朝夕の体操」であり、第二項が「皮膚の鍛練」である。それは「タワシ摩擦」、「温浴後冷水浴」と続く。実は、タワシ摩擦の前に、岸田は、「荒縄摩擦」を実践している先代森村市左衛門翁の例を紹介している。タワシどころか荒縄で肌を鍛えるのが「第一標準生活」では、この先がと不安に思えてしまうが、さすがの岸田軒造も荒縄摩擦は続かなかったようで、その後、本人はタワシ摩擦（背中はシュロ縄）、家族はブラシ（靴バケ位の硬さ）に変更したという。摩擦の次は、「鼻腔灌水」と続く。そこには、こう書かれている。

「友人『君は皮膚の鍛練を熱心にやるが、まだ足りない所がある、鼻腔の中を鍛練しないだらう。風引きは大抵鼻からだ』

岸田『鼻の穴の鍛練とはどんな事をするのだい』

友人『それは、わけのない事、毎朝洗面の時に、両方の鼻の穴に、交るがはる水を吸い込むのだ』

私は早速実行しました。痛いいたい、ピリピリピリ、頭の先までつきぬけそうだ。けれども、何事も苦労なしに善いものは得られぬ。私は辛抱しました。三四日すると痛みが余程少く、五六日たつと全く痛みを感じなくなりました。それ以来風引きが殆どなくなりました」

岸田の体験談である。さて、タワシ摩擦や、風呂上がりに冷水を浴びるのは、本当に効果があるだろうか。筆者（斉藤）は、二十代の札幌生活時代、この二つを実践し、厳冬でもモモヒキをはかずとも風邪ひとつ引かなかった。また、最近は、「鼻腔灌水」に挑んでいる。鼻にはツーンと来るが、花粉の季節、くしゃみの数が減った。

皮膚鍛練の次は、食生活改善である。第三項節食、第四項咀嚼完全と展開する。この項は、慶太郎を胃腸病から救ってくれた二木謙三博士の説の紹介から始まる。そして、唾液の消化力という部分で「福岡県の佐藤慶太郎氏の書かれた物によると」とあり、一口何回噛めば良いのかという部分で「佐藤慶太郎氏は半搗米なら百五十回、玄米ならば二百回かむ」と記されている。

「第二節　家庭として実行すべき事項」では、衣食住にわたって合理化を説いた後、「家風」に話が及ぶ。岸田家では、毎朝、夏は五時半、冬は六時になると振鈴が鳴って、全員起床。その十分後、第二の振鈴で家族で体操と続く。洗面後は正座して家庭朝礼である。

「朝礼を行はなかつた時代のことを思ふと恥しいです。子供等がみなダラダラと起き、起きてからも更衣や洗面に手間取つて、いくらでも後れる、学校の時間が迫る、叱る、泣くと云ふ様なことで、元気な掛声もなければ愉快な歌声も聞こえない。（中略）家庭朝礼は、家族を動物の生活より神の生活へ導きます」と岸田軒造は、これも自分の体験に基づく生活改善を述べている。

「第三節　社会生活上実行すべき事項」では、「時間」の節約、「社交儀礼」の簡素化、「同胞」の差別撤廃、「公衆作法」の尊重、「社会」への奉仕などが説かれている。以上が、「第一標準生活」である。次の「第二標準生活」では、個人では「腹力の鍛練」、「総ての人に感謝すること」、家庭では「家政方針の確立」、社会では「共同農作」などの事項が挙げられている。続く「基礎信念」の章では、「目標の確立」が冒頭に置かれ、「目標のない生活は行くべき港を知らぬ船の如きものであります」としている。では、生活の目標とは何か。われわれは、日々何を目当てに生活すれば良いのか。岸田軒造は、「人間生活の正しき目標」は「自己完成」であり、「自分の健康と、智能と、人格とを、どこ迄も高く完全に、造り上げること」だと述べている。

湯平温泉街を上から下へと貫いて、真一文字にごうごうと落ちる谷川の流れ。岸田軒造著『汗愛主義に立てる　ほんとうの暮し方』を読み終えた佐藤慶太郎は、白百合たちが太陽と青空の下で手を取り合い踊る表紙絵から目を上げた。宿の真下から這い上がる音の激しさとは対照的に、彼の心は静かに澄み渡っていた。慶太郎にとって、この本は、魔法の鏡のようなものだった。自分の信念がそこにありありと映し出されているのだ。彼は、この書を数多く印刷し、無料で配布することに決めた。「日々、自己完成を目指す生活」こそ人間の目標だと説く岸田軒造の主張こそ、港の見えない今の日本に必要だと慶太郎には思えた。

五　生活館の船出

夜に還れば
　明は来る
貧に還れば
満足が生まる
――二木謙三

佐藤慶太郎は、岸田軒造著『汗愛主義に立てる　ほんとうの暮し方』という本に感動を覚え、この本の全国普及を決意。早速、実行に移す。昭和八年（一九三三）のことである。

慶太郎は、まず、自分に岸田を紹介してくれた「富士山麓の聖者」山下信義（静岡県三島町在住）に序文を書いてもらった。山下は「佐藤慶太郎氏の美挙に感じて所信を披瀝す」と題し、その序文にこう書いた。

「今日の世相は、日一日と悪化して居ります、此の調子で進んだら此の先どうなるだらうと云ふ懸念と憂欝とが、すべての人の心を襲ふて居るのであります」

では、時代の行き詰まりの原因は何か。山下は、それは「金銭至上」という考えの誤まりだと指摘する。

「金銭至上は、一時的なる心の迷ひ出来心からのことでありまして、我らの本心は、愛をもつて、最も大なるもの、最も貴いものと認めて居る」と説く山下は、「金銭至上の生活信条より聖愛至上の生活信条へ、営利第一主義より奉仕第一主義への国民的転向」という「指導原理の立て直し」こそ、今日最も大切なことだと主張する。佐藤慶太郎は、こうした山下信義の序文を付した岸田軒造の著書を一冊ずつ、「全国の指導者各位」、すなわち、官庁や会社で重要な立場にある人、さらに学校長や駅長、郵便局長など、日本中の「長」と名の付く数万の人々に対し郵送した。この印刷費、郵送費などすべての経費は慶太郎が負担した。彼は自分で築いた財産であっても、それは社会からの預かり物だと考えていた。預かり物なら、返すのは当然だということになる。「私」をすべて「公」にお返ししてから、あの世へ旅立つ。そうした心構えでいる慶太郎にとって見れば、今回のことも、篤志事業というよりも、ごく当り前のことであった。確かに、当り前のことをするというのは、何よりも心が落ち着くものである。

いくら素晴らしいことが書いてあっても、それを実践しなければ、本は本でしかない。佐藤慶太郎、山下信義、岸田軒造の三人は、『ほんとうの暮し方』の本を「全国の指導者各位」に贈呈した後、その実践の輪を広げるべく、構想を練った。この本を「お経」とする「お寺」を建て、人々の暮らし方、すなわち日常生活の立て直しを研究し、「本当の暮し方」の実践を呼びかける生活研究所の設立を彼らは決めたのである。「お寺」を建てるには、手順がある。第一に「お経」を決めよ、第二に「導師」を呼べ、第三に「お坊さん」を集めよ、第四に「仏像」をそろえよ、第五に「お堂」を建てよ、以上の五段階である。実は、これは美術館のつくり方の手順でもある。筆者（斉藤）は、これを札幌で、上司である北海道立近代美術館長倉田公裕《きみひろ》氏に教えていただいた。「お経」とは、美術館の運営方針、「導師」とは館長、「お坊さん」とは学芸員、「仏像」とは美術品、「お堂」とは美術館の建物を指す。この倉田氏の「お寺理論」を佐藤慶太郎ら三人の考えた「生活研究所」構想に当てはめてみよう。

まず「お経」である。これはすでに『ほんとうの暮し方』という立派な本がある。岸田と山下はさらに詳細な実施計画書を作成し、慶太郎に提出。それを読んだ慶太郎は、二人がこの事業に専心してくれるなら大丈夫と百五十万円出資の腹を固めた。ちなみに、岸田自身は、自分の書いた『ほんとうの暮し方』が唯一絶対の真理だとは考えていなかった。むしろ、生活研究所を建てて、それが正しいものか検討し、さらに修正、発展させたいと願っていた。次に「導師」である。以前、美

佐藤新興生活館創立の日（昭和10年３月１日）
前列右から２番目佐藤慶太郎、後列右端加藤善徳

術館建設費として東京府に百万円を寄付したとき、慶太郎は純然たる資金提供者の立場に徹し、美術館の企画運営はすべて東京府と美術専門家に任せ、さしでがましいことは一切しなかった。今回は、食生活改善を含む国民生活刷新運動に燃える男として、彼が「導師」、すなわち理事長となった。その次の「お坊さん」はどうか。これには六人が任に当たった。岸田軒造、山下信義の二人が常務理事となり、渡辺竹四郎、加藤善徳（小説家下村《しもむら》湖人《こじん》の弟子、後に佐藤慶太郎の伝記作者）、岸根寛次良、千葉明彦の四名が職員となった。いずれも理事長と同じ生活刷新の夢を抱いていた。

　生活研究所の名称は、佐藤新興生活館と決まり、昭和十年（一九三五）三月一日に旗上げ式が行われた。場所は、丸ビル内の仮事務所でのこと。生活館の建物は、神田駿河台に建設することが決まっていたが、着工はまだであった。

この船出は、佐藤慶太郎理事長、後添えの喜代子夫人（俊子夫人亡き後、昭和九年に慶太郎と結婚）、岸田、山下両常務理事、そして渡辺、加藤、岸根、千葉の職員のみ出席という簡素な式典であった。新興生活館の機関誌『新興生活』創刊号（昭和十年十月一日発行）の「新興生活館の生まれた日 人類の待望に応へて」と題した記事には、その様子が詳しく書かれている。

「帝都の中央、丸ビル四六〇号室での開館式には、名士の臨席もなく、花束の一つもない。なんという貧弱な式だが、なんという新興生活運動にふさわしい出発であろう。岸田常務理事が司会をつとめ、山下常務理事が新興生活館設立の経緯を述べた。次に佐藤理事長が理事長就任の辞を謙譲を尽くして述べ、『金を道に従つてためるのは容易な業ではない。然し更に難事は、金を道に従つて活かして使ふことであると思ふ。（中略）何卒最善と思はるゝ処にこれを用ひて、御国と人類の幸福のために御尽力を願ひたい』と締めくくった。これに対し、館を代表して渡辺竹四郎は、『佐藤氏は先に美術館に百万円を寄付せられ、今又更に国民生活行詰り打解の為に、殆ど全財産を献ぜられた事は天下の驚異である。特に我らをして敬服せしめるの一事は、氏がこの巨額の提供に、全くの無条件である点である』と述べた」

丸ビルでの質素な開館式から二ヶ月半後、佐藤新興生活館の宣言綱領や事業概要などが出来上がり、これを各方面に発送したところ、大きな反響があり、東京のみならず各地の新聞も詳しく新興生活館について報道した。その中のひとつ、「東京朝日新聞」（昭和十年五月十四日付）は、「佐藤翁再び美挙〝国民生活明朗化〟に全財産を提供 百五十万円で研究」という大見出しの下、別府の自宅へも電話取材し、佐藤新興生活館の設立経緯、さらに将来プランまで記事にしている。

「上野の東京府美術館の建設に百万円を投出した佐藤慶太郎翁（六八）は今回、険悪な世相と不安な生活の諸問題に対して革新と解決の一歩を進めるため新に全財産百五十万円を提供して『新興生活』を旗印に社会教化運動に乗り出すことになつた」

「別府市天神町在住の佐藤慶太郎氏は語る――生活改善運動はあらゆる階級に亙り日本のみでなく世界人類のために改善運動を行ふ目的である。生活館の仕事としては精神、物質、道徳、経済等の各部門に分つて研究するもので自分が理事長になり社会事業に関係のある人々が中心になつて働いてくれることになつて居る」

このとき佐藤慶太郎、数えで六十八歳。しかし、新聞に掲載された顔写真は、若武者のように凛々しい。国に頼らず、自ら社会事業に立つ男。まさに明治生まれの九州男児の顔である。

六　銃と白鳥

昨早暁一部青年将校等
各所に重臣を襲撃
――「東京朝日新聞」

東京駅前、丸ビル内の仮事務所で佐藤新興生活館の旗上げ式が行われたのが、昭和十年（一九三五）初春三月一日のこと。その二ヶ月半後、新緑さわやかな五月中旬、館の宣言綱領や事業概要が

佐藤慶太郎が滞在していた東京ステーションホテル

完成。公表するや新聞各紙はこれを大きく報道。佐藤慶太郎は十四年前の美術館寄付のときに次いで、再び時の人となった。夏を過ぎ、秋に入ってから生活館機関誌『新興生活』が誕生。創刊号の発行日は、十月一日である。稲穂が一面の田を黄金色に変えるように、佐藤慶太郎の人生にとっても実りの秋がやってきた。『新興生活』創刊号の表紙を飾るのは、水面を軽やかに滑る二羽の白鳥の写真である。この写真に決めたのは、生活館理事長である慶太郎自身であろう。

その光景は、銃弾が血を呼ぶ雪の二・二六事件(陸軍青年将校の決起)を数ヶ月後に控えた時代の雑誌とはとても思えないほど、のどかに見える。だが、青年将校らの唱える昭和維新、佐藤慶太郎が先頭に立つ新興生活運動、この二つは、国家の現状への危機意識において決して無縁ではない。疲弊した農村、それを救えない政党政治。そうした時代を武力で強引に改変しようとして天皇の怒りを買ったのが二・二六事件である。一方、農村や女性の抱える問題を冷静に分析し、日常生活の合理的改善により、人間本来の生命力を取り戻そうとしたのが新興生活運動である。その運動の先頭に平和な白鳥の姿を立てて進もうという気持ちが、『新興生活』創刊号から感じられる。

　国籍、世代、性、信条、思想、性格など、人間は、一人ひとりで違う。だが、子供であろうが老人であろうが、男であろうが女であろうが、全世界の人間は、誰もが「生活」を持つ点で共通している。佐藤慶太郎は、人間という樹木の大地である「生活」の改善から社会を変えようとしていたのだ。『新興生活』創刊号を開くと「創刊の辞」が冒頭にある。そこを読んでみよう。

佐藤慶太郎と『新興生活』創刊号

「『新興生活』とは、今迄誰もが考へたことのなかつたと云ふやうな、新規奇抜な生活提唱ではありませぬ。『真理は永遠に新しい』意味に於ける『新興生活』の主張であります」

「創刊の辞」に続くのは、財団法人佐藤新興生活館理事長佐藤慶太郎による「御挨拶」である。

『新興生活』の創刊にあたり、謹んで御挨拶を申し上げます」で始まるこの文には、実業家佐藤慶太郎が数え六十八歳になって到達した信念と決意が述べられている。

「つら〳〵考へまするに、凡《およ》そ此世《このよ》にあるもの一事一物みな天地の宝、国家の財であります。従つて一銭一毛と雖《いえど》も、私用すべきものではなく、悉《ことごと》く之を国家社会のために最も有効に活用すべきもので、我等はただ善良なる管理者であれば足りると存じます」

では、その「天物の一部」の管理者である自分は、それを「最高価値に活用」するために、どのような事業にそれを投ずるべきか。その答えが新興生活運動だとする理由を慶太郎はこう述べる。

「回顧しますれば、老生は曾《かつ》て大いに健康を害し、如何なる医薬も効なく、百方術尽きたる感がありました時、図らずも生活様式の誤つて居る事を覚《さと》り、翻然之を改め、遂に未だ曾てなき強健体を捷《か》ち得ました。今日世間を見ますするに、過去の老生と同じ状態に、悩んで居る人が少なくありません。尚生活の不合理は単に健康を害するのみならず、あらゆる人生の不幸を生じ、或る意味に於ては、これが困難の最大原因であるとも云へるのであります。之を革正することが、恐らく今日の国家及び社会のために、最も大切な事ではなからうかと、考へるに至つたのであります」

こうした慶太郎の考えを踏まえた「新興生活宣言」は、「険悪、不安、動揺」の世相を深く憂うところから始まり、「自己中心、営利第一主義」をやめ、「愛と奉仕」を指導原理として「歓喜光明」の世界を建設するよう説く。さらに、その考え方を標語にした「新興生活綱領」は、五項目から成る。

一　新興生活は霊的更生に出発す。

清水組による佐藤新興生活館建設工事

一　新興生活は愛と犠牲と奉仕に生く。
一　新興生活は力を実生活の合理化に注ぐ。
一　新興生活は人と物と時とを活かす。
一　新興生活は近きより遠きに及ぼす。

また、この創刊号には佐藤新興生活館の船出を祝う各界からの祝詞が掲載されている。それは、佐藤慶太郎を胃腸病から救った二木謙三医学博士をはじめ、東京朝日新聞主筆前田多門、修養団主幹蓮沼門三、日本女子大学校長井上秀子、三菱合資総理事串田万蔵など全十八名からのものである。その中の異色の人物に賀川豊彦がいる。彼は、キリスト教社会運動家として知られる人物であり、戦後はノーベル平和賞候補に挙げられている。

こうして、「人間生活の原理及び実際を調査研究し国民の道徳生活竝《ならび》に経済生活の向上を図るを以て目的」とする佐藤新興生活館の事業は、徐々に動き始めた。やがて、丸ビル四六〇号室を仮事務所とする時代（二年間）が過ぎ、ようやく神田

佐藤新興生活館定礎の日、左端に設計者ヴォーリズ

完成した佐藤新興生活館

区駿河台一丁目に新築の生活館が姿を現した。

昭和十二年（一九三七）四月には丸ビルから職員が移り、七月にすべての工事が完了した。建物の設計監督はヴォーリズ建築事務所、工事請負は清水組、地上六階、地下二階のモダンな建物が、遠く富士山を望む丘の上に誕生した。この建物での最初の事業は、女子教育の実践であった。職員が丸ビルから移って間もない四月二十九日（天長節＝天皇誕生日）、館内に設けられた生活訓練所（後の三鷹女学園）で第一回入所式が行われ、全国から集まった十七名の若い女性が新入生として入学。急に華やいだ雰囲気となった生活館。このときの入所式において、慶太郎は、生活訓練所長としてニコニコ顔で挨拶し、教育方針を述べた。彼は、現代の女子教育が個性を無視した画一教育や知識偏重に陥っている点を指摘し、生活体験を通じて学ぶという「知行合一の体験的生活訓練を主眼とする方針」を打ち出した。機関誌『新興生活』の昭和十二年二月号には、この生活訓練所開設の趣意書が載っている。それによれば、開設の目的は、「新興生活の指導に当る婦人を養成することにあり、その趣旨は、「純真な心をもつて最も多く仕える生活を希望し、すべての才能も知識も用ひて人を幸福ならしめ、世の憂ひを底ひまで取り去らふとする奉仕の生活者を一人でも多く育てたい念願からである」としている。

この学校は、生活館内で生徒全員が起居を共にする「生活館家庭塾」であり、修業期間は一年。入学資格は、二十五歳までの者で高等女学校長または、婦人会長か女子青年団長の推薦を受けたものとしている。学科目には、調理と被服を中心に、食物、住居、育児、家政、体育、修身、生活芸術がある。この生活訓練所は、良妻賢母を育てる花嫁学校のようにも見えるが、そのような表現は趣意書には見あたらない。慶太郎は、訓練生達が卒業の上は郷土に帰り、その地方の生活問題解決の柱石となることを願って、この学校を生活館の中に開設したのだった。

七　慶太郎断想録

人が自分を
どう思ふかよりも
自分が真に何であるかが
大切なこと
――安積得也

佐藤慶太郎が理事長をつとめ、その生涯の集大成となった佐藤新興生活館。その事業の柱の一つとして、静岡県函南《かんなみ》村に農村中堅青年を錬成する聖農学園が開校したのが昭和十一年（一九三六）十月のこと。中堅家庭婦人養成という館の呼びかけに応え、新築の生活館（神田駿河台）に設けられた生活訓練所入所式に全国から十七名の乙女たちが集まったのが昭和十二年（一九三七）四月のこと。同じ頃、安価栄養食の普及を図るために栄養食堂が同館内で営業を開始。昭和十二年秋には、佐藤新興生活館落成記念事業として、時局生活展覧会を開催。翌昭和十三年（一九三八）二月には、生活問題に関する専門家を招いて生活講座を開設。四月から機関誌『新興生活』を『生活』と改題。

九月には、「生活費三割切下の提唱」と題した佐藤理事長のラジオ放送（福岡放送局より全国中継放送）があった。越えて昭和十四年（一九三九）六月には、「産業報国と生活刷新」というパンフレットを全国の産業報国会に寄贈頒布。十一月には、生活館にあった生活訓練所が府下三鷹に移転し、三鷹女学園と改称。同じくこの年、生活館は、「改善結婚の手引」を作って、結婚に関する儀礼の簡素化などを提唱した。

こうした事業の先頭に立つ佐藤慶太郎は、生活館の機関誌『新興生活』と『生活』に、折りにふれての随想を「慶太郎断想録」と題して連載している。「日本のカーネギー」たらんとして社会事業に全財産を投じた（慶太郎流に言えば、お返しした）彼の思いをそこから知ることができる。その「断想録」のいくつかを記す。

＊＊＊

「過去七十年いろ〳〵な人達の世話になつた。記憶して居る数丈けでも大変だ。残る生涯をお礼のために過したい。未知の人、自然の恩恵に対してはどうしよう。それがためには百まで生きても尚ほ足らぬ」（『新興生活』昭和十一年十一月号）

＊＊＊

「私は元来石炭屋である。今は教育者の看板をかけてゐる。石炭とダイヤモンドは親戚であり、黒い石炭から幾多の染料がとれる今日であるから、石炭屋が教育者の真似をしても敢て不思議はないといふもの丶、何だか板につかぬ感じがしてならぬ。しかし私の考へは自分の教育をしやうといふのであつて、他人を教へるといふのではない。文字通り『七十の手習』である」（『新興生活』昭和

佐藤新興生活館での佐藤慶太郎（中央）

十二年一月号）

＊＊＊

「児童研究所、生活訓練所、聖農学園、母の教育、晩年生活の指導等、人生を一貫した教育道場の中に生活するのである。幼児のやうに純に、乙女のやうに柔和に、青年のやうに勇ましく、母のやうに温かく、しかも老人らしい淡泊な生活によつて、今一度人生の再検討を試みたいのである」（同前）

＊＊＊

「自分一人は特に選ばれた人でもある如き態度で、何事に就いても直に説教することをさけたい。人間同志相寄つて『誰が誰を教育する』といふのだ。かうなさい、かうでなければいかん、かうすべしなどやられたら、皆が逃げる。倶に相抱き、互いに手をとり、互いに足を洗う。それだけだ。教育はそれ以上ない筈」（同前）

＊＊＊

「或時幼稚園の運動会を見た。あの無邪気な子供

佐藤新興生活館での体操風景

等が、この時ばかりは、顔を赤らめ、歯をくひしばり、目をむき出してかける徒歩競争の一団に思はず手に汗を握つた。

＊＊＊

次に、二人の脚を一本づゝ寄せ集めて縛りつけた二人三脚の競争、自由に走りたいあの小勇士の困りさ加減……気の毒で見て居れなかつた。

＊＊＊

次に、五人組の団体レース。大小五人のものは、倒れたものを起し、小さいものゝ手を曳き、果ては弱はつたものを抱きかゝえてのゴールインには何人も泣かされた。

＊＊＊

老人、大いに考へさせられた。『新興生活者』はどの型を行く？　無論、人を押し倒しても勝ちを争ふ第一のものではない。互いに自由を束縛し、能率を妨げ、共に迷惑し、共に倒れるといふ第二のものでもない。強は弱を助け、大は小を導き、

力を協せ心を一つにして、共に人生を辿る愛の生活行脚であらねばならぬ」（『新興生活』昭和十二年二月号）

＊＊＊

「私は貧家に生まれ、親戚の補助を得て明治法律学校に学んだ。だが、病身であつたゝめ、殆んど半分を病気で暮し、やつと卒業だけはした。此の健康状態のため、生涯勉強の必要ある法律を断念して、実業界に入つた。そして番頭生活から出発して、他日金銭を以て人類社会に奉仕しようと決心した。忘れもせぬ明治二十五年私の二十五歳の時である」（『新興生活』昭和十二年九月号）

＊＊＊

「その頃カーネギーの伝記をよみ、彼が糸捲小僧の幼時、その収入の十分の一を慈善事業に捧げたことを知つて、生涯消えぬ感動を与へられた」（同前）

＊＊＊

「金銭蓄積以外、使用する事を考へぬ人に取つては、私のやり方が不思議に思はれやうが、私からみれば、左様な人は、何のために働いたか、何のために金を儲けたか、寧ろ不思議に思ふのである」（同前）

＊＊＊

「私は若い時から、眼前に直面した事柄に、精一ぱい、有りつたけの誠と、力をつくして当たつてきた。従つてその結果については、一切取越苦労や、愚痴・後悔は言はぬことにしてゐる。今の言葉で云へば、現状充実主義と云ふのであらうか。実は、こんな主義を立てゝも立てなくても、人間に与へられた道、我々のつくすべき方法は、たゞ『現在に最善を尽す』之以外にはないのではなからうか。今日と云ふ一日の外はなかりけり　昨日は過ぎつ、明日は知られず」（『生活』昭和十四年十月号）

＊＊＊

「断想録」において自ら書いているように、「自分一人は特に選ばれた人でもある如き態度で、何事に就いても直に説教することをさけたい」と考えていた慶太郎は、新興生活館理事長という職にあっても、尊大なところは全くなかった。かつて、新興生活館で働いていた奥田半亮《はんすけ》氏は、筆者（斉藤）の取材に答え、佐藤慶太郎について、「明るくて、いばったりせず腰が低い人でした。気さくな人でした」と述べている。また、奥田半亮氏の弟で、兄と同様に新興生活館職員であった奥田重夫氏も佐藤慶太郎について、「職員一人ひとりに対して丁寧な言葉遣いが印象深い。平等に職員を思って下さるので感謝していた」と語っている。やはり職員の後藤富美枝氏は、佐藤慶太郎が「鼻が高くて外人のようだった」、「背広のチョッキに両手を突っ込んで階段をチャッチャッと歩いてきた」、「少女の自分が新職員として採用されたとき、頭をなでられ、よろしくと言われた。優しかった」と述べている。

謙虚な慶太郎であればこそ、人から揮毫《きごう》を頼まれても、これを固辞するのが常であった。だが、七十歳を過ぎ、生涯でただ一度、依頼者の熱意に負け、揮毫をするために筆をとったことがある。その時の言葉が「公私一如《こうしいちにょ》」である。

八　巡査夫人の武勇伝

男尊女卑　女尊男卑
ともに偏見跛行の
思想であると思ふ
――慶太郎断想録

佐藤慶太郎が、生涯にただ一度だけ残した揮毫「公私一如」。誰に頼まれても断っていた彼が、なぜこのときだけ筆を取ったのか。彼にこの揮毫を依頼したのは、福岡県折尾署管下、本城駐在所勤務の巡査、村上寅彦である。この駐在所のあった本城は、佐藤慶太郎の故郷である。村上巡査は、以前、筑豊炭田の町、香月の駐在所に勤務していたことがあり、「石炭の神様」佐藤慶太郎のことはよく知っていた。だが、二人に面識があったわけではない。二人の出会いは、村上巡査の入院をきっかけにしてのことだった。昭和十四年（一九三九）のことである。村上巡査は、本城駐在所勤務時代、病を得て、別府市天神町の野口病院に入院した。この病院の院長野口雄三郎は、バセドー氏病治療の世界的権威として知られた医学博士であり、青年時代、公立若松病院に外科部長として赴任してきた。

港町若松で石炭商をしていた佐藤慶太郎は、竹を割ったような青年野口の性格と独創的発想（例えば、石炭の時代はやがて終わるが、その時は若松を結核療養の一大中心地にし、仕事の無くなった石炭運搬用帆前船で患者を海外からも運ぶといった発言）に驚きながらも惚れ込み、自分の主治医として全幅の信頼を置いていた。野口が別府に病院を建てたときには建設費として十六万円を提供して野口を支援した。ついには、晩年に至り、慶太郎は、野口病院の目の前に新居を建てて、若松から引っ越してきたほどであった。

この野口病院での手術のために入院した村上巡査は、佐藤慶太郎の住まいが病院の目の前に立つ洋館であると知り、尊敬してやまない「石炭の神様」の家を訪ねることにした。本城に残してきた妻から届いた速達を携えてのことだった。その手紙の中には、慶太郎の甥であり、本城の近くに住む末松寛蔵からの紹介状が入っていた。村上の妻から別府入院の話をきいた末松が、慶太郎への紹介状を書いてくれたのだった。

村上巡査の突然の来訪にもかかわらず、慶太郎は「甥が世話になります」と挨拶した後、野口院長にその場で電話を入れ、村上巡査をよろしくお願いしますと丁寧に依頼した。夜のことで、浴衣姿でくつろいでいた慶太郎は、故郷本城の様子を村上巡査から聞きながら、懐かしさに子供の頃の苦しい生活などを問わず語りに十一時頃まで話し続けた。それから数日後、村上巡査の手術が無事に済んだ。村上が麻酔から目が覚めると、寝台の横には佐藤慶太郎が見舞いに来て立っていた。翌日は、喜代子夫人が見舞いに訪れた。やがて村上巡査は、外出できるまでに回復し、再び佐藤邸を訪れ、見舞いの礼を慶太郎に述べた。喜んだ慶太郎は、東京で打ち込んでいる佐藤新興生活館の生活合理化改善運動について熱心に話した。

慶太郎の青年のような行動力と質素な生活ぶりを知っている村上巡査は、自分も生活を切り詰めて、山口の高商と高等女学校に、それぞれ長男と長女を学ばせていることを伝えた。さらに、自分は、人前ではけるような袴を持ち合わせていないので、どのような会合にも洋服で出席していることと、子供たちも外套もレインコートも持たず、制服も三年間もたせるために大事に着ていると打ち明けた。

「それはいい。最近、私は外套を着ない会というのに関係しています。元気な青年には外套など不要です」といかにも万年青年らしい明るさで、慶太郎は、村上に答えた。いつの間にか、夜もふけていた。村上巡査が、急に立ち上がり、慶太郎に向かって腰を折り曲げ、深々とあらたまった挨拶をした。慶太郎が何事かと思うと、村上巡査が新聞紙の包みを取り出し、こう言った。

「誠に恐縮ではありますが、お願いがございます。先生に是非、揮毫をお願いしたく存じます」

「揮毫ですか。いや、それは困ります。それだけは。これまで、揮毫だけは、すべてお断りしてきました。誠に申し訳ないが、ご勘弁願いたい」

　きっぱりと断られてしまった村上巡査だったが、諦められなかった。初志貫徹とばかりに、再び佐藤慶太郎を訪れた。話に花が咲いたが、揮毫はやはり断られてしまった。それでも村上巡査は、諦められなかった。自分が昔から敬慕してきた佐藤慶太郎その人が、自分の目の前にいるというのに。そして退院してしまえば、いつまた会えるかも分からない。今度こそと意を決して、村上巡査は、またも佐藤邸に足を運んだ。今回の訪問では、村上巡査は、自分の妻の武勇伝を話した。身内の自慢話になるようであり、どこか照れ臭いような話でもあり、言うつもりはなかったのだが、巡査は、妻の犯人逮捕のことを慶太郎につい話してしまった。これに慶太郎がひどく心を打たれたのだ。その巡査夫人の武勇伝とは。

村上巡査が、出張のために駐在所を留守にしている間に起きたことである。今、近所の家に泥棒が入っていると駐在所まで走って知らせにくる者がいた。その者は、すぐに巡査に来てほしいと頼むのだが、あいにく巡査が不在だと知ると、それなら仕方がないと肩を落として帰って行きそうになった。そのときである。

「それなら、この私が参ります」

なんと、主人の留守を預かる巡査夫人が、手錠を片手に現場に急行したのだ。泥棒は、仕事を済まし、さあ逃げようとしていたところである。そこに手錠を持った女が現れた。女だと馬鹿にして、脅しながら近づいてくる犯人に、巡査夫人は、ひるむことなく立ち向かい、賊に手錠をかけて逮捕してしまったのである。後で調べてみると、その泥棒は、前科七犯の凶悪な常習犯であった。義を見てせざるは勇無きなりと口では言えるが、実際に泥棒に立ち向かうことが出来るであろうか、男であってさえ。村上巡査夫人は、これぞ警察官の妻の鑑ということで、知事と署長から表彰された。この武勇伝を聞いた慶太郎は、これこそ内助の功と初めは思ったが、それは違うと思い直した。こうした勇気に内とか外とかの区別はないし、男と女の区別もないと。慶太郎が良い話をきかせてもらったと感動しているところへ、村上巡査が一言放った。

「揮毫を是非」

我に返った慶太郎は、こう答えた。「一度でも揮毫をすれば、次々とせがまれる。私はあなたの言うような社会人の手本などではない。生活から無駄を省き、社会事業に寄付をしてきただけです。そのような男が揮毫などすれば、水呑み百姓の成り上がりが、得意になって下手な字を書き散らしているると笑われても仕方がない。だから書かない」

村上巡査は、それでも諦められなかった。退院の前日、これが最後と再び慶太郎を訪問した。手術前の最初の訪問から数えて、これで五度目になっていた。別れを惜しむ村上は、「石炭の神様」から受けたこれまでの厚誼にお礼の言葉を述べ、せめて「佐藤慶太郎」とだけでも書いてもらえないかと訴えた。名前だけでは、何の意味も無いではないかと訝る慶太郎に、村上は、自分が欲しいのは、いわゆる名士の揮毫ではなく、これからの自分の生き方の手本なのだと答えた。だから、名前だけで十分なのだと。だが、それでも慶太郎は、首を縦に振らなかった。気持ちは通じていながら、頑固さでは互いにひけをとらない二人であった。

九　告別の辞

なき人のみたまは常に
身にそひて君のおもにを
ともにおふらん
——蓮沼門三弔歌

五度目の訪問でも揮毫を断られてしまった村上は、ついにそれを諦め、明日、退院して本城に帰るむね慶太郎に話した。入院していた自分への過分な厚意に感謝し、深々と頭を下げる村上巡査。

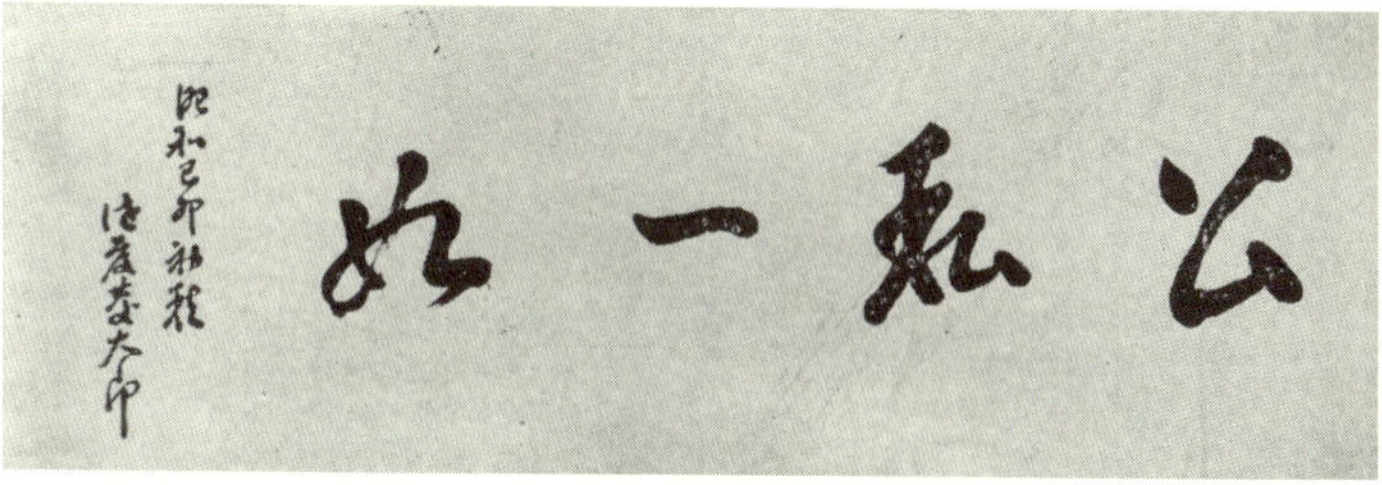

佐藤慶太郎による唯一の揮毫「公私一如」

何度も揮毫を求めた非礼を詫びた。

　辞去の挨拶をした村上は、家に帰りましたら改めて礼状を出させてくださいと言った。慶太郎は、大した事はしてあげられなかったし、警察の仕事に復帰すれば忙しくなるから、わざわざ礼状を出すには及ばないよと答えた。すると村上巡査が、先生は誰からの手紙でも必ず返事を出されるとうかがっているが、自分がもし手紙を出せば御返事を頂戴できるでしょうかと尋ねた。もちろん出させてもらうよと慶太郎が答えると、村上巡査がこう言った。

「揮毫は諦めます。しかし、ご返事には、佐藤慶太郎と書いてありましょうから、それを表装して書斎に飾り、朝夕、先生の徳をお慕いしたいと思います。これだけはお許し願えませんか」

　せめてこれだけは是非とすがるような村上巡査の一念。

「うむ、村上君。よし、一生に一度だけ、禁を破って書くことにしよう」

　村上巡査の男の純情に負け、こう答える慶太郎の言葉に、村上巡査は男泣きに泣いた。二人の間の張り詰めていた空気が急に和らいだ。殴りあいの後で親友になる腕白小僧同士のように、慶太郎も村上巡査も、お互いのこれまでの頑固さを笑って誉め合った。

　秋が訪れ、慶太郎は村上巡査に揮毫を届けた。そこには「公私一如」

佐藤慶太郎邸（別府）

と書かれていた。

村上は、その紙を押しいただくようにして受け取り、明るい声でその四文字を読んだ。墨痕鮮やかな四文字は、慶太郎が初めて書く揮毫というだけあって丁寧に書かれていた。しかも親しみやすい行書体であった。四文字を起承転結にたとえれば、起の「公」は、まず、しっかりと左上に点を打ち、筆を右に返し、点から線へとゆっくり筆を振り出している。力みも飾りもない素直な書き出しである。承の「私」は、起の「公」を受け、「私」という字の中にも「公」の字と同じ形があることを示すかのようであり、転の「一」で息を整え、結の「如」の躍動感で全体を締めくくっている。一字、一字、噛みしめるように書かれており、いつも慶太郎が葉書のペン字で見せる速筆とは異なる。慶太郎は先妻俊子と一緒に観世流の謡曲に長く打ち込んでいたが、その謡も舞もこの書のように、みずみずしく、しかも風格のあるものであったに違いない。

「公私一如」という言葉は、生活館監事石田馨が、昭和十三年（一九三八）三月、生活訓練所第二回卒業生のために行った訓話「公私一如の精神」にちなんだものである。母親が家庭で子供を育てるのは、私事であると同時に国家社会の公事を遂行するものだという考えを説くものであった。慶太郎もこの言葉に自分の人生の信念を見て、共鳴していた。

村上巡査の妻の泥棒逮捕という話を聞き、その勇気に感心させられていた慶太郎である。「男女一如」にも通ずる「公私一如」の言葉こそ、村上巡査夫婦への揮毫の言葉としてふさわしいと思えたのだろう。

年も改まった昭和十五年（一九四〇）元旦。早起きの慶太郎は、早朝から奥座敷にすわり、新年の祝いに鶴亀を謡った。翌二日。朝の汽車で別府をたった慶太郎は、福岡県嘉穂《かほ》郡幸袋《こうぶくろ》町に住む高齢の継母を日帰りで見舞った。別府の自宅にもどったときには夜中になっていた。この真冬の旅で慶太郎は、流感（流行性感冒）にかかってしまった。三日には、口述筆記の自叙伝原稿が生活館から届いた。その訂正と清書に四日と五日の二日を費やした。六日には、糖尿病と神経痛で病臥中の野口病院長を見舞った。その夜、慶太郎は高熱を発した。翌七日の朝、熱は四十度まで上がった。肺炎による熱は、その後、治療のかいあって、三十八度以下まで下がったが、ついに十三日夕刻、意識不明が三十分間続き、慶太郎は、静かに息を引き取った。時刻は、午後六時十七分。穏やかな臨終であった。

佐藤慶太郎、享年数えで七十三歳。その遺産はすべて社会事業に寄付する遺言を残して旅立った。

『生活』（昭和15年４月号）記事

葬儀は、一月十八日午後一時から別府の自宅で執り行われた。霊前への供物は一つもなく、花輪も見あたらなかった。国民生活の簡素化を訴え続けてきた故人の遺志により、葬儀に届けられた一切のものが謝絶され、返送されたからであった。葬儀の導師は、八幡市弘善寺の住職、柴田凰仙師。日本赤十字社長徳川家達《いえさと》公をはじめ、文部大臣、厚生大臣、東京府知事、別府市長、若松市長ら十余通の哀悼の言葉が続いた。午後四時、葬儀が終了した。全国から寄せられた弔電の数は五百通を越えた。二十日の朝、故人の遺骨は、近親者に守られ、生地である福岡県遠賀郡折尾町に向かい、午後三時から国民学校にて告別式が行われた。

　葬儀は、別府と同じ一月十八日、東京の生活館でも執り行われた。戒名は、「宏徳院仁誉博潤慶翁居士」である。参列者のすすり泣く声がもれる中、生活館の水野常務理事が次のような弔辞を読み上げた。

「謹んで、理事長佐藤慶太郎先生の霊に告げ奉ります。私共が師とも仰ぎ、慈父とも慕ひ、深き御恩愛の下に、共に生活刷新の大業に励んで来た先生と、こんなにも早くお別れする日が来ようとは、夢にも思はないことでありました。（中略）思へば先生は、実に偉大な人でありました。先生は勝利の人でありました。奮闘一貫希にみる意志の人でありました。加ふるに、正道を歩んで義のためには一歩も退かない信念の人でもありました。身を持するに簡素なる、先生の如く徹底した人を知りません。自らには極度に薄くして、事いやしくも社会公共のためとあらば、惜しげもなくその財を提供せられたのは、世上稀にみる先生独自の姿でありました。先生の有せられた財産は、みなこれ千辛万苦、汗の結晶でありました。しかも徹頭徹尾、誠実信義による文字通りの浄財でありました。これを名利を超越して、専ら世道人心、国家公共のために捧げられたといふ事実は、今日の世人に対する強烈な警鐘であつたと信じます。殊に御郷里の社会事業への尽力、若松市救療会の設立、同市公園の寄付、農村振興教育機関の援助、美術館の建設等、世に知られたことの外に、人の知らないところに、如何に多くの善根を積まれてゐたかは、知る人ぞ知るでありませう。先生はまさに、宝を天に積まれた人であります。かくの如きは、先生の信念でありました。先生は常に申されました。『およそこの世にあるものは、一事一物といへども、みな天地の宝、国家の財である。従つて一銭一毛といへども私有すべきものではなく、悉くこれを国家社会のために有効に活用すべきもので、富者はたゞ善良なる管理者であれば足りる』と。（中略）希くは英霊天上に安らかに、そしてまたこの新興生活運動のために、絶えざる加護を垂れ給はんことを。昭和十五年一月十八日　財団法人　佐藤新興生活館」

十　豊道春海の回想

私は賛成です
――佐藤慶太郎

「佐藤さんが亡くなられたのか」

こうつぶやきながら、書家の豊道《ぶんどう》春海《しゅんかい》は、初めて佐藤慶太郎の前に座った十五年前の日のことを思い出していた。その日とは、大正十四年（一九二五）の晩秋の或る日。翌年春の建物完成を目指して、東京府美術館の建設工事が急ピッチで進められていた頃のことである。後に日本芸術院会員となる豊道春海は、この年数えで四十八歳。書道界の発展に燃えていた。上野に美術館ができるなら、是非そこを会場に書道の展覧会を開催したいと彼は考えていた。だが、それが簡単には実現できそうにない。なぜか。美術館といえば、絵画（日本画、洋画）や彫刻が並ぶところという考えが、当時の美術界を支配していたからである。書道展の美術館使用については、日本画や洋画の団体から強硬な反対意見が出ていた。せっかく美術館が誕生しようとしているのに、書道界には逆風が吹いていた。この状況を突破するには、どうすれば良いのか。思い悩んだ末に豊道春海は、美術館寄付者佐藤慶太郎に嘆願するという窮余の策に出た。それが、大正十四年、秋も深まった日のことである。

「私等が佐藤翁と相会したのは大正十四年の晩秋頃」と記憶していた豊道春海は、戦後になって、佐藤慶太郎との出会いを回想し、都美術館のニュースに一文を残している。それは、「美術館創立

旧東京都美術館彫刻陳列室で大字揮毫をする豊道春海（昭和27年）

の三十周年（明年）に際して――出資者・故佐藤慶太郎翁を偲ぶ」（『美術館ニュース』東京都美術館友の会発行・昭和二十九年七月号）という回想記である。また、豊道春海は『私の履歴書』（日経新聞社発行・昭和四十四年）においても、このときの思い出を記している。大正十二年の関東大震災後、豊道春海は、書壇の一本化運動に取り組む。そこで誕生したのが、日本書道作振会（大正十三・一九二四年創立）という団体である。群雄割拠の状態にあった書壇は一本化し、第一回の作振会展（大正十四・一九二五年）を上野の日本美術協会にて開催。作振会では、続く第二回展は、是非、新築の東京府美術館で開きたいと考えていた。だが、これには、日本画、洋画の団体から、書道展に美術館を使用させてはならぬという強硬な反対意見が出された。

豊道春海らは、平塚東京府知事に直接面会して会場使用を請願した。すると知事の返答は、「自分としては異存ないが、日本画、洋画、彫塑等の芸術家諸氏の賛同がなくては困る」というものであった。そこで作振会では、横山大観や松林桂月らの諸大家のもとを手分けして訪れ、個別に交渉した。どの人も会えば個々には賛同してくれるのだが、各団体の正式評議となると、賛成の議決がえられないのである。「書道は芸術ではないから美術館を使用するのは困るという様な異論があって、衆議一決に至らなかった」と豊道春海は『美術館ニュース』に書いている。

豊道春海は考えた。東京府美術館は、佐藤翁が、「国家の文化振興、美術奨励の篤志」をもって行った百万円寄付で誕生する美術館である以上、この寄付者の賛同をとりつければ、東京府はもとより、他の美術団体も承諾してくれるのではないかと。暗夜の中に一点の光明を求め、豊道春海は、もうひとりの書家近藤雪竹とともに佐藤翁の上京中、その滞在先の旅館を訪ねた。日本書道界を代表して自分の宿に足を運んできた豊道、近藤に対し、佐藤慶太郎は、快く二人を招き入れた。このときの模様を豊道春海は、『美術館ニュース』にこう記している。

「その時夫人の令妹かと思わるる方と三人で八畳と六畳位の二階におられ、そこへ案内された。実は予想に反して総てが余りお粗末なので非常に驚いたのである。それは百万円も無造作になげだす位な巨万の金持ちであるから定めし立派な旅館で華麗な室内に豪然と構えて居らるることと想つて会見をしたところ、案に相違して、田舎爺ぢのような素朴な容子で何の飾りけもない無言実行を思わすような沈着寡言な中に強健な意志の持主であるばかりでなく、何となく人を心服させ自然に頼もしさを感受せしむる一種の魅力をもつており、しかも重厚で、侠気を内に蔵し仁慈と義心に満ちた風貌は一見して私等の大いなる味方であると察せしめた。その態度に期せずして共に安心感を得た」

こうして、初対面の佐藤翁に男の侠気を感じた豊道春海は、用件を話し始める。

「そこで遠慮なく率直に来意を陳べ書道が国家の文化に貢献し奈良平安の昔から伝統の大切な精神的芸術であり最高美術の一道であることを縷縷説明し、美術館の使用には決して不合理でない意味を尽くしたところ、よく静聴され、館の使用は賛成であると直ちに快諾の意を示され、あわせて館長である知事への信書も私等の懇請を容れ、面前で夫人に料紙硯を命じ、達筆に一書を認めて渡された」

平塚知事は、佐藤慶太郎からのこの手紙を受け取り、関係方面に自ら説明と交渉を行った。その結果、新築の東京府美術館での書道展開催が認められることになった。

「爾来今日に至るまで種種な書道会があの館を使用しているのである。その時の有り難さ喜ばしさは今も彷彿としてその当時を追懐し感謝の情に堪えざるものがある。彼の館中にある銅像の前を過る際に、私はいつも敬意を表する」

豊道春海が、佐藤慶太郎を翁と呼んで尊敬する理由は、石炭の商いと炭鉱の経営で財を成したこの九州の富豪が書道展に理解を示したからだけではない。

「なお更に偉大な人格を証する教訓を得たのは、翁が九州から上京の都度あの粗末な旅館に止宿さるる人間味の豊かな、情愛の深い、取つてもつて範とするに余りある美事善行である」と書く豊道春海は、なぜ佐藤慶太郎が、この旅館に宿泊するかの理由を人から聞いて、こう記している。

「翁が窮乏して志を得なかつたその昔、所謂書生時代に旅宿の主人夫婦に世話を受けたその厚意を深く感じ、成業の後も上京毎に必ずそこを旅宿と定め、且つ老夫婦を慰め、その喜ぶ様を見るのを楽しまれたとの物語を聞いて深く感激した」

以上、佐藤慶太郎と書道展との関わりについて述べてきた豊道春海は、この文を次のように締めくくっている。

「美術館を借用して多くの便宜を得ておる人人も翁の人と成り、並びに美術館建設の由来に就いては未知の人も尠くないと思わるる佐藤翁が、無言の間に垂示された人間味の豊かなしかも高潔な美点は、ひとしく玩味すべきだと信ずる。会館建設三十周年に際しその翁がありし日の昔を偲び特にこの一文を寄与し杉山現館長の清嘱に応え、謹んで翁の仏果を念じあわせて感謝の微衷を表するものである。（昭和二九年六月吉日　日本芸術院会員豊道慶中）」

昭和を代表する書家の一人である豊道春海は、明治十一年（一八七八）、現在の栃木県大田原市に生まれている。叔父の上野東叡山輪王寺門跡篠原守慶師から得度を受け、慶中という名を授かった。後に天台宗大僧正となった。敗戦後、小学校の毛筆習字が廃止されるという事態に直面し、マッカーサー元帥に直談判をすべくＧＨＱ（連合国軍総司令部）本部に乗り込んだ。元帥との面会はかなわなかったものの、そのときに会った二人の教育担当米国人を書画会に招き、書と文人画の魅力を味わってもらった。やがて、昭和二十六年（一九五一）、習字は必修科目にこそならなかったものの、国語科の中で毛筆を学習することが許されたのであった。

十一　掃壁帖　一

幾多有為の人材が、君の足跡を
踏むこと、なるであらう。
――公爵　一條実孝「永久に続く生命」

佐藤慶太郎が七十三年の生涯を閉じたのが、昭和十五年（一九四〇）一月一三日午後六時十七分、別府でのことである。その翌月、彼が理事長をつとめていた佐藤新興生活館は、機関誌『生活』二月号を佐藤理事長追悼号とし、各界から届いた弔辞と追悼文を掲載した。弔辞は、厚生大臣から始まる。

「厚生大臣弔辞　故財団法人佐藤新興生活館理事長佐藤慶太郎君、君夙《つと》に身を実業界に興し、刻苦経営遂に其志を成せり。而して一面食料改善に尽瘁《じんすい》し、更に意を国民生活の刷新に用い、佐藤新興生活館を創立して社会福祉の増進に寄与せらる、功績甚《はなは》だ大なり。今や未曾有の重大時局に遭遇し、将来益々君の貢献に俟《ま》つところ多からんとするの時、溘焉《こうえん》として長逝せらる、痛惜何ぞ堪えん。茲《ここ》に告別の儀を行はる丶に方《あた》り、謹みて弔意を表す。

昭和十五年一月一八日　厚生大臣　吉田　茂」

続いて、文部大臣の弔辞である。

「文部大臣弔辞　勲三等佐藤慶太郎君逝かる。君は堅忍力行以て其の生涯を終始し努力能《よ》く大成を致されたり。而《しか》も生活の体験より得たる信念を傾けて社会公共に尽くし、国民生活の刷新、食糧問題の改善に寄与せし功績顕著にして、糧友会理事、財団法人佐藤新興生活館理事長に就任して以てその晩年を完《まっと》うせらる。特に巨財を投じて東京府美術館を寄付せられしは、長く君が篤行を飾る所以にして、其の我が国美術の進展に貢献せらる、ところ亦大なりと謂はざるべからず。今や邦家の前途多事にして、国民生活の刷新に、社会風教の醇化に、将《は》たまた社会事業の振興に俟つところ愈々《いよいよ》多きを加ふるの秋《とき》、茲に君が長逝に会う。痛惜の至りに堪へず。謹みて君が生前の業績を称へ、一言微忱《びしん》を述べて弔辞となす。昭和十五年一月一八日　文部大臣 松浦鎮次郎」

さらに東京府知事の弔辞が続く。

「東京府知事弔辞　東京府美術館長東京府知事岡田周造謹みて故佐藤慶太郎翁の霊に告ぐ。翁は福岡県の人、資性温厚、篤実勤倹、産を成す。然《しか》れども謙抑自ら持し屡《しばしば》余裕を喜捐《きえん》して育英、奨学、慈善の事業を賛襄す。又、夙に美術の振興は国家文教の向上普及に緊要なるを感じ、常に力を是に致さんとす。偶々《たまたま》美術館建設の要望切なるを聞くや、大正十年金一百万円を東京府に寄付して建設の資に充つ。府は乃ち地を上野公園に卜し、同十三年九月起工し、十五年四月工を竣《おふ》。事天聴に達し、開館の日勲三等に叙し、その篤志を嘉章せらる。爾来、本館使用の美術団体は年を逐《お》ふて増加し、翁の寿一日長ければ一日国家を益するあらん。惜しい哉、天寿を仮さず、溘焉《こうえん》として白玉楼中の人となる。噫《ああ》、悲しい哉。然りと雖も、翁が遺績は燦然として永久に輝く、後昆誰か翁の恩恵を忘る、者あらん。翁亦以て瞑す可き也。茲に葬儀に列し、往時を追思し、敬仰欽慕の情切也。恭《うやうや》しく悲誄《ひるい》を述べて英霊を弔す。尚《ねがわ》くば彷彿として来たり饗《う》けよ。　昭和十五年一月一八日　東京府美術館長　東京府知事　岡田周造」

『生活』二月号の「嗚呼　佐藤慶太郎を憶ふ！」と題された箇所には、友人達の思い出の文章が掲載されている。佐藤慶太郎の主治医であった野口博士は、次のように記している。

「偉人の臨終の姿　医学博士 野口雄三郎

佐藤を失つた私は、今寂莫の中にゐて、云ふべき言葉を知らない。互に心を許し合つた中で、我々の間の関係は、一寸類がないかも知れぬ。長い交際であるから、思ひ出は無数にある。が、それらを一貫して流れてゐるのは、何んと美しい人間佐藤の姿である。絶対に地味な生き方をした佐藤、金に負けなかつた佐藤、贅沢を嫌つた佐藤、約束を必ず実行した佐藤、真の愛国者であつた佐藤と、その時々の姿が思ひ浮かぶのである。

＊

彼は、徹頭徹尾地味な生き方をした。美術館を寄付して、世間的には始めて日本的な存在となつたのであるが、それまでは周囲の者さへ、彼の実力を知らなかつた。世間が知らないのはともかく、生えぬきの番頭さへ知らなかつたといふから、徹底してゐる。当時、近親の一人が『今どの位の財産があるのか』とその番頭に聞いたら『さあ、十万か二十万もありますか』と答へたのが、美術館に百万円を寄付した直前のことである。（中略）

＊

それだけに、彼の生活には全然無駄というものがなかつた。富豪の一人となつてからも、入費の点から云へばほんとに貧乏人も及ばぬ簡易生活を楽んでゐた。彼が此の世できらつたもの、内で贅沢以上のものはなかつた。例へばホテルに泊まつてゐても、決してハイヤーを呼ばない。自ら外に出て、流しの車を拾ふのである。私は或時あまりのことに『番頭時代ならそれでもいゝかも知れぬ。然し現在の佐藤は違ふ。さう極端にしなくてもいゝではないか。そんなにしても、誰も真似手はないよ』と云つたら『人はどうであつても、自分は無駄なことはしないのだ』と答へて、相変らず流しの車を拾つてゐた。

＊

かう云ふ生活をしながらも、古い明治時代の事だが或日私の勤め先き公立若松病院へ見えて、外国へ行つてはどうかと、しきりにすゝめてくれた。自分はそれをすつかり忘れてゐると、数日後私宅へ自ら電話をかけて、先達ての話はどうする気かと云ふ。そして洋行費は自分が出したいからと云ふ。是非行つてはと、熱心にすゝめてくれた。本人はまだ外遊せぬずつと前の事なのである。これが動機となつて、私も明治四十三年から三ヶ年、伯林《ベルリン》初め外国生活をしたのだつた。帰朝後には私の為、公立病院へ病理研究室を寄付して呉れ、特に又貧民救療費も寄付して呉れた。後私が若松を引退すると、二十万金を出して現在の野口病院を建て、私に自由研究をさせて喜んでいた。（中略）

＊

十三日午後六時十七分、帰するが如くに遂に此の世を去つた。流行性感冒に急性肺炎を併発したのが、致命傷であつた。

＊

最後まで、高潔純真な愛国者であつた佐藤の姿を眺めた。彼が呼吸困難と闘ひながらも、語り続けた断片は、実に時局を憂へ、食糧問題を気にした慨世憂国の言葉のみであつた。私事には毫もふれる事なくして。これが実に、偉人佐藤翁の臨終の姿であつた」

十二　掃壁帖　二

いとしげにかへりみましてゆきませし
　そのみすがたの忘れかねつも
　　――澤本佳子

〈いま振り返れば、不思議で、有り難い御縁だった〉

佐藤慶太郎の訃報に接したとき、石田馨（財団法人佐藤新興生活館理事）は、二十年前に遡る佐藤との出会いを思い浮かべ、縁という見えない糸の存在を思わずにはいられなかった。大正九年（一九二〇）の春、福岡県庁で交わした若松市会議長佐藤慶太郎との激論。そして、その翌年、思いがけない東京府庁での再会。美術館建設費百万円寄付の受け付け。やがて、生活改善という佐藤慶太郎の理想実現への協力。すべては、まるで昨日のことのように思えた。『生活』（昭和十五年二月号）の「嗚呼佐藤慶太郎を憶ふ！」と題した特集頁に石田馨は次のような追悼文を寄せている。

「『志美廣行《しびれいこう》』の翁　石田　馨

佐藤慶太郎翁溘焉《こうえん》長逝せらる。その多彩なりし生前を偲び、実に追悼の情に堪へない。自分が始めて翁に会つたのは、今より二十年許《ばか》り前、確か大正九年の頃で抗議激論の中に却《かえ》つて相識の機縁を得たのであつた。即ち自分は当時福岡県視学官として、久留米市所在県立中学校明善校の校長欠員となるに付き、その後任として、若松市所在県立若松中学校長某君を抜擢するを適当と認め、其の旨知事に進言した。処《ところ》がこの校長は其の中学が県立に移管される前、比較的多額の俸給を以て特に招聘された人物識見共に優れた仁であつた。然し今や若松中学が県に移管された以上、県全般を見渡して校長の配置を決定すべきが当然であると思考し、自分は若松市の反対を予期し、知事にも其の覚悟の下に断行すべきことの承認を得たる上、突如発令して貰つた。果然若松市より幾名かゞ押しかけて来て、県の不都合を難詰し、鋭峰当り難きものがあつた。其の先頭に立つたのが当時若松市会議長たりし翁であつた。今より考ふれば翁は当時五十余歳で油も相当乗つてゐたであらうし、鼻柱も相当強かつたであらうことを想像せられる。自分も若気のことゝて相当純理的に物を処理してゐたので、抗議が出るのも一面無理からぬことであり、又市民の校長に対する情誼も麗しいこと、思はぬでもなかつた。然し何れにせよ已に発令後のこと、て如何とも致し難く、事件は其の侭《まま》で一応済みとなり、自分の念頭よりも長く消え去つてしまつてゐたのである」

大正九年（一九二〇）に初めて出会った石田馨と佐藤慶太郎。二人は、理と理で激しく論じ合って別れ、再び会うことは無いかに見えた。だが、その翌年、大正十年（一九二一）に二人は予期せぬ場所で再会する。東京丸の内、府庁舎でのことである。その時、石田馨は、府庁で学務課長の任にあり、佐藤慶太郎は、石田の前に美術館建設費百万円寄付者として現れたのだった。意外な再会について、石田は先ほどの文の続きにおいてこう書いている。

「然るにやがて自分が東京府学務課長に転任し、平和博覧会の開催準備に没頭してゐた頃の事である。当時博覧会開催の機会に、彼《か》の一時的な美術陳列館の代りに、永久的美術館を建設すべしとの意見が新聞紙上等に識者の注意を惹いてゐたのであつたが、茲《ここ》に思ひがけなくも、其の美術館建設の為百万円寄付の申出があつた。本人に会つて見るとそれが九州で議論の相手だつた翁なので、其の奇縁と奇特とに今更感激を深くしたのである。翁は其の際何人の慫慂《しょうよう》を受けたでもなく自ら与論を察知し、美術の殿堂がこの美術日本に不可欠のものたることを痛感し、遠く将来を慮《おもんぱか》つて、この美挙に出られたのであつた。而《しか》も当時翁は早速百万円の現金を府庁に持参せられ『茲に百万円を寄付致します、これだけでは完全な美術館たるに充分であるまい。願はくばこれは建築に使用し、内部設備等は美術家諸君の義捐等を以てせられたい。尚此百万円は自分が一生涯努力して得た総資産の半額であつて三菱三井の百万円とは事情が違ふ。その積りで取り扱つて貰ひたい』とのことであつた」

当時の佐藤慶太郎の総資産額は二百万円（現在になおすと約六十五億円）。彼は、そのうちの半分を東京府に寄付することにしたのだが、現金で百万円とするには少し足りなかった。そこで彼は、数万円の借金をして百万円丁度という寄付金を作ったのだった。その百万円寄付を受納したときのことを石田馨は、さらにこう書いている。

「当時東京府庁には寄付を受けつけるとき用ふる案文なるものが他府県同様定例的になつていた。それによると『一百万円の件聴届く、何月何日納入すべし』といふやうな文句の納入告知書が発せられるわけであつた。然し如何にもこの大きな而して極めて奇特な寄付に対して相応《ふさ》はしくないので今其の文句は記憶しないが、鄭重な形式に改めたやうに思ふ。それで自分の心も平かであつたのだが、最近当時のことを翁と話し合つてみると翁は『然し受取證は半紙何分の一かの小さいものでした』と笑つて居られたので『サテは学務課長、会計係の受取に迄注意が届かなかつた』と今更不覚を感じても追付かなかつたのであつた」

この再会のあと、石田馨は府庁を離れ、他へと転任してしまう。二人は、もはや出会うことはないかに見えた。その五年後の大正十五年（一九二六）に東京府美術館が竣工して開館。さらにその十一年後の昭和十二年（一九三七）に佐藤新興生活館が完成。その落成式に石田馨は招かれて参列して佐藤慶太郎と再会。石田は、その時、年齢を重ねても理想に燃える佐藤の「志の美しさ」（石田馨の言葉）に再び打たれたのだった。その翌年、石田は佐藤に請われて生活館の監事に就任。若松中学の校長転任問題に始まる二人の縁は、その十八年後にこうして堅く結ばれることになった。だが、石田馨が佐藤慶太郎追悼文を書くことになるのは、その二年後のことである。石田の文は、さらに続く。

「兎に角、美術館と生活館とは翁がこの地上に残された二つの大きな足跡であり、文化の記念塔であり、翁の魂より生れ出た双生児でもある。これが此の上健かな発展成長を遂げ翁をして、天上にあつて、真に『本懐だ』と叫ばしむるに至ることこそ何よりの供養ではあるまいか。明日は告別式が行はれる。今夜今頃は別府でも生活館でも御通夜に集まつた方々により、翁に関する思ひ出が語り話されつゝあることであらう。自分も今同じ気持ちで筆を走らす。翁が見て居られたら或は頷き、或は微苦笑もされることであらう。（昭和一五、一、一七）」

十三　掃壁帖　三

一堂に見る我固有文化の精粋
陽春三月
上野の府美術館に
――「読売新聞」

今から八十年以上も前、大正十五年（一九二六）五月一日に開館した東京府美術館。昭和十八年（一九四三）七月一日の都政施行にともない、東京都美術館と名を変えた。「石炭の神様」佐藤慶太郎の百万円寄付によって誕生したこの美術館は、いつしか「上野の美術館」という愛称で呼ばれるようになり、「上野の動物園」とともに東京を代表する文化施設の一つとなった。そこでは、帝展や院展、二科展など新作発表の美術団体展のみならず、明治大正の傑作の数々が並ぶ名作展、あるいは、国宝や重要美術品が館内を埋め尽くす名宝展、さらにはロダンの彫刻やゴッホの絵が並ぶ海外美術展など多種多様な展覧会が開かれた。「子供の帝展」と呼ばれたキャラメル芸術の展覧会も東京府美術館を会場として開催されている。大正十五年（一九二六）の開館から昭和二十年（一九四五）の敗戦までの二十年間だけを取り上げてみても、「上野の美術館」において開かれた展覧会の数は約七百七十本にのぼり、美術館入場者数は、一千二百万人を越えている。

開館記念展は、聖徳太子奉讃美術展（財団法人聖徳太子奉讃会主催、東京府後援）である。この展覧会には、官展である帝展系の作家をはじめ、院展や二科展など在野の作家たちも出品している。

日独伊親善図画展（東京府美術館、昭和14年、入場者約77万人）新聞広告

展覧会の準備作業には、帝展の日本画家川合玉堂と院展の日本画家横山大観とが、立場の違いを越えて、協力しあった。聖徳太子奉讃美術展は、争いごとの絶えぬ世に「和」の尊さを説く聖徳太子の信念が、太子没後一三〇五年の大正十五年（一九二六）に再び甦ったことを示す展覧会であった。美術館寄付者佐藤慶太郎は、石炭を扱う実業家であり、美術の専門家ではない。だが、この開館記念展の開催意義を深く理解していたに違いない。炭鉱の経営者として労使協調を貫き、坑夫たちから熱い信頼を得ていた佐藤慶太郎。彼もまた「和」の精神に生きた人である。

聖徳太子奉讃美術展は、東京府美術館のあと大阪会場（府立商品陳列所）へも巡回し、東京では約六万人、大阪では約三万人の入場者を集めた。東京会場では、約千点の出品作品（日本画、西洋画、彫刻、工芸）のうち、約百点の作品が売約となり、さらに宮内省や宮家の買上もあった。東京府美術館は、単に美術鑑賞の場のみならず、新作美術品の流通という経済活動の場でもあった。そのような機能を持つ東京府美術館を寄付した佐藤慶太郎は、大正昭和の美術史に名を残す芸術支援の人である。

開館二年目の昭和二年（一九二七）には、東京朝日新聞社の主催で明治大正名作展という展覧会が、東京府美術館を会場として開かれた。この展覧会には、普段は秘蔵されている近代日本の傑作約五百点が出品されて大変な反響を呼び、約十八万人もの人が名作の鑑賞に押し寄せた。東京朝日新聞社は社告（昭和二年五月三一日付）において、この名作展を「展覧会それ自身が生ける美術史である」と形容した。このときの出品作の約一割は、戦後、東京国立近代美術館の所蔵品となった。その中には、日本画では、川合玉堂《行く春》（大正五・一九一六年）、土田麦僊《ばくせん》《湯女》（大正七・一九一八年）、横山大観《生々流転》（大正十二・一九二三年）、西洋画では、和田三造《南風》（明治四十・一九〇七年）、彫刻では、荻原守衛《女》（明治四十三・一九一〇年）、朝倉文夫《墓守》（明治四十三・一九一〇年）などが含まれている。現在、皇居のお堀沿いに立つ東京国立近代美術館の常設展示室において、われわれはこれらの名作を鑑賞し、その美しさを心ゆくまで味わうことができる。戦前の東京府美術館での名作展（生ける美術史）は、その一部が、戦後の東京国立近代美術館の常設展示へと転生したことになる。東京国立近代美術館も佐藤慶太郎の篤志と決して無縁ではない。

開館三年目の昭和三年（一九二八）には、東京府美術館主催の展覧会、大原孫三郎蒐集泰西美術展が開かれた。大原美術館（昭和五・一九三〇年開館）ができる二年まえのことである。この展覧会には、西洋の名画をはじめ、古代エジプト美術やトルコ、ペルシャの古陶器約百七十点が並んだ。この展覧会の出品目録に並ぶ「エル・グレコ《受胎告知》、ゴーガン《タイチ島にて》、セリユジエ《青い鳥》」などは、現在、倉敷の大原美術館の常設展示室に飾られ、多くの人々に愛されている名作群である。

　東京府美術館では、松方幸次郎コレクションの展覧会もたびたび開かれている。野上《のがみ》弥生子《やえこ》は、小説『真知子』において、東京府美術館を会場とする松方コレクション展を見に出かけたときの様子をこう記している。

明治大正名作展陳列風景（東京府美術館、昭和２年）
（「東京朝日新聞」記事）

明治大正名作展会場風景（東京府美術館、昭和２年）
（「東京朝日新聞」記事）

「早い落ち葉の散った坂を、二人は急いでのぼつた。博物館に沿うた路から、向ふの広場に立つ寂びた鮭色の建物（＝東京府美術館、筆者斉藤注）と、正面の灰色がかつた大理石の円柱や階段が、晩秋らしい榎のしづかな木立を通して眺められる場所に出ると……」

また、武者小路実篤の小説『母と子』（「東京朝日新聞」連載）には、昭和二年（一九二七）に東京府美術館で開かれた第六回仏蘭西現代美術展が登場する。この展覧会に並んだロダン作の《考える人》や《バルザック像》が挿し絵（伊東深水画）に描かれている。

開館四年目の昭和四年（一九二九）には、読売新聞社主催による第一回日本名宝展が東京府美術館で開かれ、美術館の前には入場を待つ人々の長蛇の列ができた。この展覧会は、寺社や公家、華族などの家に奥深くしまわれ、庶民には程遠い存在であった国宝級の美術品を誰にも公平に鑑賞できるようにした企画として、画期的な文化事業であった。『読売新聞１００年史』（昭和五一年）はこの名宝展について、こう記している。

「昭和四年三月十九日から一か月、読売新聞社は『日本名宝展覧会』を上野の東京府美術館で開催した。読売の事業としては、正力社長就任の大正十三年夏に『国技館納涼博覧会』という大ヒットを打っていた。しかしこの名宝展こそはその規模、その質、まさに天下を驚倒させ、読売新聞の信用をいやが上にも高めた満塁ホームランであった」

この展覧会で公開された名宝の中には次のような作品がある。

明治大正名作展出品、和田三造《南風》
（東京国立近代美術館所蔵）

大原孫三郎氏蒐集泰西美術展（東京府美術館彫刻陳列室、昭和３年）

絵巻
国宝　鳥獣戯画　高山寺所蔵
国宝　法然上人絵伝　増上寺所蔵
屏風
国宝　宗達筆風神雷神像　建仁寺所蔵
光琳筆紅白梅　津軽義孝伯所蔵
古筆
定家筆古今集　伊達興宗伯所蔵

翌昭和五年（一九三〇）、読売新聞社は、第二回日本名宝展を同じく東京府美術館において開催。この第二回展には《信貴山《しぎさん》縁起絵巻》（国宝・朝護孫寺所蔵）や尾形光琳筆《燕子花《かきつばた》図屏風》が出品された。この根津嘉一郎所蔵の《燕子花図屏風》は、名宝中の名宝であり、会期中一日だけの特別陳列であった。しかも、この屏風を五十万円で譲ってほしいという米国富豪の懇請を断った上でのことであった。

十四　掃壁帖　四

この二つをあなたに
差し上げましょう
――熊沢春治

佐藤慶太郎の寄付金により建設され、大正十五年（一九二六）五月一日、上野公園二本杉原に開館した東京府美術館。十五年後、昭和十五年（一九四〇）一月十三日に佐藤慶太郎は他界する。十五歳の少年にまで成長した美術館を見届けてのことである。翌昭和一六年（一九四一）十二月八日、日本はハワイ真珠湾攻撃を行い、太平洋戦争へと突入してゆく。だが、絵を見たい、絵を描きたいという人の数は戦争でも減ることはなかった。「上野の美術館」での年間展覧会本数は、昭和十七年（一九四二）には六十四本という最高を記録した。さすがに日本が敗色濃厚になる昭和十九年（一九四四）には、三十六本へと半減し、終戦の年、昭和二十年（一九四五）には、わずか一本（戦争記録画展、四月）を数えるのみであった。空襲がひどくなると、上野公園は、高射砲陣地と化した。

昭和二十年（一九四五）八月十五日、長かった戦争の日々が終わった。日本の美術界も復興への道を歩み始める。東京都美術館は、昭和二十二（一九四七）年に朝日新聞社と共催で美術館開館二十周年記念現代美術展覧会を開催。展覧会終了後、美術館は、出品作品九百十四点の中から日本画、洋画、彫刻、工芸の各二点ずつ計八点を購入している。戦争で中断していた作品収集の再開である。

昭和二十八年（一九五三）三月十五日、美術館の一角に佐藤記念室と名付けた展示室が生まれる。館の自主事業専用スペースの誕生である。それは、上野の美術館の歴史において、第二の開館とも言うべき重みを持っている。場所は一階北側の二室、六十五坪。佐藤とは、もちろん佐藤慶太郎のことである。この佐藤記念室では、海外美術や明治美術などを紹介する企画展、あるいは、収蔵作品展が開かれた。

記念室での第一回企画展は印象派絵画複製展、第二回展はセザンヌ、ルノアール複製展、第三回展はフランス・モード写真展である。東京都美術館が日仏会館と共催して開いたフランス・モード写真展は、芸術の都パリから届いた四百点の最新パリ・モードの写真を並べた展覧会である。戦後のファッション・ブームのもと、若い女性に大変な人気を呼んだ。今から半世紀前、一九五〇年代のことである。

佐藤記念室入口（旧東京都美術館）

佐藤記念室が開室する二年前の昭和二十六年（一九五一）十

佐藤記念室（旧東京都美術館）

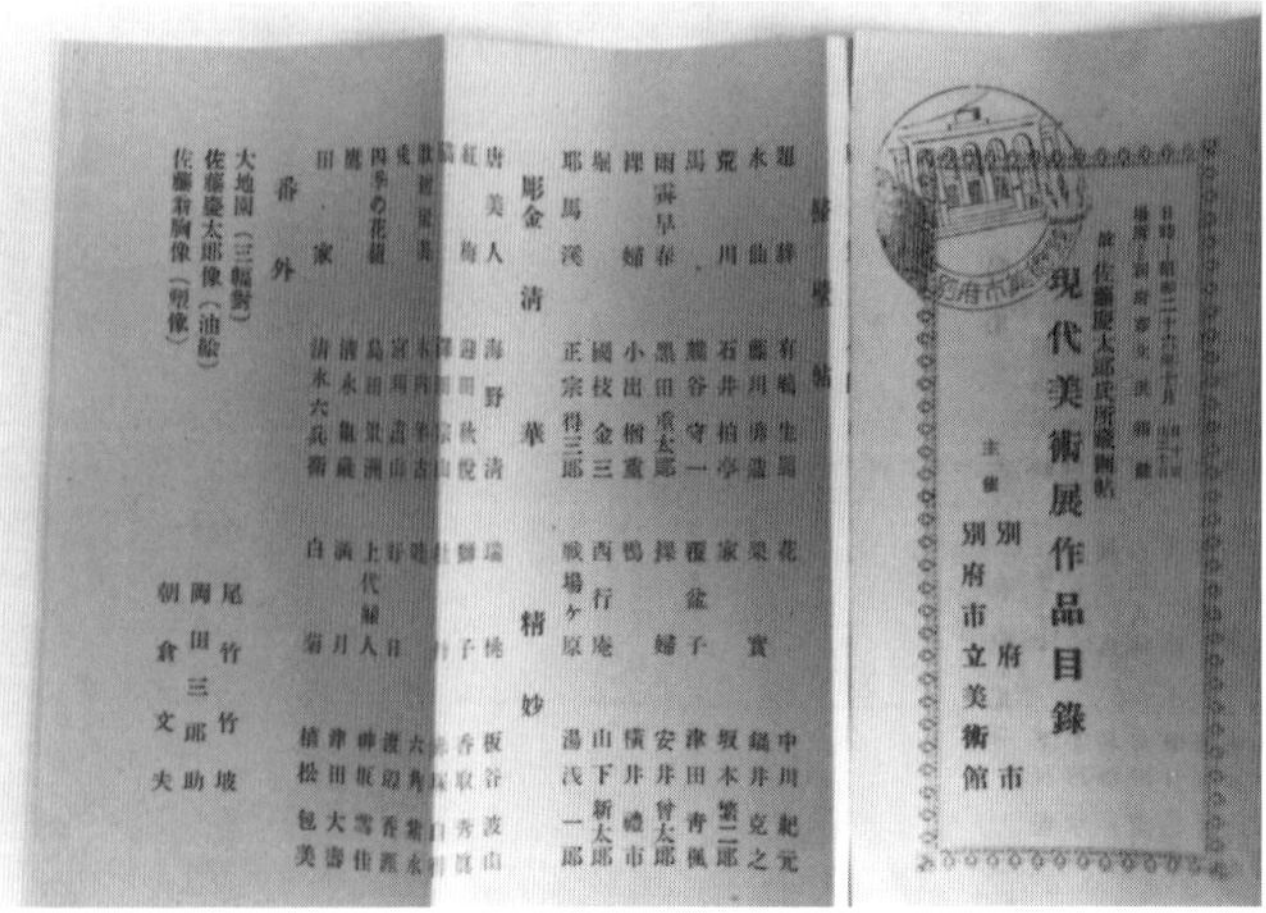

故佐藤慶太郎氏所蔵画帖
現代美術展作品目録
主催 別府市
別府市立美術館

聚蜂 有嶋生馬
水仙 藤川勇造
荒川 石井柏亭
馬 熊谷守一
雨霽早春 黒田重太郎
採婦 小出楢重
堀 國枝金三
耶馬溪 正宗得三郎
花 中川紀元
果実 鍋井克之
家 坂本繁二郎
覆盆子 津田青楓
採婦 安井曾太郎
鴨 横井禮市
西行庵 山下新太郎
戦場ヶ原 湯浅一郎

彫金 清華 精妙

番外
大地園（三幅對） 尾竹竹坡
佐藤慶太郎像（油絵） 岡田三郎助
佐藤翁胸像（塑像） 朝倉文夫

「故佐藤慶太郎氏所蔵画帖　現代美術展」目録（別府市美術館、昭和26年）

月、東京から遠く離れた別府市美術館において一つの展覧会が開かれた。「故佐藤慶太郎氏所蔵画帖　現代美術展」である。別府は、佐藤慶太郎が晩年を過ごした町であり、別府市美術館は、彼の寄付を基金にして誕生した美術館である。このとき展示された画帖とは、大正十五年の東京府美術館の開館に際して画家たちが絵筆をふるい、佐藤慶太郎に贈呈した次のような六冊の作品集である。

一	和鳴集（乾）　所収作品	十四点
二	和鳴集（坤）	十三点
三	匪報画冊（乾）	二三点
四	匪報画冊（坤）	二二点
五	春陽帖	十四点
六	掃壁帖	十六点
	計	百二点

一と二の《和鳴集》は、院展の画家たちの手になるものであり、三と四の《匪報画冊》は、帝展の日本画家たちが描いた画帖である。五の《春陽帖》は、春陽会の画家たち（洋画家）、六の《掃壁帖》は、二科展の画家たち（洋画家）が描いた画帖である。別府市美術館での展覧会目録には画帖六冊全作品リストが掲載されている。以下は、その一部である。そこに綺羅星のように並ぶ巨匠達の名を見るだけで、佐藤慶太郎の美術館寄付の歴史的重みを改めて感じる。

和鳴集（乾）

夕月　横山大観

柿　木村武山

美術館建設　長野草風

軍鶏　富取風堂

和鳴集（坤）

瓢箪なまず　下村観山

椿　安田靫彦

闘魚　前田青邨

蟋蟀　郷倉千靱

匯報画冊（乾）

支那人物　小堀鞆音

風雨釣舟　松林桂月

匪報画冊（坤）
早春　川合玉堂
摘草　鏑木清方

春陽帖
風景　中川一政
芝居　木村荘八

掃壁帖
題辞　有島生馬
荒川　石井柏亭
裸婦　安井曾太郎

昭和二十六年（一九五一）の別府での展覧会以来、これらの画帖は二度と公開されることなく姿を消してしまった。唯一、忘却の淵から筆者（斉藤）の前に姿を現したのは、《掃壁帖》の一部と思われる墨書二点（故熊沢春治氏旧蔵）のみである。それは「掃壁帖　柏亭題」と書かれた題簽《だいせん》と「掃壁帖　十月亭題」と書かれた揮毫である。題簽は、画帖《掃壁帖》の表紙に貼られていたものであろう。もう一つは、展覧会目録にある「題辞　有島生馬」そのものだと思われる。二科会の洋画

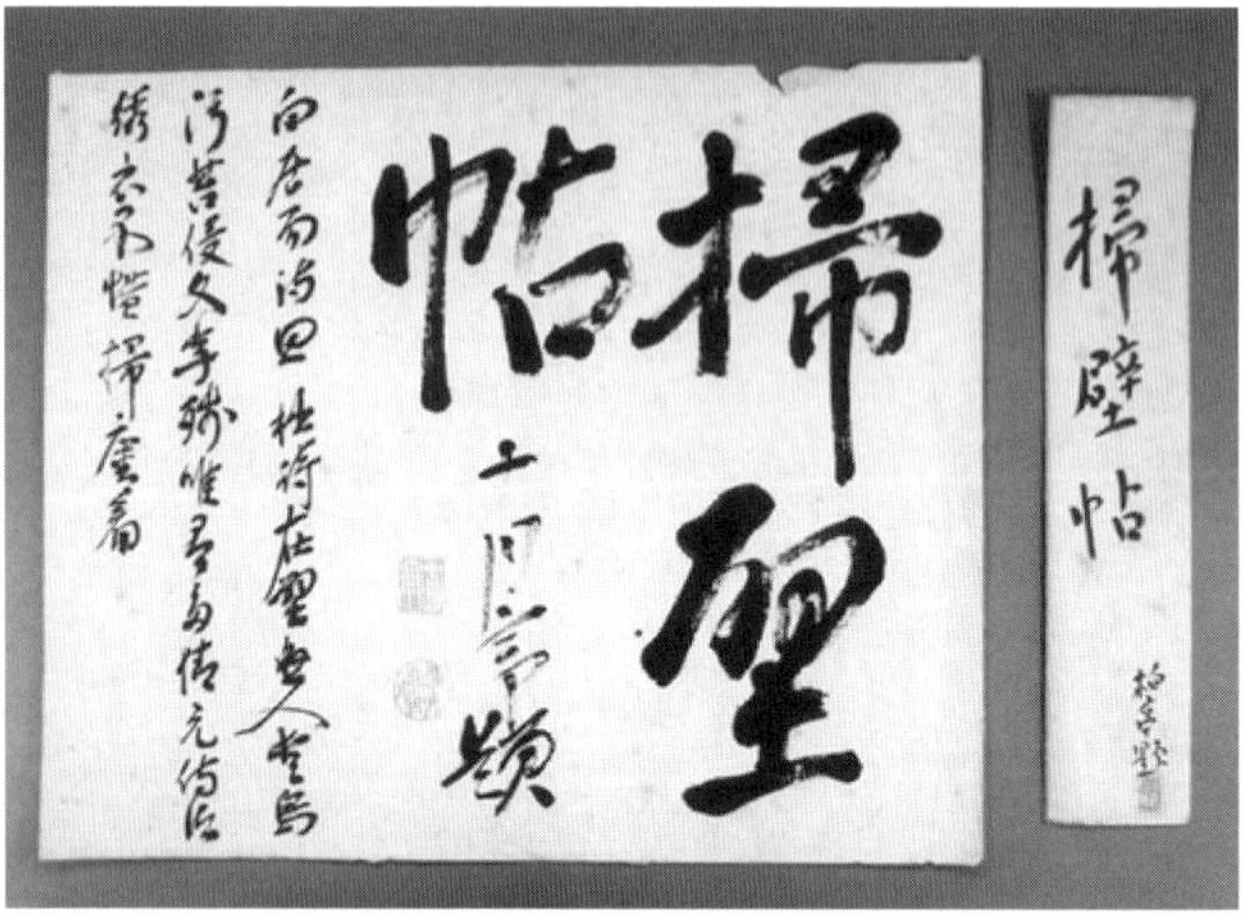

右、石井柏亭《掃壁帖　柏亭題》左、有島生馬《掃壁帖　十月亭題》

家有島生馬は、「十月亭」と号していたからである。この有島生馬による揮毫「掃壁帖 十月亭題」（縦二五・六㎝、横三一・一㎝）には、次のような漢文が添えられている。

白居易詩曰
拙詩在壁無人愛
鳥汚苔侵文字残
唯有多情元侍御
綉衣不惜掃塵看

――白居易の詩に言う。自分の詩が壁にあるが、今はそれを愛でる人もなく、鳥に汚され、苔に侵され、文字もそこなわれている。ただ情の深い元《げん》侍御《じぎょ》のみが、高価な衣が汚れるのも惜しまず、塵をはらって詩を看ている――

有島生馬の揮毫は、このような意味の漢文である。白居易は、唐の詩人。ここに出てくる詩は、書家で筑波大学教授の中村伸夫氏の調査によれば、「駱口駅旧題詩」と題した作品である。元侍御とは、白居易の親友で、詩人の元稹《げんしん》を指す。侍御とは、天子のそばに仕える人のことである。二科会の創立に参加した有島生馬は、小説家有島武郎の弟であり、豊かな文人的素養を身につけていた。彼は、佐藤慶太郎の美術館寄付という美挙を白居易の詩に見立て、自分も含め美術家達の感謝の念を元稹の「多情」として表現したのではないか。時が経ち、世が変わっても、佐藤慶太郎への感謝の気持ちは不変だと有島生馬は言いたかったのであろう。

これほどまでに日本中の美術家達から純粋な思いを寄せられた人物は、この石炭商の他にいない。佐藤慶太郎。公私一如に生きた男である。

あとがき

　私が、佐藤慶太郎という人物の存在を知ったのは昭和五十五年（一九八〇）五月一日、東京都美術館で働くようになってからのことである。「上野の美術館」という愛称で親しまれている東京都美術館は、大正十五年（一九二六）五月一日、東京府美術館という名で開館している。岡田信一郎設計による建物の建設費は、佐藤慶太郎ただ一人の寄付金でまかなわれた。

〈知らなかった。「上野の美術館」誕生にこうした経緯があったとは。それにしても九州若松の石炭商であった佐藤慶太郎が美術館建設費百万円を東京府に寄付したのはなぜだろうか。筑豊の石炭は、どのようにして上野の美術館になったのか〉

　こうした素朴な好奇心を抱いたことがきっかけとなり、私は、少しずつ佐藤慶太郎の生涯や「上野の美術館」の歴史について調べ始めた。一九八〇年代半ばのことである。当時の日本経済には力があった。美術館の世界も大規模な海外展の開催を競い合っていた。私もヘンリー・ムーア展やボロフスキー展など欧米の現代美術を紹介する海外展の担当者として働き、目は常に海の外に向いていた。だが、その一方で、東京都美術館の歴史を調べることは、自分の遠い思い出が甦るようで楽しかった。なにしろ私にとっては、親子二代でお世話になっている東京都美術館である。日本画家

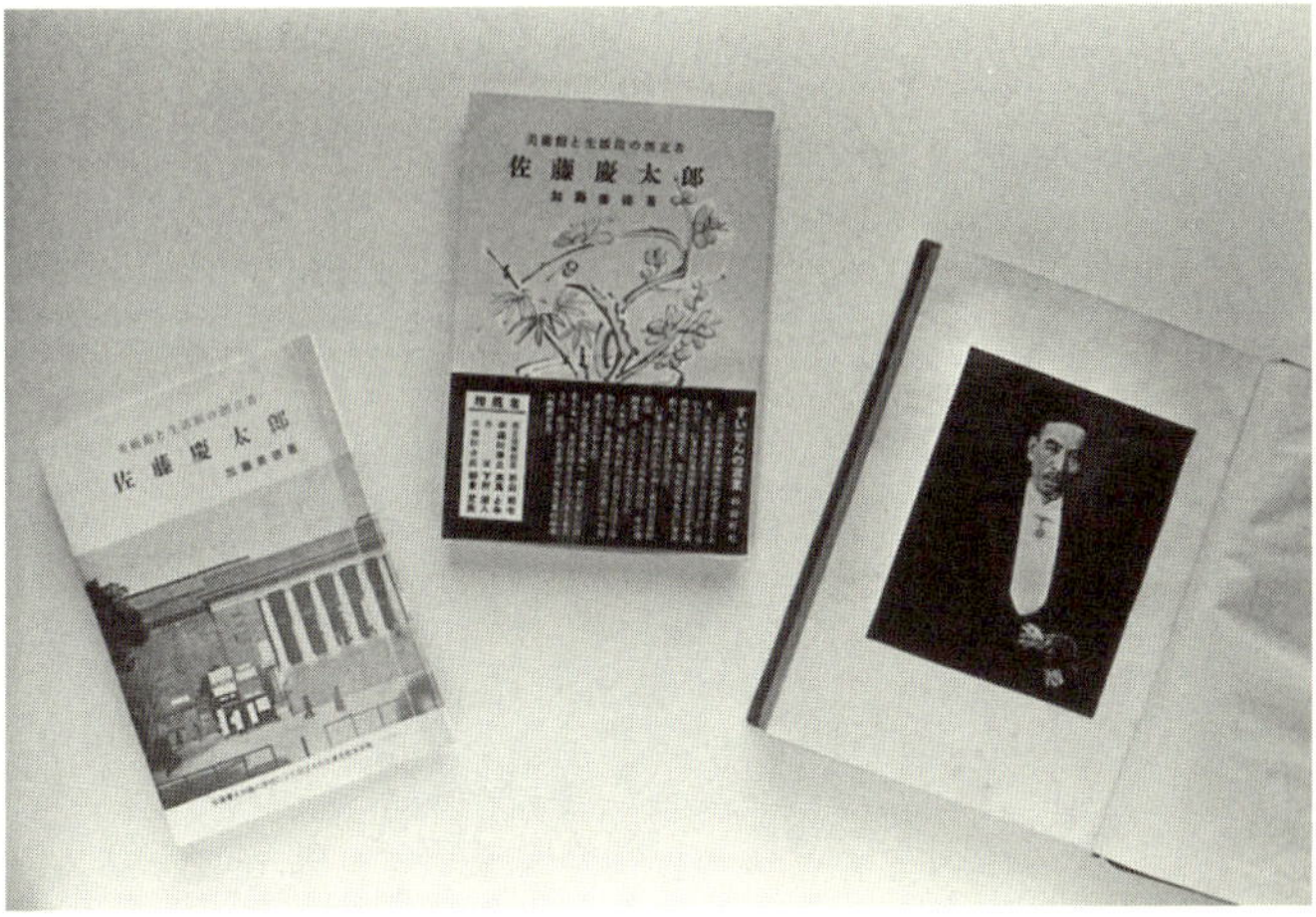

加藤善徳氏による３冊の佐藤慶太郎伝

である父親斉藤惇《あつし》の所属する日本美術院は、その展覧会（院展）を東京都美術館を会場として毎年開催している。昭和十七年（一九四二）、父が郷里の山口中学を卒業して上京し、画家になろうと決意したのも東京府美術館での展覧会を見てのことである。その子である私にいたっては、子供の頃から「上野の美術館」に親に連れていってもらい、大人になってからはそこで働き、お給料までいただくようになった身である。佐藤慶太郎なくしては東京都美術館もなく、東京都美術館なくしては、今の父も私もない。私は、佐藤慶太郎を知る人を探した。縁という糸があるならば、私はその糸の端に立ち、反対の端に佐藤慶太郎が立っている。縁の糸は、確かにあった。

　昭和六十一年（一九八六）夏、八月七日。山手線高田馬場駅近くの日本点字図書館に同館専務理事の加藤善徳氏を訪ねた私は、そこで佐藤慶太郎の生涯と美術館建設費寄付の経緯について教えて

佐藤慶太郎像と感謝碑文

いただいた。その年の春に上野で開催したヘンリー・ムーア展の福岡市美術館への巡回が終了し、仕事が一段落した頃のことである。このとき、加藤善徳氏は数えで八十歳。亡くなられる一年前である。加藤善徳氏は、「公私一如」を実践する佐藤慶太郎の生き方に共鳴し、佐藤新興生活館の創立に参加した経歴の持ち主である。また、加藤氏は、戦前に一回、戦後に二回、佐藤慶太郎の伝記を執筆されている。私の佐藤慶太郎伝は、加藤善徳氏の書かれた労作に多くを負っている。

小説『次郎物語』の作者下村湖人の弟子である加藤善徳氏は、明治四十年（一九〇七）、福島県安達太良山麓に生まれている。青年時代に上京して社会教化運動に熱中するかたわら東洋大学に学んだ加藤氏は、卒業後、社会教育雑誌の編集に従事し、昭和十年（一九三五）には農村生活指導者山下信義に従って佐藤新興生活館の創立に参加した。加藤氏は、戦後、佐藤新興生活館の後身である財団法人日本生活協会で働き、昭和二十八年（一九五三）には同協会を退職し、社会福祉法人日本点字図書館の専務理事となった。（以上、加藤氏の略歴は、加藤善徳著『美術館と生活館の創立者佐藤慶太郎』〈財団法人日本生活協会発行・昭和四十九年〉所収の「著者略歴」による）

佐藤慶太郎の生涯について、こちらからの質問に丁寧に答えて下さった加藤善徳氏ではあったが、いま思うとその胸中には複雑な感情が去来していたのかもしれない。佐藤慶太郎の寄付で建てられた東京都美術館の建物は、このときすでに新館に建て替わり、姿を消していた。佐藤慶太郎の銅像も美術館地下の収蔵庫にしまわれていた。佐藤慶太郎の功績を忘れたかのような東京都美術館。その都美術館から佐藤慶太郎の生涯について教示を請う者が、事情も分からずにやってきたのだから、その無邪気さ加減に驚かれていたかもしれない。加藤氏は、東京都美術館が建て替わる際に次のような一文を書かれている。

「佐藤慶太郎翁の奉仕精神を残したい　　加藤善徳

昭和十年三月、恩師山下信義先生が、佐藤慶太郎の出資を得て、新生活運動を起すこととなり、私はその招きにより、新興生活館の創立に参加した、二十八歳の春であった。佐藤慶太郎氏は九州若松の石炭商であったが、まことにめずらしい奉仕精神にもえた人であった。大正十年には、東京に美術館のないのを残念に思い、一人で全費用の百万円を寄付した。東京都美術館がこれで、五十年間日本美術の興隆に寄与したことは、万人の認めるところである。佐藤新興生活館（現在日本生活協会）は、太平洋戦争の末期まで、めざましい活動をしたが、戦後建物が占領軍に接収され、基本財産の満鉄株が無価値になるなどして、以来多年の雌伏を余儀なくされた。私は一昨年来乞われてこの古巣の再建に関係することになり、週二日出勤して、機関誌『生活』の編集発行責任者として微力を捧げて来た。佐藤翁の寄付した東京都美術館は五十年の活動を終り、近く解体され、表玄

国民精神総動員と柱に書かれた東京府美術館

旧東京都美術館（岡田信一郎設計、右）と
新築工事中の現東京都美術館（前川國男設計、左）

関に安置された翁の胸像も感謝碑文も、同時に姿を消し倉庫に保管されるという。そこで私は左の一文を朝日新聞の声欄に投じた。佐藤翁の奉仕精神を、倉庫に眠らせることに公憤を感じたからである。

＊

残したい奉仕精神と美術館

九月一日、新装成った都立美術館がオープンし、旧館は近く解体されて姿を消すという。私は昭和十六年縁あって、旧館の寄付者佐藤慶太郎翁の伝記を書いた。資料を集め、関係者の談話をきき意外に思ったのは、佐藤氏が楽々と百万円を寄付したのではなく、数万円の借金をして、現金を納入したという一事であった。佐藤氏は晩年三菱鉱業の重役として、月一回九州から上京し、ステーションホテルを常宿としていた。私は度々訪問し、その質素な生活に驚いた。朝食は駅の売店で買ったフランスパン二個五銭、リンゴ一個六銭の計十一銭、夕食は野菜を主としたもので三十五銭であった。当時ホテルの定食は六円、サービス料一割の時代である。『富んだまま死ぬのは人間の恥である』と言ったカーネギーの言葉を一生の信条としたこの石炭商は、美術館に百万円を寄付した十五年後、百五十万円の財団法人をつくり、自ら新生活運動に乗り出した。かくて数年、思う存分奉仕活動の後、急性肺炎で七十三年の生涯を閉じた。遺言書により、遺産百八十八万円は、すべて社会公共のために寄付された。私は寡聞にして、かかるいさぎよい富豪を他に知らない。旧美術館は近く消え去るという。過去半世紀、日本美術の興隆につくした旧美術館の消え去るのも惜しいが、これを寄付した佐藤翁の精神の忘れ去られるのが、それにもまして残念だ。大正期の建造物は、明治村にというわけにもいくまいが、奉仕精神のシンボルの一部を、現場に保存するわけにはゆくまいか。それが無理なら、かかる精神による美術館のあったことを、語りつぐ記念碑でも残す道はないものだろうか。都当局ならびに美術家各位に訴える。（「朝日新聞」声欄）

＊

この文章は、五十年十月二十九日の朝刊にのったが、残念ながら都当局からも、反響皆無である。二十余通の共鳴の便りは、みな私の知人からのものであった。これによって、私は考えた。この実現のために今年は働かねばならぬと」（「次郎文庫通信」第四信・昭和五十一年一月二十日発行）

＊＊＊

戦前から戦後への半世紀、日本美術界の隆盛と挫折、そして復興を見守ってきた旧東京都美術館の建物（岡田信一郎設計）は、昭和五十年（一九七五）の建て替えによって姿を消した。美術館玄関に置かれていた《佐藤慶太郎像》（朝倉文夫作）も収蔵庫へしまわれた。新しい建物（前川國男設計）ができ、佐藤慶太郎の奉仕精神も忘れ去られようとしていた。そのことを惜しむ加藤善徳氏に都美術館学芸員である私は高田馬場でお会いし、佐藤慶太郎の人となりについて、貴重なお話を伺わせていただいた。昭和六十一年（一九八六）のことである。一年後に加藤氏が他界され、ご遺族から貴重な関連資料を頂戴した。その後、三鷹市にある日本生活協会（平成十九年に高田馬場へ移転）へも足を運び、生前の佐藤慶太郎を知る方たちからお話を伺った。佐藤浩司理事長（初代佐

初代東京都美術館（大正15年に東京府美術館として開館、
昭和18年に東京都美術館と改称、上野公園）

藤慶太郎から数えて三代目の理事長）や職員の奥田半亮氏、奥田重夫氏、後藤冨美枝氏から数々のご親切を受け、戦前の佐藤新興生活館発行の機関誌『新興生活』など貴重な資料を閲覧させていただいた。『新興生活』には佐藤慶太郎自叙伝が連載されていて、加藤善徳氏による佐藤慶太郎伝と共に重要な基本文献となっている。

以上の調査をもとに、私は「佐藤慶太郎と東京府美術館」という論文をまとめ、『東京都美術館紀要』に連載した（昭和六十一年度紀要から六十三年度紀要までの三回）。この連載の途中、昭和六十二年（一九八七）、私は通い慣れた上野の山を離れ、丸の内の東京都教育庁文化課で新美術館建設準備担当として働くようになった。丸の内には昔から東京府庁（後の東京都庁）があり、ここは、佐藤慶太郎が大正十年（一九二一）に美術館建設費百万円寄付を申し込むべく、当時の阿部浩東京府知事を訪ねた場所である。このとき佐藤慶太郎の念頭にあったのは、「常設美術館」（欧米の美術館のように歴史的名作を並べる常設展示場を持つ恒久的施設としてのミュージアム）の建設であった。だが、当時の美術界は、美術展覧会場（帝展、院展、二科展など美術団体展用のギャラリー）の建設を急務としており、東京府美術館は、名作の常設展示場を持つこと無く開館せざるを得なかった。この東京府美術館（上野）を初代とすれば、昭和五十年新築の現東京都美術館（上野）の建物は二代目に当たる。だが、この二代目美術館も、三千点の収蔵作品を持ちながら、それを常時公開する常設展示場を備えての開館ではなかった。佐藤慶太郎の希望は、まだかなえられてはいなかった。それをかなえたのが三代目の新美術館（現東京都現代美術館、江東区木場公園内）である。すでに上野に美術館があるのに、なぜ新しく東京都が四百億円という巨費を投じて美術館を建設する必要があったのか。その理由の一つが、常設展示場の確保であり、それは、歴史をさかのぼれば、佐藤慶太郎の希望に帰着する。三代目美術館の建設委員会で、大正十年（一九二一）の佐藤慶太郎の希望が議論されることは無かったが、私の気持ちの中では、佐藤慶太郎の希望の実現が仕事の目標の一つになっていた。

昭和六十三年（一九八八）年、日本経済が過熱状態にあった頃、新美術館建設準備係は、丸の内から新宿区筑土八幡町というところにある教育庁飯田橋庁舎へ移った。この庁舎の裏手には、山の上ホテル社長、吉田俊男氏の邸宅があった。山の上ホテルの建物は、かつての佐藤新興生活館である。佐藤慶太郎の調査に熱が入った。同年秋、私は東京から九州へ出張させてもらい、佐藤慶太郎の父祖伝来の地、折尾（現北九州市八幡西区）を訪ねた。ここでは佐藤家のお墓のある弘善寺を訪

2代目、東京都美術館（昭和50年新築開館、台東区、上野公園）

3代目、東京都現代美術館（江東区、木場公園）

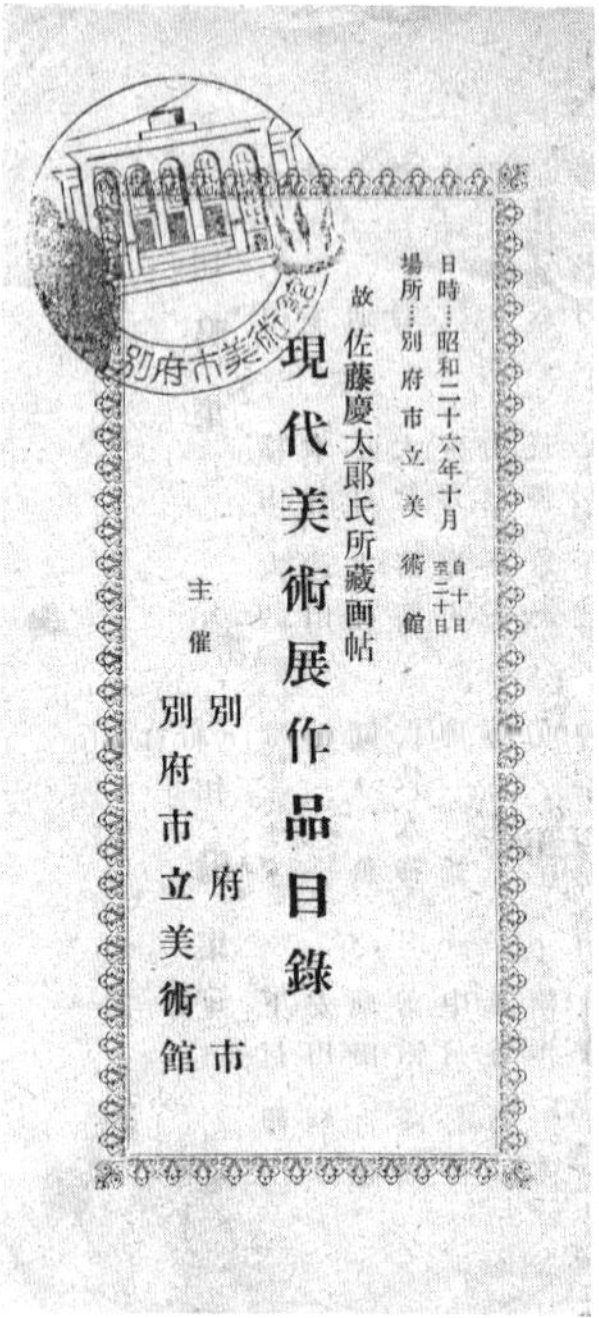

「故佐藤慶太郎氏所蔵画帖
現代美術展」目録
（別府市美術館、昭和26年）

ね、柴田鳳現住職のご案内で佐藤慶太郎の仏前にお参りをさせていただいた。次に佐藤商店のあった若松港を訪れた。岸壁には石炭の山がいくつかあり、筑豊炭積み出しで繁栄した『花と龍』時代の若松の面影が残っていた。洞海湾を見下ろす高塔山にある佐藤記念公園（佐藤慶太郎旧宅）へも足をのばした。佐藤慶太郎が晩年を過ごした別府では、別府市美術館学芸員今村弥生氏、三味堂美術店主衛藤好明氏、建築業山崎河氏にお会いし、東京府美術館開館の折りに美術家達が佐藤慶太郎にお礼として贈呈した画帖の行方について尋ねてみた。だが、その行方を解明するには至らなかった。その後、上野在住の画商熊沢春治氏から、画帖の一部分（石井柏亭と有島生馬による墨書二点）を頂戴し、研究の励みとさせていただいた。画帖のこれ以外の行方は未だに不明のままである。

新美術館建設準備係は、その後、西新宿の新都庁舎へ移転。さらに上野の東京都美術館内へと事務室が移り、作品購入や開館記念展準備が本格化した。私は、六百万ドル（当時で約六億円）の絵画作品（リキテンスタイン作《ヘアリボンの少女》）をニューヨーク在住の作者から購入するための海外契約事務、さらに開館記念海外展（英国の彫刻家アンソニー・カロ氏の個展、建築家安藤忠雄氏による会場構成）の準備作業に没頭する毎日となり、佐藤慶太郎についての調査研究とは疎遠になってしまった。平成七年（一九九五）、東京都現代美術館が開館。翌平成八年、私は美術館を辞め、筑波大学芸術学系へと移った。平成十年（一九九八）、人間勉強道場自然の泉（代表者浅尾法灯総長、本部山口県）の機関誌『自然の泉』に自由なテーマでの連載執筆というお話をいただき、私は、再び、佐藤慶太郎の生涯と取り組むことに決めた。「日本で初めて美術館を建てた男　佐藤慶太郎伝　公私一如に生きる」という題名を作家の真鍋繁樹氏につけていただいた。同年秋には、十年ぶりに佐藤慶太郎の暮らした若松を訪れた。火野葦平資料館内火野葦平資料の会、さらに、わかちく史料館長野口哲也氏から貴重な御教示や資料を頂戴した。芳野病院長芳野敏章氏の著書『若松今昔ものがたり』との出会いもあった。さらに門司港や筑豊の田川市石炭資料館へも取材の足をのばした。

平成十年九月号から開始した毎月の連載は、五年後、五十七回目の平成十五年五月号でようやく完結となった。佐藤慶太郎という九州男児に導かれて若松や筑豊の歴史を学び、さらに日本近代の政治経済史、外交史、産業史（石炭史、捕鯨史）、教育史、文化史、建築史、農村史、生活改善運動史など未知の領域を勉強させてもらうのが楽しく、長い話となってしまった。原稿は、できる限り史実にもとづいて執筆したが、筆者の想像をまじえて記述した部分もある。東京府（都）美術館史の調査については、真室佳武氏（東京都美術館長）、乙葉哲氏（同館学芸員）に御協力いただいた。

佐藤慶太郎所蔵美術品（画帖等）展観
（昭和15年３月１日、佐藤新興生活館）

別府市美術館での佐藤慶太郎像（昭和63年撮影）

台東区立朝倉彫塑館村山万介氏（同館学芸員）からは、《佐藤慶太郎像》に関する貴重な資料を賜った。石炭の歴史については、筑豊御三家のひとり貝島太助氏の孫にあたる貝島百合子氏、貝島社員であった高川正通氏、九州大学石炭研究資料センター長の東定宣昌教授に教えていただき、貴重な資料を賜った。佐藤慶太郎が、設立資金調達に奔走した福岡農士学校については、関西師友協会の田中忠治氏、郷学研修所長関根茂章氏、伊藤角一福岡農士学校長の御子息伊藤謙一氏、同校卒業生片上修氏、御子息の片上邦彦氏、同校卒業生寺川泰郎氏から御教示や貴重な文献資料を頂戴した。日仏芸術社については、黒田鵬心長女の渡部寿美子氏（東京在住）ならびにエルマン・デルスニス子息のトリスタン・デルスニス氏（パリ郊外在住）のそれぞれの御自宅で取材させていただき、貴重な資料を賜った。

故加藤善徳氏の思いが通じたのか、平成十三年（二〇〇一）三月には、それまで二十数年間も収蔵庫で眠っていた《佐藤慶太郎像》（朝倉文夫作、ブロンズ彫刻）が甦った。「石炭の神様」の業績を称える説明文を添えて東京都美術館講堂前ロビーに設置され、かつての旧東京都美術館でのように来館者の目にふれるようになった。この連載

齊藤泰嘉「東京府美術館史の研究」
(筑波大学提出博士論文、博乙第1913号、平成15年２月28日付)

の本文が完結した平成十五年（二〇〇三）三月、私は「東京府美術館史の研究」と題した論文で筑波大学より博士号をいただいた。学長から手渡された学位記の年号が、手違いで平成ではなく昭和十五年となっていた。偶然ながら、昭和十五年は佐藤慶太郎が他界した年である。『自然の泉』誌での佐藤慶太郎伝の連載に際してお世話になった多くの皆様、読者の皆様、『自然の泉』誌編集長真鍋亮太郎氏、編集部員藤永善弘氏に心より御礼申し述べる次第である。

さらにこのたび、石風社代表の福元満治氏より、佐藤慶太郎伝を一冊の単行本にして出版したいというありがたいお話を頂戴した。私と福元氏との仲介の労をとってくださったのは、朝日新聞社西部本社八板俊輔氏である。八板氏は、平成十八年（二〇〇六）、「朝日新聞」全国版夕刊一面に佐藤慶太郎を含む筑豊人物伝（「ニッポン人脈記」筑豊シリーズ）を執筆されたことがある。その取材を通じて知り合った八板氏に、九州の出版社からの佐藤慶太郎伝出版をお願いしていたところ、福元氏から出版希望のお手紙を頂戴した次第である。八板俊輔氏、福元満治氏のお二人にあつく御礼申し上げます。また、石風社中津千穂子氏には編集作業で御苦労をおかけしました。心より御礼申し上げます。

最後に、元気で暮らす父、母、姉夫婦、そして平成十八年（二〇〇六）五月に人生を卒業した妻和子に対し、感謝の気持ちをこめて、この『佐藤慶太郎伝——東京府美術館を建てた石炭の神様』を捧げます。

平成二十年（二〇〇八）三月十日

斉藤泰嘉

佐藤慶太郎略年譜

明治元年　（一八六八）数え一歳
十月九日、筑前国遠賀郡陣原村（後に折尾町、現北九州市八幡西区陣原）に父孔作、母なをの長男として生まれる。父祖伝来の地は、遠賀郡本城村（後に折尾町、現北九州市八幡西区本城）。佐藤家の祖先は、義経四天王の一人、佐藤継信といわれる。明治五年の学制公布に伴い、小学校に入り、卒業。その後、近所の塾や山口県の研湾学舎に学ぶ。

明治六年　（一八七三）数え六歳
筑前竹槍一揆が起きる。佐藤家一族の家屋にも被害が出る。

明治十九年（一八八六）数え十九歳
福岡県立英語専修修猷館（現福岡県立修猷館高等学校）に入学。

明治二十年（一八八七）数え二〇歳
文部大臣森有礼が修猷館を視察。森大臣の前で数学の問題を英語で解答する。修猷館を中退して上京。明治法律学校（現明治大学）に入学。在学中、脚気のため高尾山で療養する。

明治二三年（一八九〇）数え二三歳
明治法律学校を卒業するが、病弱のため帰郷する。

明治二五年（一八九二）数え二五歳
法律家志望を清算し、洞海湾の港町若松で石炭商山本周太郎商店の店員となる。山本の妻の妹、山本俊子と結婚。山本姓を名乗る（後に佐藤姓に復帰）。山本商店の帳場を預かっていた俊子に商売のいろはを学ぶ。「正直を以って一貫する」を商取引の基本に据え、信用という無形の財産を築くべく仕事に励む。石炭の品質や採掘技術、流通等について熱心に研究し、やがて「石炭の神様」と呼ばれるほどの石炭通になる。

明治三〇年（一八九七）　数え三〇歳
弟伊勢吉が病気により急死。伊勢吉の訃報に倒れた母なをの看病に当たる。

明治三二年（一八九九）　数え三二歳
母なをが死去する。

明治三三年（一九〇〇）　数え三三歳
山本商店から独立し、佐藤商店を旗揚げする。この頃、筑豊炭が全国出炭量の半分を占めるようになる。やがて、関門海峡の風向きや潮流の変化を臨機応変に生かした、門司港停泊汽船への石炭直積み方式という独創的な手法を開発する。外国船への石炭積込みを陣頭指揮し、海に落ちて大怪我をすることもあった。

明治三七年（一九〇四）　数え三七歳
一高生矢野真（修猷館卒業生、後にスペイン公使）をはじめ、学生への学資援助を始める。

明治四一年（一九〇八）　数え四一歳
日露戦争（明治三七―三八年）後の石炭需要急増を背景に炭鉱経営に乗り出す。それまで斤先掘に出資を続けてきた緑炭鉱（貝島所有）を引き取る。後に、貝島から譲り受けた大辻第四坑と緑炭鉱を合わせて高江炭鉱と改称。従業員は千人を数える。やがて上海にも支店を出し、南洋にも販路を伸ばす。

大正二年（一九一三）数え四六歳
この頃、持病である胃腸病が悪化する。四十代から晩年まで夏には大分県湯平温泉で療養する。

大正七年（一九一八）数え五一歳
若松市会の改選に立候補して当選、市会議長となる。三宅与助（修猷館、九州帝大卒。後に明治専門学校教授）を養嗣子として迎える。

大正九年（一九二〇）数え五三歳
若松中学校長転任発令に抗議して福岡県庁に押しかけ、視学官石田馨（後に佐藤新興生活館理事）と論戦を交える。三菱鉱業の監査役に選ばれる。佐藤慶太郎の胃腸病悪化を憂う主治医野口雄三郎の忠告に従い、経営の第一線からの引退を決意する。事業を整理し、これまで築いた財産を社会奉仕に使うことにする。

大正十年（一九二一）数え五四歳
全国の石炭業者に呼びかけ、石炭鉱業連合会創設に尽力する。この仕事で上京中、木挽町の宿水明館で美術館建設を訴える「時事新報」社説を目にし、旧知の東京府知事阿部浩に面会し、美術館建設費用百万円寄付を申し出る。百万円を現金で府庁に納付する。寄付受理責任者の学務課長は、かつて福岡で論戦を交わした石田馨であった。

大正十一年（一九二二）数え五五歳
医学博士野口雄三郎（バセドー氏病の世界的権威）のために十六万円を投じて別府に病院を建設する。

大正十三年（一九二四）数え五七歳

十万円を投じて財団法人若松救療会を設立する。

大正十四年（一九二五）数え五八歳
胃腸病がさらに悪化し、東京帝大二木謙三医学博士の診察を受ける。二木博士から食餌療法を勧められ、実践する。咀嚼を徹底することにより体調が回復する。食生活の合理化による健康増進運動に余生を捧げる決意をする。

大正十五年（一九二六）数え五九歳
佐藤慶太郎の寄付金のみで建設された東京府美術館（上野公園、岡田信一郎設計）が五月一日開館。貴賓室で勲三等瑞宝章を受ける。落成式で帝展、院展、春陽展、二科展の画家達の描いた画帖や朝倉文夫作の佐藤慶太郎の胸像等の記念品目録を贈られる。開館記念展第一回聖徳太子奉讃美術展覧会開催。内見会で同展覧会総裁久邇宮邦彦殿下と同妃殿下に拝謁後、二人に随行して館内を巡覧する。

昭和五年（一九三〇）数え六三歳
母校明治大学女子部建設費六千円寄付。久しく絶版となっていた名著、岡崎桂一郎『日本米食史』再版発行を支援する。福岡市郊外の早良郡脇山村に開校予定の福岡農士学校建設資金寄付集めに奔走する。自ら五万円を寄付する。

昭和六年（一九三一）数え六四歳
麻生太吉の寄付金十万円により埼玉県に日本農士学校が開校。日本貿易振興会主催による世界一周実業視察団に参加し、米国、欧州、中東、アジアを歴訪。その旅行中に福岡農士学校（学監、伊藤角一）が開校式を迎える。

昭和九年（一九三四）数え六七歳
一月十五日、妻俊子が病気のため死去する。別府に温泉付きの新居が完成し、転居する。若松高塔山ふもとの邸宅を市に寄付する。以後、この場所を佐藤倶楽部、佐藤公園として市民が利用する。金光喜代子と再婚する。

昭和十年（一九三五）数え六八歳
東京駅前、丸ビル内の仮事務所にて佐藤新興生活館開館式を行う。故郷本城の旧宅と墓を守るため分家を設け、血縁のある小野重行を婿養子に迎える。

昭和十一年（一九三六）数え六九歳
佐藤新興生活館の農村部として静岡県函南に農村中堅青年練成を目的とする聖農学園を開設する。

昭和十二年（一九三七）数え七〇歳
神田駿河台に建設工事中であった佐藤新興生活館のビル（ヴォーリズ設計、現山の上ホテル）が総工費三八万円で完成する。同館内において第一回生活訓練所入所式が行われる。落成記念として時局生活展覧会を行う。

昭和十三年（一九三八）数え七一歳
生活講座開始。機関紙『新興生活』を『生活』に改題。「生活費三割切下の提唱」と題した佐藤理事長のラジオ放送が福岡放送局から全国中継放送される。

昭和十四年（一九三九）数え七二歳
「産業報国と生活刷新」と題したパンフレットを全国の産業報国会に寄贈頒布。佐藤新興生活館内にあった生活訓練所が三鷹に移転し、三鷹女学園となる。この年から翌年にかけて自叙伝を『生活』に六回連載する。

昭和十五年（一九四〇）数え七三歳
一月十三日、急性肺炎のため別府にて死去。別府と東京で告別式が開かれる。死後、遺言書に従い、全遺産百八十八万円が主に次のような寄付に使われる。食糧協会経営食糧学校建築費、別府市美術館建設費、別府市体育館建設費、九州帝国大学国防工学研究所建築費、財団法人佐藤育英財団設立。

昭和十六年（一九四一）

佐藤新興生活館は、財団名を大日本生活協会と改称する。

昭和十七年（一九四二）

伝記『佐藤慶太郎』が出版される。著者、佐藤慶太郎翁伝記編纂会代表横田章（専任執筆者、加藤善徳）。発行者、岸田軒造。発行所、大日本生活協会。

参考文献

【佐藤慶太郎伝記関係】
佐藤慶太郎「慶太郎自叙伝・その一　貧乏由来ばなし」、「その二　苦しんだ子供のころ」、「その三　法律書生から実業へ転向」、「その四　石炭商の店員時代」、「その五　商売は道によつて賢し」、「その六　独立して石炭商を開業」、『生活』（一九三九・昭和十四年十一月号—一九四〇・昭和十五年四月号）、佐藤新興生活館
佐藤慶太郎翁伝記編纂会代表横田章『佐藤慶太郎』大日本生活協会、一九四二・昭和十七年（専任執筆者加藤善徳）
加藤善徳『美術館と生活館の創立者　佐藤慶太郎』日本生活協会、一九五二・昭和二七年
加藤善徳『美術館と生活館の創立者　佐藤慶太郎』日本生活協会、一九七四・昭和四九年
豊道春海『私の履歴書』日本経済新聞社、一九六九・昭和四四年
火野葦平『花と龍（上下）』講談社、文庫コレクション、大衆文学館、一九九六・平成八年
芳野敏章『懐かしき日々の輪舞曲　若松今昔ものがたり』西日本新聞社、一九九六・平成八年
斉藤泰嘉「日本で初めて美術館を建てた男　佐藤慶太郎伝　公私一如に生きる」『自然の泉』、一九九八・平成十年九月号—二〇〇三・平成十五年三月号

【東京府（都）美術館関係】
澤耿一編『東京府立美術館建設之由来及事蹟要録』一九二五・大正十四年
東京美術館編『大正十五昭和元年度東京府立美術館年鑑』一九二八・昭和三年
東京都美術館編『開館三十周年記念　東京都美術館概要』東京都教育委員会、一九五五・昭和三〇年
『聖徳太子一千三百年御忌奉賛会小史』聖徳太子一千三百年御忌奉賛会、一九二四・大正十三年

聖徳太子奉讃会編『第一回聖徳太子奉讃美術展覧会図録』（日本画、西洋画、彫刻、工芸）、巧芸社、一九二六・大正十五年
正木直彦『十三松堂日記』（全四巻）中央公論美術出版、一九六五・昭和四〇年―一九六六・昭和四一年
芸術研究振興財団・東京芸術大学百年史刊行委員会編『東京芸術大学百年史』（全三巻）ぎょうせい、一九八七・昭和六二年―一九九七・平成九年
前野堯「岡田信一郎」『日本の建築〈明治大正昭和〉第八巻様式美の挽歌』三省堂、一九八二・昭和五七年
エルマン・デルスニス「展覧会を日本で開催するまで」『中央美術』No.92、一九二三・大正十二年五月号
田島清『片言まじりの仏蘭西行き』一九二九・昭和四年
黒田鵬心『古社寺行脚』（鵬心選集第五巻）趣味普及会、一九五三年・昭和二八年
黒田鵬心『巴里の思出』（鵬心選集第九巻）趣味普及会、一九五六年・昭和三一年
湊典子「松方幸次郎とその美術館構想について（上下）」『MUSEUM　東京国立博物館美術誌』、一九八四・昭和五九年二月、三月
斉藤泰嘉「佐藤慶太郎と東京府美術館Ⅰ、Ⅱ、Ⅲ」『東京都美術館紀要』（No.11、12、13）、一九八七・昭和六二年―一九八九・昭和六四年
齊藤泰嘉『東京府美術館史の研究』（平成十五年筑波大学博士論文）筑波大学芸術学系齊藤泰嘉研究室、二〇〇五・平成十七年
東京都現代美術館加藤弘子・西川美穂子編『開館十周年記念　東京府美術館の時代　一九二六―一九七〇』東京都歴史文化財団、東京都現代美術館、二〇〇五・平成十七年
東京都現代美術館加藤弘子編『東京府美術館の時代　一九二六―一九七〇　資料編』東京都歴史文化財団、東京都現代美術館、二〇〇七・平成十九年
東京都美術館編『東京都美術館80周年記念誌　記憶と再生』東京都美術館、二〇〇七・平成十九年

【佐藤新興生活館関係】
岸田軒造『汗愛主義に立てる　ほんとうの暮し方』一九三二・昭和七年
修養団運動八十年史編纂委員会編纂『わが国社会教育の源流　修養団運動八十年史』修養団、一九八五・昭和六〇年
常盤新平『山の上ホテル物語』白水社、二〇〇二・平成十四年
【福岡農士学校関係】
伊藤角一先生遺稿集刊行会編『伊藤角一先生遺稿集』一九七八・昭和五三年
片山修編『山雲海月集――伊藤角一とその周辺』一九九二・平成四年
片山修編『山雲海月集　第二集――佐藤慶太郎を中心に』一九九三・平成五年
片山修『「遠藤石山翁遺稿集」を読む』一九九六・平成八年
寺川泰郎編著『亀井家学の真髄』一九九三・平成五年
安岡正篤先生生誕一〇〇年記念事業委員会監修『感動四季報　平成に甦る　人間・安岡正篤』黙出版株式会社、一九九六・平成八年
米野光太郎監修・松井健二編著『杖道入門：全日本剣道連盟「杖道」写真解説書』体育とスポーツ出版社、一九九七・平成九年
【若松市史・筑豊炭鉱関係】
若松市編『若松市史　後編』一九三七・昭和十二年
若築建設株式会社編『若築建設百年史』若築建設株式会社、一九九〇・平成二年
上野英信『地の底の笑い話』岩波書店、一九六七・昭和四二年
上野英信、趙根在監修『写真万葉録・筑豊一〇――黒十字』葦書房、一九八六・昭和六一年
朝日新聞西部本社編『石炭史話』一九七〇・昭和四五年

筑豊石炭礦業史年表編纂委員会編纂『筑豊石炭礦業史年表』西日本文化協会、一九七三・昭和四八年
深町純亮『炭坑節物語』海鳥社、一九九七・平成九年
田川市石炭・歴史博物館編『炭鉱の文化』一九九八・平成十年

【福岡県史関係】

『日本地理風俗大系』第十三巻、新光社、一九三〇・昭和五年
平野邦雄・飯田久雄『福岡県の歴史　県史シリーズ四〇』山川出版社、一九七四・昭和四九年
川添昭二、瀬野精一郎『風土と歴史十一　九州の風土と歴史』山川出版社、一九七七・昭和五二年
西日本新聞社編『各駅停車　全国歴史散歩四一　福岡県』河出書房新社、一九七九・昭和五四年
田郷利雄『シリーズ　門司と小倉の歴史から九州がわかる話　第二二話　義民・原口九右衛門と企救郡百姓一揆　附　筑前竹槍一揆』J・F

【近代日本産業史関係】

日本電信電話公社電信電話事業史編修委員会編『電信電話事業史』電気通信協会、一九五九・昭和三四年―一九六〇・昭和三五年
逓信省電務局編『帝国大日本電信沿革史』一八九二・明治二五年（『明治後期産業発達史資料第一七四巻』龍渓書舎、一九九三・平成五年）
徳見光三『長州捕鯨考』関門民芸会、一九五七・昭和三二年

斉藤泰嘉（さいとう　やすよし）

1951年山口県山口市生まれ。千葉県佐倉市育ち。慶應義塾大学文学部哲学科美学専攻卒業。同大学院修士課程修了。北海道立近代美術館、東京都美術館、東京都現代美術館に学芸員として勤務。現在、筑波大学芸術学系教授。芸術専門学群芸術学専攻芸術支援コース担当。著書に『佐伯祐三』（新潮社、1997）、『ロマン派の石版画』（共著、岩崎美術社、1981）、訳書に『デイヴィッド・ホックニー「僕の視点―芸術そして人生」』（美術出版社、1993）がある。博士論文、「東京府美術館史の研究」（2003）。佐倉市市民文化資産運用委員会委員長。美術史学会会員。美術評論家連盟会員。伊八会（初代波の伊八ファンクラブ）会員。

佐藤慶太郎伝
――東京府美術館を建てた石炭の神様

二〇〇八年五月三十日初版第一刷発行
二〇一一年四月二十日初版第二刷発行

著　者　斉藤泰嘉
発行者　福元満治
発行所　石風社
福岡市中央区渡辺通二丁目三番二四号
電　話　〇九二（七一四）四八三八
ファクス　〇九二（七二五）三四四〇

印　刷　大村印刷株式会社
製　本　広島日宝製本株式会社

＊表示価格は本体価格（税別）です。定価は本体価格＋税です。

中村　哲
医者、用水路を拓《ひら》く

養老孟司氏ほか絶讃「百の診療所より一本の用水路を」。数百年に一度といわれる大干魃と戦乱に見舞われたアフガニスタン農村の復興のため、全長十三キロに及ぶ灌漑用水路を建設した一日本人医師の苦闘と実践の記録。（3刷）一八〇〇円

小林澄夫
左官礼讃

日本で唯一の左官専門誌「左官教室」の編集長が綴った、土壁と職人技へのオマージュ。左官という仕事への愛着と誇り、土と水と風が織りなす土壁の美しさへの畏敬と、殺伐たる現代文明への深い洞察に貫かれた左官のバイブル。（8刷）二八〇〇円

石牟礼道子全詩集
はにかみの国
＊芸術選奨文部科学大臣賞受賞

石牟礼作品の底流に響く神話的世界が、詩という蒸留器で清冽に結露する。一九五〇年代作品から近作までの三十数篇を収録。石牟礼道子第一詩集にして全詩集。（2刷）二五〇〇円

ジミー・カーター　飼牛万里（訳）
少年時代

米国深南部の小さな町。人種差別と大恐慌の時代、家族の愛に抱かれたピーナッツ農園の少年が、黒人小作農や大地の深い愛情に育まれつつ、その子供たちとともに逞しく成長する。全米ベストセラーとなった、元米国大統領の傑作自伝。二五〇〇円

阿部謹也
ヨーロッパを読む

「死者の社会史」から「世間論」まで、ヨーロッパにおける「近代の成立」を鋭く解明しながら、世間的日常と近代的個に分裂して生きる日本知識人の問題に迫る、阿部史学の刺激的エッセンス。（3刷）三五〇〇円

広野八郎
外国航路石炭夫日記
世界恐慌下を最底辺で生きる

一九二八年（昭和3）から四年間にわたり、インド・欧州航路の石炭夫として大恐慌下を生き抜いたひとりの労働者が、華氏一四〇度の船底で最底辺の世界を克明に記した、葉山嘉樹が「これはきみの傑作だ」と評したプロレタリア文学史上第一級の記録　二八〇〇円

＊読者の皆様へ　小社出版物が店頭にない場合には「地方小出版流通センター扱」とご指定の上最寄りの書店にご注文下さい。なお、お急ぎの場合は直接小社宛ご注文下されば、代金後払いにてご送本致します（送料は一律二五〇円。定価総額五〇〇〇円以上は不要）。